Toma decisiones que no lamentarás

Toma decisiones que no lamentarás

Para alcanzar una vida sin límites

T.D. Jakes

ATRIA ESPAÑOL

Nueva York   Londres   Toronto   Sídney

ATRIA ESPAÑOL

Una división de Simon & Schuster, Inc.
1230 Avenida de las Américas
Nueva York, NY 10020

Primera edición en rustica de Atria Español, agosto 2009

ATRIA ESPAÑOL y su colofón son sellos editoriales de Simon & Schuster, Inc.

Las citas bíblicas seguidas por la sigla NVI corresponden a la Santa Biblia, Nueva Versión Internacional, © 1999 por la Sociedad Bíblica Internacional

Las citas bíblicas seguidas por la sigla VRV corresponden a La Santa Biblia, Antigua Versión de Casiodoro de Reina (1569) revisada por Cipriano de Valera (1602). Revisión de 1960 © Sociedades Bíblicas en América Latina

La cita bíblica seguida por la sigla BDJ corresponde a la Biblia de Jerusalén © 1975 Bilbao, Desclee de Brower.

Versos del poema «Dreams» tomados del original en inglés de *The Collected Poems of Langston Hughes,* por Langston Hughes, editado por Arnold Rampersad y David Roessel, editor asociado, copyright © 1994. Usado con permiso de Alfred A. Knopf, un sello editorial de Random House, Inc. Reimpreso con permiso de Harold Ober Associates.

Para obtener información respecto a descuentos especiales en ventas al por mayor, diríjase a Simon & Schuster Special Sales al 1-866-506-1949 o a la siguiente dirección electrónica: business@simonandschuster.com

La Oficina de Oradores (*Speakers Bureau*) de Simon & Schuster puede llevar autores a su programa en vivo. Para más información o para hacer la reservación de un evento llame al *Speakers Bureau* de Simon & Schuster, 1-866-248-3049 o visite nuestra página web en www.simonspeakers.com.

Diseñado por ISPN Publishing

Impreso en los Estados Unidos de América

10 9 8 7 6 5 4 3 2 1

Library of Congress Cataloging-in-Publication Data
Jakes, T.D.
    [Before you do. Spanish]
    Toma decisiones importantes que no lamentarás : para alcanzar una vida sin límites / T.D. Jakes.
        p. cm.
1. Mate selection. 2. Decision making. 3. Life skills. I. Title.
HQ801.J26618 2009
248.8'4—dc22

                                                            2009005396

ISBN: 978-1-4391-3872-4

Dedico este libro a mi iglesia sede, la Casa del Alfarero
en Dallas, a mis padres en el ministerio —el Círculo
Exclusivo del Obispo, el Círculo del Obispo,
el Ejército de Aarón— y a todos los que comprenden
que el destino les abrirá las puertas a partir de
unas cuantas decisiones. Éstas son las palabras de
sabiduría que creo les ayudarán con esas opciones
difíciles, antes de elegirlas.

Índice

Toma decisiones que no lamentarás

Introducción
Antes de decidir

Nada es más difícil, y por tanto más valioso,
que poder decidir.

—*Napoleón Bonaparte*

M e enfrentaba a un momento decisivo. Como todos los padres, yo había previsto esta situación. Sabía que mi respuesta instintiva sería vacilante, salvo por la certeza de que sentiría un toque de ternura cuando recordara a la que hasta hacía poco fuera una niñita de coletas pidiéndome que la empujara cada vez más arriba en el columpio del parque infantil. Esa niñita una vez vino corriendo hacia mí para darme un abrazo cariñoso, para que le admirara su último corte de pelo o para que le diera un adelanto de su mesada para comprarse el último CD. Ahora esa niñita se había convertido en una joven y estaba ante mí pidiéndome el mayor regalo que yo pudiera darle: su libertad.

Me di cuenta de que nuestra reunión para hacerme su extraordinaria petición no era más que una pura formalidad. En la actualidad, a cierta edad, los jóvenes te informan, más que te consultan. En efecto, para todos los fines y propósitos, mi niñita y su futuro esposo eran gente madura. Pero usted y yo sabemos que toma la vida entera madurar de veras. En consecuencia, creí que debía usar este momento solemne para impartirle algunas enseñanzas que ahora comparto con ustedes.

Confrontado por la posibilidad de una nueva etapa de la vida para nosotros dos —la suya cambiaría de hija a esposa y la mía de padre a suegro— me planté ante mi hija con una mezcla de emociones que se agitaban en mi corazón como los colores que se mezclan en la paleta de un artista. Los rojos y los amarillos de mi alegría se entreveraban con los azules y violetas de la pérdida de su niñez. Todo esto bordeado de un blanco nupcial.

El lugar era acogedor y estaba llena de los rumores de un frecuentado restaurante. Oía el letárgico sonido de un saxo que tocaban desde el estrado y que se movía caprichosamente de nota a nota y le brindaba al salón una atmósfera lúgubre y, al mismo tiempo, rutilante de sensual abandono. Miré a los próximos recién casados y estaban obviamente nerviosos, especialmente el futuro novio, según iniciábamos una conversación que considero una de las más importantes que jamás hemos de tener juntos. Mientras el camarero traía un humeante tazón de sopa de almejas, empecé lo que también era una intensa conversación. A las claras, había asuntos mucho más importantes que el arroz blanco o pardo o de ceremoniales tales como el estilo de los ligueros y el sabor de la guinda del pastel. Se trataba, en mi opinión, del paso más importante de sus vidas y de una decisión que, con frecuencia, se idealiza demasiado. Yo no pensaba en la boda ni en el tamaño de su séquito.

Buscando desesperadamente un punto de partida le dije a mi hija, entre dientes, algo como «has crecido de la noche a la mañana. Era cosa de ayer que andabas con tus coletas y a la busca de tus hebillas».

Ella se rió con algo de vergüenza mientras yo compartía un relato familiar de cuando ella estuvo poniéndose y quitándose la ropa, mientras su madre y yo estábamos en un culto de oración que duraba toda la noche. Sólo tenía tres años y estaba fatigada. Fue un momento de hilaridad que con frecuencia nos hace reír. Nos hemos reído a carcajadas recordando a Sarah con su expresión de molestia y el montón de ropa sobre el piso de madera de nuestra vieja iglesia. Se chupaba el dedo y miraba con desdén al culto lleno de animación que seguía y seguía y seguía. Le dije a su novio: «No tienes idea qué personita tienes en mi hija», y todos nos reímos al recordar la anécdota.

Yo intentaba romper el hielo con una conversación de algún modo nueva e inexplorada; nunca habíamos hablado hasta tal punto antes.

Siendo ministro, he visto demasiadas bodas hermosísimas que han terminado en horrendos y atroces divorcios. De manera que no estaba pensando en los planes de bodas, sino en el mucho más difícil proceso de matrimonio que habría de seguirle. ¡Sé que con mucha frecuencia Stella recobra su ritmo* sólo para encontrarse con el puntapié de la violencia doméstica o las consecuencias emocionalmente

---

*Alude a la película de Kevin Rodney *Al ritmo de Stella* (*How Stella Got Her Groove Back*), protagonizada por Whoopi Goldberg y Angela Bassett (N. del T.).

dolorosas de no haber calculado el siguiente paso completa y minuciosamente!

Yo no quería lastimar a mi hija. Quería que ella entendiera las consecuencias a largo plazo de sus decisiones sobre una relación. Si bien el colorido kaleidoscopio de las emociones giraba en mi interior mientras imaginaba a mi bebita recorriendo toda vestida de blanco la senda nupcial, celebraba la oportunidad de advertirle a ambos que sopesaran esta decisión sagrada y crucial que habría de cambiarles la vida.

Mi esposa y yo ya habíamos dado a regañadientes nuestra bendición al compromiso y a la boda inminente. No obstante, sabía que ahora tenía ante mí la auténtica oportunidad de traspasar este zumbido romántico con la realidad de la vida matrimonial. Tanto mi hija como su novio eran jóvenes: él tenía veintiún años y ella diecinueve. Idealmente, nos habría gustado que fueran mayores. Creo que el matrimonio es para personas plenamente maduras. El novio era para mí un recién llegado, pero sabía que mi hija siempre había sido una niña precoz. Ahora cuando estaba ante mí como una mujercita, quería que asumiera esta decisión como dicen los votos conyugales, no con precipitación, sino reverentemente y con temor de Dios. ¡Y tal vez con un poco de temor a MÍ!

Muy bien, lo reconozco, estaba actuando como el típico padre de la novia, pero ¿qué esperas? ¡Ésta era la primera de mis hijas en casarse y yo estaba ansioso como un gato en un cuarto lleno de mecedoras! Intenté recobrar mi compostura al tiempo de proseguir:

—¿Qué ven cuando se miran el uno al otro? —les pregunté sonriendo con bastante inocencia.

Mi hija y su novio se sonrieron tontamente y profirieron algo así como «mi verdadero amor» y «la persona con la que quiero pasar el resto de mi vida».

Asentí y luego me lancé a exponer mis ideas sobre las exorbitantes implicaciones del matrimonio. «Espero que cada uno de ustedes no vea en el otro tan sólo el rostro de su "amorcito," sino aquél con el que ha de despertar por el resto de su vida. El rostro que cada uno verá envejecer a su lado. Éste será el rostro al que correr cuando la vida parezca fría y los dolores insoportables. El rostro del compañero y la compañera que ambos han elegido. Aquel que cada uno ha escogido de la misma manera que un guerrero escoge un arma o un artista su medio expresivo. Él es, ella es, el arma de tu elección para combatir el desempleo, la montaña de cuentas, las presiones y los obstáculos inimaginables. Es el rostro que estará junto a ti cuando los dolores de parto recorran tu cuerpo y tengan niños juntos. Y puede ser el rostro a quien mirar cuando tengas que enterrarlos prematuramente.

«Es el rostro que mirarás convulso con los dolores y los sufrimientos de la enfermedad o las lesiones. El rostro que te consolará y la mano que oprimirá la tuya cuando tu madre y yo terminemos en esta tierra y seamos sepultados.

«En mis treinta y tantos años de ministerio he visto a parejas encarar situaciones realmente difíciles, desde el tener niños con el síndrome de Down hasta correr al hospital para encontrar que sus hijos adolescentes han sido destrozados en un accidente automovilístico. Luego, mis perspectivas no están contaminadas por el romanticismo de los comerciales y las telenovelas de hoy día. La vida no es siempre fácil para la gente, ¡qué saben ustedes!».

Los calamares de mi hija se habían enfriado.

No pude dejar de advertirlo, pero, sin embargo, proseguí. Ellos me miraban cenizos, enfrentándose, acaso por primera vez, a las enormes ramificaciones de la decisión que tenían ante sí y la certeza de los impredecibles escenarios que les esperaban. Empezaban a vislumbrar lo que muchos no aprenden hasta que son mucho más viejos. Tanto su madre como yo sabíamos que la vida puede ser brutal, exige mucho esfuerzo y está repleta de circunstancias inimaginables.

El amor que ciega

Cuando ya había captado su atención, proseguí más serenamente, desde uno de los platos fuertes hasta el postre. ¡Para entonces ya casi estaba predicando!

«El matrimonio es tomado tan a la ligera que a la gente le parece algo parecido a ir a comprarse un auto nuevo. Encuentran uno que les gusta, pero saben que si se les rompe o simplemente se cansan de él, pueden cambiarlo por un modelo más nuevo y reluciente en unos pocos años. Ninguno de ustedes quiere hacer eso. Probablemente ni siquiera pueden imaginarse esa situación. Sin embargo, deben ser tan reflexivos como sea posible, así como lógicos, objetivos y sesudos en su decisión de comprometerse, cohabitar y entremezclar su ADN.

«La fresca euforia del amor nos deja intoxicados y ciegos a las realidades que nos esperan en cualquier relación íntima: cuentas a pagar, pañales que cambiar, autos que reparar, casas a las que mudarse, trabajos que terminar y así interminablemente a través de todas las etapas de la vida. A eso es a lo que se están comprometiendo.

«No se están comprometiendo a una vida de afinidades químicas o de ideales compartidos o de ese hormigueo que se siente interiormente».

Te ahorraré el resto de mi minisermón.

Yo no quería disuadirlos, apagar su entusiasmo u ocultarles las alegrías que la vida conyugal puede traer. Soy un padre sobreprotector, es verdad, pero mis palabras no se debían a eso. Creo con gran seriedad que todas las decisiones sobre una relación deben tomarse con un nivel adecuado de atención y deliberación en relación al impacto que esta elección ha de tener en nuestra vida.

Y ninguna otra elección deja tantas huellas a lo largo de tu propia trayectoria vital como la de unirte con otra persona como compañero o cónyuge. Las ondas provocadas en el estanque de tu vida cuando se lanza la piedra del matrimonio pueden convertirse en una marea rítmica de gozoso compañerismo o en un tsunami de torturadas rabietas. De manera que gran parte del clima del resto de tu vida deriva de esta única decisión.

Incontables veces he estado ante parejas vestidas de blanco a las que he preguntado: «¿Recibes a esta mujer por tu legítima esposa, para vivir juntos conforme a la ordenanza de Dios? ¿Prometes amarla, cuidarla? ... ¿Lo recibes a él ora mejore o empeore su suerte, sea más rico o más pobre, en la enfermedad y en la salud?». Luego de concluir estos votos esenciales, suelo preguntarles: «¿Aceptas?».

Y ellos dicen, «Acepto».

Para mis adentros, con frecuencia querría decirles: «Antes de hacerlo, tal vez deberían conocer las realidades».

REMORDIMIENTOS

La vida es demasiado breve para remordimientos. Por eso es tan importante saber quién eres, lo que es importante para ti y cómo quieres vivir y proceder en el mundo. De este modo, cuando ocurren cosas —y las cosas, buenas y malas, ocurren en la vida— y, por ejemplo, pierdes tu empleo, alguien se enferma o muere, tu hijo se mete en líos en la escuela o tu mejor amigo te pide que participes en algo con lo que no estás de acuerdo, podrás decidir con más facilidad qué hacer en el momento, sin que después te pese.

Los remordimientos existen para enseñarnos qué hacer mejor la próxima vez. Reflexionar en lo que podrías haber hecho de otra manera para prevenir que se repita esa situación de la que te lamentas es una buena manera de evitar volver a cometer los mismos errores en el futuro. Aprender a tomar decisiones al instante basadas en quien tú eres realmente, y actuar a partir del amor, la bondad y el perdón, siempre teniendo en cuenta los sentimientos más elevados es la mejor manera de evitar tener remordimientos luego.

Las averiguaciones pertinentes

Las decisiones son como las fichas del dominó, cada una reporta irreversibles consecuencias en otra. A nuestros guionistas y novelistas les encanta examinar el poder de una sola elección y sus efectos en aquellos que resultan atrapados en su gravedad. Ya sea el personaje de Jimmy Stewart en *It's a Wonderful Life* o el de Denzel Washington en *Déjà Vu*, el poder de una decisión individual nunca puede subestimarse. Debido a la decisión de una persona, que puede haber parecido de poca importancia en su momento, se han ganado y se han perdido fortunas, se han arreglado y se han deshecho matrimonios y han nacido o se han enterrado niños.

En una película basada en mi libro *Not Easily Broken* que Screen Gems está a punto de estrenar, el personaje Dave y su esposa Clarice nunca entendieron el día de su boda que la vida tiene un modo de derribarte. ¡Pero no tardaron en aprender que es más fácil casarse que la vida que viene después! Si ves la película, recordarás que la vida te presenta auténticos desafíos y que la gente con frecuencia cede a las presiones y sucumbe al dolor, perdiendo de vista la pasión que primero los unió. Empiezan a darse cuenta de que todas las decisiones los afectan a ambos junto con la calidad de su matrimonio. A menudo se van a la deriva en la balsa de las cuentas por pagar en el lóbrego mar de la ira y la desilusión.

Por supuesto, no podemos escudriñar, analizar y fantasear acerca de todas y cada una de las decisiones que tomamos, o terminaríamos paralizados por el temor, con miedo de levantarnos de la cama por la mañana y elegir entre Corn Flakes y Cocoa Puffs. El dudar entre ponerse el vestido azul o la falda marrón no son decisiones importantes. No son ésas a las decisiones que me refiero.

Las decisiones sobre relaciones más importantes y significativas de la vida —con quién y cuándo tener una cita amorosa, un noviazgo y casarse, estilos de vida compartidos y amistades— exigen que pongamos todo lo que tenemos sobre la mesa para estar seguros de tomar las mejores opciones y de nunca mirar hacia atrás. La mayoría de nosotros ha aprendido, algunos de la manera más ardua, la importancia de las relaciones. Pero, ¿abordamos estas decisiones de tal manera que garantice los resultados positivos?

Eso es lo que quiero explorar contigo en este libro. Tu futuro es tan fuerte como las decisiones que lo preceden.

Tengo una buena noticia para ti: podemos tomar decisiones de relación con una confianza, una fe y una entereza que nos permitan la libertad de disfrutar una vida satisfactoria y plena.

Todo depende de la manera en que abordamos las decisiones. Mi madre solía decir que la ignorancia es cara y tenía toda la razón. Cuesta caro el estar desinformado o incluso subinformado. Recientemente, me dieron la rara y singular oportunidad de comprar una firma de mercadeo muy respetada. Era y es un negocio próspero con una nómina impresionante de compañías muy bien financiadas. Estaba fascinado. Tiene un historial impecable y me entusiasmaba que me dieran la opción de adentrarme en lo que podría haber sido un negocio muy lucrativo para todos los participantes. Pero rara vez dejo que mi entusiasmo se sobreimponga a mi propensión a la cautela, una sensibilidad innata y dada por Dios.

Sentía que las condiciones eran factibles y los márgenes de ganancias parecían plausibles. Sin embargo, gasté mucho dinero y tiempo en contratar a una firma profesional que hiciera todas las averiguaciones pertinentes, lo cual yo creo es un obligado requisito antes de hacer un negocio a ese nivel.

Luego de investigar montones de documentos, declaraciones de impuestos, informes financieros, antecedentes de los empleados y contratos entre la entidad y sus clientes, decidí que, pese a ser un buen negocio, no se adecuaba a la situación de mi vida actual. No era congruente con el plan de vida que yo había establecido para mí y para mi familia. De manera que abandoné lo que podría haber sido un gran negocio, pero que no era el idóneo para mí.

Uno de los miembros de la junta, que supongo podría haber subestimado mi tendencia a examinar los datos primero, me dijo: «Usted no es sólo un predicador, también es un empresario astuto». Sonreí con el halago, pero me di cuenta de que, más que eso, soy una persona que no puede permitirse el lujo de hacer una mala elección y sufrir un revés. En este momento de mi vida tengo que lograr que todas las movidas sean certeras. A los cincuenta años no dispongo del tiempo para recobrarme de un masivo revés económico, emocional o espiritual que pudiera resultar de haber tomado una mala decisión.

Hasta mis propios abogados y contadores se sorprendieron de la cantidad de dinero y tiempo que invertí en tomar esa decisión. Varios de ellos dijeron: «¿Hiciste todo eso y lo abandonas?». El dinero que gasté en la investigación les pudo haber parecido un dispendio a ellos, pero a mí no.

¡Sé que, al igual que los problemas que le presenté a mi hija, uno no puede tomar decisiones importantes si no asume seriamente las consecuencias de esa decisión y la fundamenta con información minuciosa!

CAMBIAR DE OPINIÓN LUEGO DE HABER TOMADO UNA DECISIÓN

Una de las trampas de la toma de decisiones es querer cambiar de opinión luego de haber tomado una decisión. Probablemente has oído mencionar la expresión «pesar del comprador». Describe el sentimiento de culpa que tienes cuando haces una compra, usualmente grande o cara, como un auto, una casa o unas vacaciones lujosas, y luego te arrepientes de haber gastado el dinero. El entusiasmo y la sensación de felicidad que tenías cuando tomaste la decisión de gastar el dinero no tardan en ser reemplazados por un sentimiento horrible y persistente de que cometiste un gran error.

El cambio frecuente de opinión una vez que has decidido hacer algo podría ser un signo de que no has tomado la debida cantidad de tiempo para considerar todas las opciones o secuelas de tus decisiones antes de tomarlas. La vida es demasiado breve para vivir con remordimientos. Si descubres que estás titubeando por una decisión que has tomado, recuerda esa sensación de angustia e incertidumbre la próxima vez que tomes una decisión y piénsala dos veces, sopesando todas tus opciones, antes de llevarla a cabo.

Hala el gatillo

Con harta frecuencia oigo a personas que usan la expresión «simplemente hala el gatillo» en el sentido de que te comprometas con una decisión y actúes en consecuencia.

Pensemos en esta imagen por un momento. Deben responderse ciertas preguntas antes de que algunos de nosotros decidamos halar el gatillo en cualquier decisión de importancia. *¿Qué arma usar? ¿Cómo montarla?* Y acaso, lo más importante de todo, *¿Cuál es el blanco al que le voy a disparar?*

Puedes reírte de mi por mostrarme aquí con una mente tan literal, pero creo que entiendes dónde voy a ir a parar con esta metáfora. El acto de halar el gatillo toma sólo un par de segundos. Pero seleccionar el arma, entender cómo manejarla y cerciorarse de que apunta en la dirección correcta, son elementos tan importantes como halar el gatillo, aunque a menudo se pasen por alto. Todos estos preparativos deben hacerse antes de que dispares o, de lo contrario, podrías verte disparando una pistola de agua en una casa que se incendia. O, dicho de otro modo, tomando decisiones cuando no estás preparado, ni equipado, ni cómodo.

Con el fin de elegir y usar el arma adecuada para tomar las decisiones correctas sobre relaciones, te pido que tomes ahora mismo una importante decisión que afectará tu futuro. Te reto a que compartas algo de tu precioso tiempo conmigo al leer este libro a fin de que salgas con una idea mejor, más clara y más firme de cómo tomas decisiones fundamentales y libres de remordimiento respecto a la gente con quien te relacionas.

Investigación: acopio de información y recolección de datos

Viabilidad: remoción de obstáculos y limpieza del camino

Recompensas: hacer un listado de opciones e imaginar sus consecuencias

Revelación: reducir tus opciones y hacer tu selección

Retrospectiva: mirar hacia atrás y hacer los ajustes necesarios para mantener el rumbo

Las relaciones románticas y la selección de un cónyuge constituyen el ejemplo medular de este libro; sin embargo, las destrezas y la información que quiero compartir no son efectivas exclusivamente en la búsqueda de un compañero o compañera. Lo que aprendas acerca de la toma de decisiones puede aplicarse a cualquier área de tu vida. Compartiré algunas formas en que puedes protegerte de las consecuencias inmensamente caras y emocionalmente devastadoras de tomar decisiones impulsivas. Y puedo ayudarte a no perder tiempo en aplazamientos, lo cual con frecuencia es causado por el temor de tomar una decisión errónea. Todas las decisiones importantes exigen averiguaciones pertinentes y deliberaciones dilatorias, ya sea que vayas a elegir un marido, a escoger una especialidad universitaria, a adquirir una propiedad, a decidir una nueva carrera, a comprar una compañía o a determinar dónde vivirás.

Mi objetivo es ayudarte a cobrar conciencia, al igual que a mi hija a punto de casarse, de que algunas decisiones son tan significativas que debes tomarlas con la mayor certidumbre posible. Si así lo haces, te adentrarás confiadamente en el futuro sin que ningún remordimiento te persiga como papel higiénico pegado a tus zapatos. Mi promesa es que si lees este libro, te prepararás y sabrás todo lo que necesitas saber en cuanto a tomar decisiones de relación sin incurrir en tonterías.

Probablemente has deseado poder asomarte al futuro para tomar una decisión en el presente. Yo no puedo otorgarte el don de la profecía, pero puedo ayudarte a que conozcas todo lo que necesitas saber para adentrarte confiadamente en el futuro... antes de hacerlo.

capítulo 1

Antes del primer paso: reflexiona, discierne

Un viaje de mil millas comienza con el primer paso.
—*Proverbio chino*

Puedo remontar todos los éxitos o fracasos de mi vida a algo que decidí o no decidí con eficacia. Ya sea en el curso de crear relaciones, de hacer negocios, de seleccionar inversiones o de aceptar invitaciones, he encontrado una correlación directa entre mi situación en el camino de la vida y mis decisiones de doblar, salir, detenerme o arrancar. Nunca faltaron circunstancias atenuantes que escapaban a mi control, y la mayoría de las veces resulté víctima o vencedor de mis propias acciones, logrando o fracasando porque utilicé o no los prerrequisitos necesarios para alcanzar los objetivos deseados. Ahora bien, yo no soy un individuo dedicado a flagelarse y que utiliza esta premisa para culparse y denigrarse por decisiones pasadas y sus consecuencias. No, sólo digo que mis decisiones fijaron el rumbo de mi vida. Llevo casado con la misma mujer, la madre de mis hijos, más de veinticinco años. La decisión de establecer esa relación ha estabilizado el clima de mi vida de la misma manera que un termostato ajusta la temperatura de una habitación. Prosiguiendo con este concepto, las personas en una habitación pueden no saber que la temperatura se ve afectada por el mínimo incremento de una gota de mercurio en un aparato que apenas se nota. A pesar de su invisibilidad para los que se encuentran en la habitación, afecta el nivel de confort de todos los presentes. Del mismo modo, mi decisión respecto a establecer una relación fundamental, así como otras muchas decisiones que he tomado, me afectan a mí y a todos los que me rodean. Los buenos resultados son un reflejo directo de mi capacidad para planear detenidamente, discernir correctamente y apartarme muy poco de la trayectoria de mi decisión anterior.

TODOS TENEMOS NUESTRO PROPIO PROCESO SINGULAR DE TOMAR DECISIONES

A veces tenemos que tomar una pequeña decisión, tal como escoger un nuevo estilo de peinado o decidir si pintar el dormitorio de azul celeste o de bermellón. Otras veces las decisiones son más importantes, tales como si me mudo o no a otra ciudad para un mejor empleo, o si conservo el viejo. Cada uno de nosotros tenemos nuestro propio estilo y maneras de abordar el proceso de la toma de decisiones. Algunos de nosotros tendemos a saber exactamente lo que queremos. Nos decidimos con rapidez y actuamos inmediatamente. Otros preferimos deliberar durante largo tiempo, sopesando todos los ángulos y las opciones antes de decidir qué hacer.

Reflexiona-discierne-decide

Una buena toma de decisiones en relaciones, negocios o cualquier cosa es el resultado de un proceso de reflexión-discernimiento-decisión. Esta verdad surgió recientemente para mí de manera renovada. He tenido el mismo jefe de operaciones en mi compañía comercial durante casi diez años. Me resultó interesante notar una observación que él hiciera sobre mí. Con frecuencia las personas que trabajan con uno advierten cosas acerca de ti de las que tú mismo no te habías percatado.

Él les advirtió a algunos representantes de empresas que no era sensato que me hicieran una presentación que fuera larga y ardua. Había notado cierta tendencia mía a la distracción (o al Síndrome de la Atención Dispersa) en mi manera de abordar la vida. Mi atención decae rápidamente en esas presentaciones que incluyen la historia de la compañía y con quién se casó el fundador en 1802. Realmente preferiría que me libraran del suplicio de agonizar en los detalles que son en su mayor parte irrelevantes a lo que debo decidir. En otras palabras, no me andes con rodeos, respóndeme las preguntas y déjame pensar.

Él también les hizo saber que la parte más difícil de hacer negocios conmigo eran las millones de preguntas que yo hago en nombre de las averiguaciones pertinentes. Me sonreí por los comentarios de mi jefe de operaciones y pensé que eran una descripción precisa de mi realidad interior. Incluso los miembros de mi personal en la parte de mi organización mercantil han aprendido a esperar de mí múltiples preguntas y a venir preparados con las respuestas antes de celebrar la reunión.

No me excuso por esta tendencia. Creo que los buenos líderes esperan preguntas difíciles y cuentan con las respuestas que predicen problemas, conflictos y dolencias inherentes al proceso normal de hacer negocios.

Las decisiones sanas se sustentan en una información valiosa, de manera que cuanto más importante es la pregunta tanto mayor la averiguación pertinente que exige. Creo que las decisiones importantes demandan la existencia de una mayordomía. Si hemos de ser buenos mayordomos de grandes oportunidades, debemos mostrar respeto por esas oportunidades con el nivel de indagación con que nos preparamos para el próximo paso.

Las decisiones sobre una relación se cuentan entre las opciones más oportunas de tu vida, y recuerda que ninguna otra deja tantas huellas a tu lado en el camino de la vida como las que tomas para unirte a otra persona emocional, sexual y espiritualmente.

Bella fachada

Hace varios años, mi esposa y yo compramos una casa nueva. Lo hicimos luego de vender nuestra casa anterior, casi duplicando nuestro gasto inicial por ella. Busqué febrilmente a través de los mejores barrios de nuestra ciudad, en el intento de encontrar una casa que produjera un rendimiento semejante en el futuro si decidiéramos venderla. Encontré una buena casa en un barrio magnífico y comencé a debatir con mis amigos y mi familia la posibilidad de comprarla. Para mi sorpresa, uno de mis amigos me aconsejó que no la comprase. Me dijo: «Te conozco tan bien que pude percibir tu incertidumbre en la manera en que explicabas el valor de la casa propuesta. Suenas como si intentaras convencerte a ti mismo de que el trato es bueno. En otras palabras, tu rebelión ha sido muy notoria».

Mi amigo parecía saber que yo no me sentía completamente feliz con la decisión de comprar esa casa. Era un gran negocio, la casa podría venderse fácilmente después, y sin duda rendiría una ganancia. El problema era que a mí realmente *no me gustaba* la casa. Me gustaba el negocio, ¡pero no la casa!

Luego de esta observación, tuve que reflexionar. Mi objetivo de conseguir una casa con atractivos —que se pudiera mercadear a la hora de revenderla— no era tan importante como conseguir una casa que me gustara. Finalmente, decidí que mi disfrute de la casa era una consideración de peso que yo había minimizado.

Amigos, muchas veces tomamos decisiones torpes porque hemos decidido la apariencia que tiene el éxito. Una averiguación pertinente debe incluir un examen de nuestros sentimientos. ¿Es el objetivo la buena apariencia o el buen carácter? ¿Riqueza o felicidad? ¿Seguridad o entusiasmo? ¿Es el objetivo el casarse con alguien que luzca bien en el papel o en persona? ¿Es el objetivo encontrar a una persona que sea económicamente sana o emocionalmente estable? Sí, tienen razón. Es posible tener ambas cosas. Pero ninguna de las dos es posible si no deciden que esas son las metas. ¿Cómo es el éxito para *ti*? ¿Que incluye para *ti* una relación exitosa?

Luego de ver más de veintiocho casas en toda el área metropolitana, tomé una decisión. Para ese momento ya estaba listo para elegir, había examinado la tasa de rédito de mi inversión, la probabilidad de una ejecución hipotecaria de mi préstamo, un estudio de viabilidad que tuviera presente el valor del mercado y de propiedades semejantes a mi inversión. La diferencia esta vez era que también había tomado en cuenta la importancia de que ME GUSTARA algo por lo que iba a estar pagando durante un buen número de años.

No puedes ser capaz de imaginar el comprar una casa sin esta consideración vital. En efecto, algunas personas hacen de lo que *sienten* por su casa, de cuánto les *gusta* su casa, su principal criterio de compra. No toman en cuenta el tipo de barrio en que se encuentra, su valor potencial de reventa o dónde se encontrará el mercado inmobiliario en su área metropolitana de aquí a cinco años. Solo saben que tiene una gran vista, electrodomésticos nuevos y que se sienten radiantes y felices. Tal vez tú estás menos inclinado a concentrarte en el negocio de bienes raíces y te importa poco la rentabilidad de una casa. Tal vez gravitas por naturaleza hacia la parte cosmética de la casa y a tu capacidad de disfrutarla y decorarla. Me doy cuenta de que hay muchos compradores que están más interesados en el *feng shui* de una casa, la conveniencia de una cocina funcional y la cercanía de las escuelas, y quienes nunca han contemplado el valor de reventa.

Ambas series de factores —tu cabeza y tu corazón— deben entrar en la ecuación al hacer de ésta una decisión importante. Debes considerar tanto los datos materiales como también los intangibles e internos.

Así pues, teniendo en mente ambas series de datos, ¡compré finalmente una hermosa propiedad en un extenso terreno de labranza! Este tipo de tierras aquí constituye una buena compra, y la casa era todo lo que mi familia más bien extensa necesitaba según fuera creciendo con la llegada de nietos y la adición de parientes políticos. Mi nueva propiedad, con un amplio parque, le da cabida a gatos monteces, coyotes y unas pocas y hambrientas vacas Angus. Cada mañana, al despertarme con el ruido de las ardillas que juegan junto a mi ventana y con la vista de los conejos que corretean por los terrenos, sé que el valor de mi casa no es solo el de su tasación. Incluye también la felicidad para la cual no hay precio. Esto me hace acordar a un anuncio de MasterCard en el cual aparece el precio de numerosos artículos seguido por el valor total de la experiencia: «inapreciable».

PEQUEÑAS DECISIONES VS. GRANDES DECISIONES FINANCIERAS

Hay ciertamente una diferencia entre tomar pequeñas decisiones diarias tales como qué ponerse o qué pedir en una cena, frente a la toma de una gran decisión que tendrá mayores consecuencias en tu vida. Las decisiones más grandes, semejantes a la de hacer una importante adquisición como es el comprarse una casa, pueden tener ramificaciones para tu salud económica a lo largo de muchos años. Mudarse a una nueva ciudad o comunidad podría afectar tus relaciones con tu familia y amigos y podría repercutir en tus hijos, si los tienes, por el resto de sus vidas.

También vas a tener que tomar decisiones respecto a las relaciones de tu vida. El considerar si estableces o le pones fin a una relación, o cambias su estatus, son decisiones que tendrás que tomar a lo largo de tu vida. Y esas opciones no son tan fáciles como las películas románticas que abundan en Hollywood hoy día te podrían hacer creer. En el cine las cosas siempre suelen terminar felizmente.

Esto no quiere decir que no podria ser tu caso. No hay nada más gratificante que una relación con alguien a quien ames y en quien confíes, con quien puedas compartir tus pensamientos y sentimientos más íntimos. Tener una compañera o compañero con quien poder contar a través de los altibajos de la vida es uno de los más grandes dones de Dios. Pero elegir a esa persona, ya sea para una relación de amistad o de amor, constituye una decisión. Y ya que la vida no es como en el cine —siempre romántica y sencilla, con un final feliz—, tienes que tomar esa decisión cuidadosamente.

El optar por una relación comprometida, tal como el matrimonio, no es una decisión que deba tomarse a la ligera. «Hasta que la muerte nos separe» es algo serio. Cuando se acaban los sentimientos de eufórico hormigueo del nuevo amor —y siempre terminan por acabarse— tienes que saber quién eres y quién es tu posible pareja. Saber qué clase de persona es, cuál es su carácter, sus aspiraciones en la vida, sus creencias morales y espirituales, si es o no emocionalmente estable y accesible, si tiene algún problema de salud, son todos detalles importantes que con frecuencia no vemos abordar en el cine, que no se consideran muy «románticos», pero que en efecto forman parte de la vida real y pueden causar estragos en una relación si no se les toma en cuenta.

Los dispendiosos se casan con ahorradoras, los inversores arriesgados se casan con inversoras conservadoras y a menudo no es hasta después de la boda que la gente descubre que su «querer» debe miles de dólares. ¡Y en muchos estados, una vez que te casas con alguien su deuda es también tuya! En tanto las parejas dedican incontables horas a discutir acerca del diseño de la vajilla, de si deben sentar al tío Pepe cerca de la tía Nina y con los padres de quién han de pasar los feriados, el dinero es algo de lo que pocas parejas hablan antes de ir al altar. Sin embargo, ¿cuál es la primera razón que muchos dan para divorciarse? Desacuerdos económicos.

El costo de las decisiones inapreciables

Con demasiada frecuencia pasamos por alto estas variables que carecen de precio en la ecuación de nuestra toma de decisiones. En Lucas 14:28 nos dicen que nadie que quiere construir una torre emprenderá la obra sin calcular primero el costo para ver si tiene suficiente dinero para terminarla. Calcular el costo es muy importante; no basta, sin embargo, para el fin de garantizar que tienes lo suficiente para llevar a cabo el trabajo. Debes calcular más que los costos económicos. Si bien la mayoría de las cosas que producen dinero cuestan dinero, los sueños y las metas a menudo conllevan más que gastos monetarios. Muchas partidas de un presupuesto no se suman al total, sino que son consideraciones inapreciables en el proceso de tomar una decisión. Nunca disfrutarás de la emoción de una experiencia inapreciable hasta que los asuntos intangibles que aparecen entre líneas se cuenten en el costo.

Si quieres tomar decisiones inestimables, cerciórate de que tomas en cuenta el valor intrínseco de gastos y rendimientos incalculables. Yo no puede decirte cuánto vale ver a las ardillas jugar en mi traspatio. Sé que ellas no afectarán el valor de tasación de la propiedad, pero contribuyen definitivamente a mi sonrisa satisfecha mientras tomo el café por la mañana y las veo bailar.

Mi punto es que, ya seas un pragmático, como yo, o un idealista emotivo, si no tomas en cuenta la suma total de lo que quieres, nunca llegarás a realizar tus sueños. Sueña profundamente. Examina tus pensamientos y discierne lo que tienes en el corazón. Eso te ayudará a realizar el verdadero sueño sin la pesadilla que se produce al tomar una decisión que no está bien pensada ni equilibrada.

Paternidad planeada

Otro ejemplo más que sirve para ilustrar el significado de preparación y deliberación como ningún otro es la paternidad. Si bien exploraremos este tema más adelante en el capítulo 14, piensa, por ahora, en la multitud de decisiones que confrontas cuando te enfrentas con la posibilidad de la paternidad. Cuando estás a la espera de tu primer hijo, debes prepararte, tú, tu familia y las vidas de los que te rodean, para verse cambiados para siempre por la nueva vida que estás a punto de traer a este mundo.

En primer lugar, las madres embarazadas deben asumir la responsabilidad de su propia salud a fin de garantizar la salud del bebé que se desarrolla en su interior. Deben cerciorarse de que tienen la nutrición adecuada, incluidos vitaminas, proteínas y ácido fólico, todo lo cual ha demostrado ser de vital importancia para el desarrollo apropiado del bebé en el útero. Las que van a ser madres deben descansar y ejercitarse adecuadamente, abstenerse de fumar, de consumir bebidas alcohólicas y de consumir otras substancias que lesionarían o afectarían la preciosa carga que llevan dentro.

Además de la salud de la madre, deben tomarse en consideración otros aspectos. ¿Está la casa preparada para recibir al bebé? Cerrojos y pestillos de seguridad deben aislar el contenido potencialmente peligroso de gavetas, gabinetes y armarios. Deben quitarse las superficies duras y los bordes filosos del paso del bebé, o acolcharse lo suficiente para evitar golpes duros. Debe haber rejas que refrenen la curiosidad del bebé mientras aprende a gatear y hace pinitos de un cuarto al otro.

Debes tomar en cuenta también las necesidades de tu nuevo tesorito. ¿Le darás fórmula o leche materna, o ambas cosas? ¿Cuentas con la parafernalia que se necesita: una mesa para cambiar pañales, pañales, ungüento para el salpullido, bacinilla, ropa, botitas, mantas ¡y líbrete el cielo que te olvides del poder del chupete!

Amén de la seguridad e idoneidad del ambiente, hay otras preocupaciones por el bienestar de tu niño que deben abordarse. ¿Cuán cerca se encuentra el consultorio del pediatra? ¿Y el hospital? ¿A que escuela enviarás a tu hijo? Muchas escuelas privadas, y ahora incluso algunas públicas, tienen listas de espera de varios años antes de tener un sitio disponible. ¿Qué has pensado de la enseñanza superior? ¿Le has abierto a tu hijo o hija una cuenta universitaria o al menos has iniciado algún tipo de plan de ahorros para su futuro?

La paternidad exige planificación. Dios nos ofrece el primerísimo y mejor ejemplo de la máxima paternidad, la preparación para la llegada de un nuevo ser. Nuestro Creador no hizo a Adán y Eva primero y luego creó el mundo en torno a ellos. No, los cielos y la tierra, el mar, los animales y las plantas y todo lo que tenemos en nuestro mundo fue creado primero. Luego, al sexto día, Dios creó a los seres humanos a imagen de lo divino. Dios ya había preparado un lugar y había garantizado que ellos encontrarían provisiones.

De manera semejante, y a fin de ser padres responsables, debemos preparar nuestro hábitat para la nueva creación que Dios nos permite traer a este mundo a través del milagro del nacimiento. Las exigencias de la paternidad son bastante arduas. Sin adecuada planificación, preparación y cambios deliberados a la expectativa de la llegada de tu bebé, te verás abrumada por el proceso, librada tu supervivencia a la casualidad, brindándole a tu niño una atención deficiente y descuidando tus propias necesidades. La maternidad debe ser un empeño planeado si ha de producir un niño saludable y feliz.

Con demasiada frecuencia vemos a mujeres jóvenes que tienen hijos como un medio de obtener un fin. Los niños no son fichas de intercambio para obtener la presencia o la atención de un hombre. Ni son la locura caprichosa que vemos en Hollywood, donde ahora es romántico y está de moda tener hijos sin familia que los ampare con amor. Amiga y amigo, cada vida es valiosa e importante, y las estadísticas muestran que los niños necesitan criarse en un ambiente estable con padres amorosos que los quieran, los formen y estén dispuestos a asumir una tarea que dura toda la vida.

No digo esto para hacer sentir mal a cualquiera que haya tenido un hijo en circunstancias menos que ideales. Entiendo que todos somos humanos y que cualquiera puede cometer un error. Y conozco a incontables personas que, contra todos los pronósticos, han hecho su tarea a pesar de las estadísticas que muestran que es una elección peligrosa. Pero, ¿por qué a sabiendas y voluntariamente te vas a poner en una carrera cuesta arriba con un zapato roto tan sólo para probar que eres capaz de vencer las probabilidades, especialmente cuando un poco de planificación y de paciencia evitaría el comprometer tu vida y el bienestar de un bebé, concebido prematuramente, en situación desventajosa, destinado a dedicar la vida al intento de salvar obstáculos que estaban fuera de su control? ¡La vida ya es bastante difícil cuando la escena está montada y los actores están en su lugar!

De retos está llena la vida, pero el drama de la mamá del bebé es mucho peor de lo que podrías imaginar. Ha sido el origen de las penas de muchas personas durante años. Debemos comenzar a enseñar a nuestras hijas e hijos que las acciones provocan reacciones. Las consecuencias de los embarazos en la adolescencia, y de los embarazos fuera de matrimonio a cualquier edad, pueden ser intensas y perjudiciales para todas las partes implicadas.

Por la época en que yo era un muchacho, las personas que cometían errores se encontraban en situaciones muy comprometidas. Pero en la actualidad, vemos a demasiadas chicas escuchando las letras perturbadoras de canciones que sugieren que tener el bebé de un hombre es como comprarle una corbata. ¿Quién habría pensado que llegaría el tiempo en que una muchacha se acercaría a un tipo y le diría, «¡quiero tener un bebé!». ¡Esto es ridículo!

Ni las canciones *hip-hop* ni las R&B te dicen la verdad: que los bebés crecen, hacen preguntas, derraman lágrimas y muchas veces empiezan a buscar la parte de su identidad que les falta. Los secretos de familia son engorrosos y con frecuencia provocan accesos de depresión y toda una vida de conflicto con una baja autoestima.

Me complazco en afirmar que tales errores no son definitivos y que el remordimiento no significa el fin del mundo. A pesar de esas adversidades, muchas personas han llegado a ser activos colaboradores de la sociedad y han hecho incontables contribuciones para el mejoramiento de todos.

Sin embargo, la mayoría de las veces tales dolencias exigen el esfuerzo de toda la familia para inclinar la escala y darle al niño inocente mayores oportunidades de éxito. Confieso que he tenido esa situación en mi propia familia y abordaré el tema con detalles más adelante.

Pero te advierto seriamente que las estadísticas sobre prisiones, suicidios y abuso de drogas muestran que ¡las cifras aumentan cuando los principios morales se quiebran y el niño proviene de un hogar donde hay sólo uno de los padres! Por el amor de todos los abuelos con ingresos fijos y andadores que intentan estar a la altura de sus importantes nietecitos, por el amor de las abuelas que están tratando de encontrar quién las lleve a la escuela para una conferencia, en lugar de atender el jardín de sus traspatios, paremos la locura.

Una decisión errónea puede sentenciar a toda una familia a una vida de trabajo doméstico y pesadumbre. ¡Todo podría evitarse con tan sólo esperar un poquito para hacer las cosas bien! Si no estás dispuesta a orientar otra vida por los próximos treinta o más años, refrénate. ¡Las niñas que tienen niños se privan de un montón de experiencias importantes y con frecuencia se enfrentan con muchos síndromes demasiado pronto que dejan a nuestra comunidad en terapia intensiva y a nuestros matrimonios en respiradores!

TODOS TENEMOS REMORDIMIENTOS

Todos tenemos remordimientos. Es parte del proceso de aprendizaje de la vida. Pero según maduramos y progresamos a través de la vida, es de esperar que aprendamos a hacer un alto y reconocer situaciones que nos resultan familiares, ocasiones en que podríamos lamentar nuestras acciones o algo que hayamos dicho. Luego, cuando se nos presente una situación semejante, elegimos comportarnos de manera diferente. Tú has oído el dicho «la definición de locura es hacer lo mismo una y otra vez y esperar que tenga un resultado diferente». Lo mismo se aplica a los remordimientos.

Cada uno de nosotros puede pensar en lo que ha sido su vida y apuntarse unos cuantos remordimientos. Acaso hay una llamada telefónica que debiste haber hecho para disculparte con un amigo cuyos sentimientos heriste. Pero, por no hacerlo, la amistad terminó y ahora te pesa. O tal vez le mentiste a tu último socio sobre algo que hiciste, pero se descubrió la verdad y se fue diciendo que nunca más podía confiar en ti. Lo lastimaste profundamente y ahora quisieras haber hecho las cosas de otra manera.

Es importante reconciliarte con tus remordimientos asumiendo lo que hiciste, disculpándote donde sea necesario y luego esforzándote en no volver a repetir los mismos errores. La Dra. Maya Angelou dijo algo acerca de mirar a nuestros errores pasados que contiene una enseñanza muy profunda: «Cuando sabes más, lo haces mejor».

Todos tenemos necesidades

Dios incluyó la compañía en la creación humana. Es una necesidad tan vital como la comida y el agua. Es más que una carencia, y para muchas personas es una necesidad tan absoluta que con frecuencia los lleva a tomar decisiones precipitadas e irracionales. Se horrorizan más de estar solos que de ser infelices.

Es imposible tomar decisiones correctas cuando la decisión se arraiga en el temor de estar solo o de ser rechazado. Peor aún, es la vergüenza que muchos de nosotros sentimos lo que nos inhibe de reconocer la necesidad de tener a alguien que comparta nuestra vida con nosotros. En los últimos tiempos, nuestra sociedad ha perdido la compasión por los que expresan esa necesidad. Parece más de moda actuar como si no necesitáramos de nadie. Pero en tanto esto puede encontrar aprobación en el ambiente más ligero de la oficina, en verdad no refleja los hechos reales.

Fuimos creados con una necesidad de socialización. No hay nada malo en que sintamos esa necesidad. El problema empieza cuando la necesidad te domina. Muchas personas hoy día se comportan compulsivamente cuando se trata de llamar la atención a fin de satisfacer sus necesidades, con frecuencia de alguien que no tiene nada que ver con lo que ellos son o adónde van. Cuando ignoras las advertencias y comprometes tus principios dejas cicatrices que no siempre desaparecen del todo.

La última manía de la sociedad de mostrar indiferencia y rehusar admitir el sentir cualquier tipo de necesidad de otros no es una buena meta. Y tú y yo deberíamos rechazar la tendencia a desmoralizar a las personas sólo porque aspiran a tener amor y socialización en sus vidas. Muchos que sí reconocen sentirse solos, y que anhelan ser amados, se encuentran con palabras ásperas y severas reprimendas y se les dice que cambien de manera de pensar. Amar a alguien no es una debilidad. Debemos comenzar aceptándonos a nosotros mismos para tener esa necesidad.

Entonces puedes ir un poco más lejos y reconocer el hecho de que puedes ser alguien que prospere cuando te encuentras en ambientes sociales. Otros necesitan una persona que los apoye, y si la tienen, eso es todo lo que requieren. La mayoría de nosotros obtiene un cierto grado de gratificación cuando contribuimos al bienestar de otra persona, y cuando ese esfuerzo se aprecia nos sentimos animados y reafirmados. No hay nada malo en necesitar lo uno o lo otro. ¡Es importante que te conozcas a ti mismo!

Prueba contundente

El primer paso en tomar decisiones —aun las más personales y emotivas— para cambiar la vida sin remordimientos, es indagar. La indagación alimenta tus decisiones al darte acceso a la información sobre la cual puedes basar una decisión sabia. Esto se asemeja a un juicio en el cual la misión del abogado es presentar las pruebas sobre las cuales el jurado tomará una decisión y el juez emitirá un veredicto. El caso no es más sólido que las pruebas que se poseen. La estrategia para el proceso se formula a partir de la evidencia.

Al elegir tus relaciones, conviértete en un jurado severo, al que no convencen fácilmente y que exige información concreta antes de llegar a una decisión. El veredicto que se derive de tu decisión puede alterar la calidad de tu vida. Es mejor alargar el proceso de deliberación y garantizar que la decisión resulte adecuada que llegar a una conclusión apresurada que traumatice a los que están involucrados.

A aquellos de nosotros que con frecuencia aplazamos tomar una decisión porque nos sentimos intimidados por la falta de preparación o por cualquier zona de debilidad, esta afirmación servirá para aliviarlo: no es lo mucho que usted sabe lo que lo capacita con los instrumentos de la toma de decisión, sino más bien cuánto *pregunta*. Haga preguntas. La mayoría de los intelectuales que he conocido eran personas que hacían preguntas de ciencia, arte y religión que la mayoría de los demás daban por sentado. Nunca puedes saber más de lo que estés dispuesto a preguntar.

Un amigo mío que es profesor universitario me dice que usualmente sus alumnos más brillantes hacen la mayoría de las preguntas. En efecto, él les dice a sus alumnos el primer día de clases que no se permiten preguntas estúpidas en su aula. Se empeña en crear un ambiente propicio a la indagación, al esmero, a la reflexión y a la solución de problemas. Los alumnos inteligentes hacen una pregunta tras otra y terminan poniendo a prueba y educando al maestro. Lo que a menudo caracterizamos como «los terribles dos», cuando el niño de esa edad corre tras la madre preguntando por qué, por qué, por qué, no es nada más que el resultado de una mente activa que acelera a una enorme velocidad, al tiempo que acumula, clasifica y regurgita datos basados en las preguntas que se atreve a hacer.

DECISIONES PASIVAS

El saber quién eres y lo que quieres es vital para participar en una relación exitosa. Si bien parece antiintuitivo concentrarse en lo que eres en lugar de en aquello que ustedes dos son como pareja, el todo no excede a las partes. Esto es particularmente cierto en las mujeres que han logrado tremendos avances en nuestra sociedad. Después de todo, no es infrecuente que una mujer sea presidenta de una empresa, piloto de un auto de carreras o incluso candidata presidencial. Sin embargo, la sociedad, los anuncios, los programas de televisión y los libros y revistas populares aún sugieren que una mujer complaciente y recatada es mucho más aceptable y deseable que la que se expresa intelectualmente y pregunta lo que quiere saber.

Las relaciones verdaderamente exitosas y mutuamente beneficiosas se basan en que cada una de las partes sea sincera y veraz respecto a sus verdaderas aspiraciones, deseos y sentimientos. Si bien es cierto que, como pareja, ustedes deben tomar decisiones juntos, las decisiones acerca de quién eres como persona y lo que quieres que sea tu vida, te competen únicamente a ti. Permitirle a alguien más, a un compañero sentimental, a un amigo, a uno de tus padres o a cualquier otra persona que decida quién eres y lo que quieres, es renunciar a una facultad que Dios te dio.

Y no hacer nada no es tomar una decisión. Recostarse y pretender no ver una situación tal cual es, o aplazar lo que debe hacerse hasta que algo suceda donde no tengas más opción que tomar un camino u otro, es tan malo como dejar que otras personas tomen las decisiones por ti. Es una actitud pasiva y al final probablemente no te resulte muy útil. A veces las circunstancias son lo que son, pero tú siempre tienes la opción de decidir lo que quieres ser dentro de ellas.

Nunca debemos intentar silenciar a ese niñito que todos llevamos dentro y que sigue cuestionando nuestro entorno y nuestras elecciones de adulto. Ese proceso inquisitivo a menudo me lleva a tomar en consideración factores en los que nunca antes había pensado. Con la compra de mi propiedad yo había tomado un curso intensivo en bienes raíces, haciendo indagaciones acerca de esas veintitantas casas. Llegué a entender los reglamentos de zonificación y planificación de nuestro municipio. Sabía un poquito más sobre diseño arquitectónico. Términos como «acabado» formaban ahora parte de mi vocabulario, así como «valor de mercado» y «comparables», porque yo preguntaba constantemente «¿por qué?» antes de tomar la decisión de comprar una casa que me dejaría con una cuenta por los próximos veinte años.

Si has de tomar decisiones de las que nunca te vas a arrepentir, debes estar dispuesto a tomar en cuenta todos los criterios: profesionales y personales, científicos y subjetivos, estadísticos y que respondan a tu satisfacción personal. Gran parte de la ansiedad y del remordimiento posterior que se derivan del peso de tus decisiones puede aliviarse o evitarse del todo si reúnes toda la información de que dispones —tanto la que sea claramente importante como la que pueda parecer superflua— antes de tomarlas.

capítulo 2

Antes de culpar, acepta la responsabilidad

> No busquemos culpar al pasado. Aceptemos
> nuestra propia responsabilidad por el futuro.
> —*John F. Kennedy*

Un día en que le pregunté a mis hijos, «¿quién dejó afuera el asado?» cada uno de ellos señaló al otro, aunque el aliento les apestaba a zanahoria y cebolla.

Cada uno dijo, «¡yo no!» y señaló a uno de sus hermanos.

Puedo decir como padre amoroso que soy que mis hijos con frecuencia practican este juego de culpabilidad, y debo admitir que tal vez aprendieron esta respuesta de observar algo que hice o de lo que no me responsabilicé. Lo que sí sé de cierto es que vivo en un mundo de personas que culpan a otras.

La culpa y el tomar decisiones correctas tocante a

nuestras relaciones están emparentados porque muchos aprietos se resolverían si alguien afrontara el problema y asumiera la responsabilidad, al menos en lo que concierne a su solución, si no a su origen. Como sucede con tantos problemas en nuestras vidas, tú no lo causaste, pero te ha tocado en suerte decidir arreglarlo, en lugar de buscar a quien culpar.

LO QUE HARÍAS PARA ASUMIR LA RESPONSABILIDAD

El modo de emprender cualquier clase de cambio en tu vida es empezar por imaginarlo. El contemplar cómo quieres sentirte y cómo quieres que se vea tu vida es fundamental para hacer cambios duraderos. Una vez que tengas una idea puedes comenzar a trazar un plan. Identifica el primer cambio que harías si fueras a asumir la responsabilidad de tu vida, en este mismo momento. Al hacerlo, no incluyas tus viejas ideas en el proceso. Es el nuevo tú el que hace la lista, el mismo que no le teme al futuro ni se siente avergonzado de su pasado. Piensa en lo que te ha impedido hacer estos cambios hasta ahora y en las cosas que puedes hacer para enfrentar esos obstáculos cuando reaparezcan en el futuro, porque reaparecerán.

Hay muchos libros de autoayuda bien intencionados que pretenden que si sigues la fórmula de pasos 1, 2 y 3 tu vida cambiará en un instante. Si bien muchos de estos libros ofrecen excelentes consejos para personas que procuran hacer cambios en sus vidas, la verdad es que eso no resulta tan fácil. Lo que esos libros descuidan decirte es que cambiar es difícil. Uno no puede esperar estar haciendo algo de una manera durante años y luego despertarse un día y hacerlo de manera diferente, en un santiamén.

Vas a tener fracasos y obstáculos. Algunos días vas a olvidarte de tu nueva promesa de asumir la responsabilidad de tus decisiones y tu vida, y vas a recaer en los hábitos destructivos y hasta quizás llegues a creer que el cambio es imposible. La clave consiste, cuando tengas un día como ése, en levantarte de nuevo, sacudirte el polvo y empezar otra vez. La vida es una maratón, no una carrera corta. Mantén el rumbo.

Renueva todos los días tu entusiasmo de asumir la responsabilidad de tu vida sentándote y revisando tu lista, ora, pídele a Dios la fuerza para ser la mejor persona posible y pídele perdón los días en que retrocedas. No tardarás en empezar a ver que tu vida se desenvuelve de un modo que nunca imaginaste.

Decide aceptar la responsabilidad, *no* te culpes

Cuando aconsejo a padres cuyos hijos los han decepcionado, con frecuencia se culpan. Dicen: «Si sólo hubiera prestado más atención, o no les hubiera permitido ver esas películas, ni andar con sus amigos, o los hubiéramos enviado a una escuela mejor, o...». Y así prosigue la lista de las cosas que estos padres creen que debieron haber hecho para evitar la crisis actual.

Mi respuesta a estos padres es: «¿Era entonces la voz de ustedes, la *única* que su hijo escuchaba?» ¿Tenían ustedes el total control sobre esta persona que es su hijo: sobre su medio ambiente, lo que veían en la televisión, sus compañeros, el cine que veían, la música que oían y la comunidad con la que interactuaban? ¿El ADN no desempeña ningún papel? ¿Nadie más que ustedes dejó una huella en sus mentes y emociones? ¿Ustedes y sólo ustedes los han influido para llegar a ser lo que son? ¡Caramba!».

Les hago estas preguntas retóricas para llevarlos a que dejen de desempeñar el papel de Dios. Ellos no son el substrato de todos los problemas y acciones que ocurren en el mundo de sus hijos. Quiero, más bien, llevarlos a una comprensión más sana, que consiste en que ellos son una parte activa del proceso, pero no el único factor que contribuye al actual dilema.

Es una tentación pensar que estos padres que se culpan son mejores que aquellos que se muestran negligentes, ausentes y poco dispuestos a asumir cualquier tipo de responsabilidad por sus hijos. He aconsejado a muchos de estos últimos también. Pero ambos extremos —los padres que se culpan tanto como los que no asumen ninguna responsabilidad— sólo centran su atención en sí mismos, no en los hijos. Las decisiones que contribuyen a una buena relación no provienen de ninguno de los extremos del espectro.

Y no son sólo los padres los que responden en estos extremos. La mayoría de la gente gravita hacia una polaridad o la otra cuando se enfrenta a las decisiones difíciles de la vida. Por una parte, tenemos a la persona que asume la responsabilidad por la paz mundial, el calentamiento planetario y la extinción de la ballena azul. En el otro extremo están los que no asumen ninguna responsabilidad por nada, polianas* perpetuamente haciéndose las víctimas, siempre señalando a otro con el dedo. Sus dichos más usuales son: «Es culpa de mis padres». «El diablo me empujó a hacerlo». «Es culpa de los blancos». «Se debe a los negros». Estas personas se quitan de encima cualquier responsabilidad, en lugar de asumir la dura realidad de que algún papel nos corresponde en el estado en que ahora nos encontramos.

Es cierto que nadie llega aquí por sí mismo. Pero es

---

* El autor parece aludir al llamado «principio de poliana» que describe la tendencia de individuos de definirse sólo con criterios positivos, atribuyéndoles la totalidad de la culpa a los demás. (N. del T.).

cierto también que nada puede hacerse sin tu colaboración. Puedes decidir culpar a otros, a factores externos, a condiciones injustas, a las circunstancias y a cualquier número de razones válidas para explicar tus problemas relacionales. Puedes incluso culparte a ti mismo. Pero la verdad es que puedes decidir hacer algo al respecto. Y antes de hacerlo, debes despojarte de toda la culpa.

CULPAR A OTROS

Culpar a otros de lo que no marcha bien en nuestras vidas es más frecuente que mirarse en el espejo y asumir la responsabilidad por lo que hemos hecho para contribuir o no a nuestras circunstancias. Si alguna vez has visto el programa del Dr. Phil en la televisión sabes que siempre le dice a sus invitados: «Tú creas tu propia experiencia». Si las cosas no andan bien para ti y te descubres apuntando con el dedo a otros, vuelve ese dedo para señalarte a ti mismo, porque es ahí donde debes comenzar a hacer cambios en tu vida. Tú y sólo tú tienes el poder de hacerte cargo de tus circunstancias y de crear la vida que quieres. Es verdad, tu jefe puede ser racista o sexista, tu esposa o esposo podría ser una mentirosa y un adúltero, tu madre puede haber sido drogadicta o alcohólica, pero a la luz de esas circunstancias, tienes que asumir tu derecho a vivir la vida que Dios te tiene destinada.

Enfermedad hereditaria

Es fácil sucumbir a la culpa que vemos aceptar a nuestros primeros padres en el Génesis. Al preguntar Dios a Adán y a Eva por qué le desobedecieron, ellos optaron por respuestas que siguen repercutiendo en nuestras vidas en la actualidad. «El respondió: "La mujer que me diste por compañera me dio de ese fruto, y yo lo comí". Entonces Dios el SEÑOR le preguntó a la mujer: "¿Qué es lo que has hecho?". "La serpiente me engañó, y comí," contestó ella» (Génesis 3:12–13, NVI).

Confrontados con el nauseabundo hedor de una decisión torpe, Adán intenta desodorizar el detestable olor del pecado, culpando a su mujer, quien luego culpa a la serpiente. La primera familia más tarde vería que su hijo Caín mata a Abel porque culpó a su hermano del poco éxito de sus ofrendas sacrificiales. Él aprendió esto de sus padres, cuyo mayor pecado fue su incapacidad de aceptar la responsabilidad por sus propias acciones. Los pecados del padre (y de la queridísima mami) pasan al hijo. Rápidamente se crea una patología familiar de culpa que todas las personas heredan después. Es asombroso cómo seguimos convirtiendo el juego de la culpa en un insidioso trastorno hereditario. La culpa es generacional y destructiva.

¿Cómo, pues, aprendemos a romper este perpetuo hábito destructivo que, en gran parte, es una conducta aprendida?

Nunca he visto a una familia que no tuviera bastantes culpas que sortear. Sujetas a un escrutinio más minucioso, la mayoría de las veces encuentras que todos en la familia han contribuido a la conducta destructiva. Sin duda, hay víctimas en las crisis familiares, pero muchas veces cuando se investiga adecuadamente, uno descubre que los perpetradores pudieron actuar gracias al silencio o la cooperación de alguien más.

Luego, ¿a quién ha de culparse, al que encendió el fuego o al que lo vio encender y no dijo nada? ¿Y qué pasa con la persona que nunca revisó el detector de humo o el peatón que pasaba y olió humo, pero estaba demasiado ocupado platicando para hacer alguna indagación antes de que las llamas estallaran. Al igual que el fuego, la culpa sube y se expande.

Toma la decisión de trascender el depósito de los errores pasados. Crea una estrategia que se concentre en la meta a la que te diriges, en lo que te gustaría ver que ocurra, en lugar de tener la cara pegada al espejo retrovisor, mirando siempre hacia atrás, a lo que se hizo y a quién lo hizo. Queremos restañar las heridas al admitir que *todos* hemos contribuido de alguna manera a que la familia llegue hasta el punto donde ahora está. Algunos de nosotros somos culpables de lo que dijimos o hicimos; y otros colaboraron en que se quedaron callados y permitieron la conducta destructiva que tuvo lugar.

Los cambios positivos se producen cuando avanzamos hacia el futuro y comenzamos a lograr que la familia discuta el aspecto del éxito. Concibamos modos de empezar a concentrarnos en lo que sería para la familia la situación de una familia funcional. En lugar de gastar energías en dividir la culpa, asignémosle a cada miembro de la familia una tarea que se centre en el objetivo hacia el que queremos que la familia se dirija.

Cuando avanzas hacia objetivos, en lugar de consumir demasiada energía asociada a la rancia patología de las relaciones pasadas o de previas interacciones familiares, facultas a todos los que intervienen. Recobremos el poder. ¿Cómo lograrlo? Lo consigues creando una estrategia que se basa en el destino y no en la historia.

1. Declara un cese en la culpabilización mutua.
2. Define el aspecto del éxito. Especifica lo que deseamos que ocurra en las relaciones, en la familia.
3. Delega quién hará qué para lograr que esto suceda y da recompensas de algún tipo cuando cualquiera de los

miembros del grupo haga que la relación prospere hacia un futuro más brillante.

4. Objetivos realizables son aquellos que se pueden alcanzar. Las relaciones con problemas necesitan con urgencia tener buenas noticias. Creemos algunos objetivos alcanzables que nos den algo que celebrar. No tienen que ser objetivos que ganen la guerra, sino pequeños éxitos que indiquen que estamos ganando algunas batallas.

Lo que me encanta de este plan es que le devuelve el poder a los individuos que quieren ver los resultados del progreso. Te distrae de la culpa y te proporciona algunas reglas para lo que resulta productivo. Le quita el poder al pasado, donde ninguno de nosotros tiene la posibilidad de volver y deshacer lo que se hizo, no importa quién fuera el culpable. Es un empeño constructivo, todo lo contrario del empeño negativo.

ASUMIR RESPONSABILIDAD POR LO QUE NO TE PERTENECE

El asumir la responsabilidad por ti, tus acciones y tu ideas, es una parte muy importante de ser parte activa de una relación; pero a veces llevamos la responsabilidad demasiado lejos asumiendo una malsana responsabilidad por otros. Y, con frecuencia, usamos esa supuesta responsabilidad por otros como una excusa para no hacernos responsables de nosotros mismos y de nuestras propias circunstancias.

Todos conocemos a un amigo, miembro de la familia o incluso nosotros mismos que adopta el papel de «mártir». El mártir es el que siempre está presto a decir «oh, pobre de mí...» y en el espacio en blanco «si no hubiera salido embarazada tan joven podría haber terminado la universidad».

Traducción: si yo no fuera responsable de mis hijos podría haber tenido una vida diferente. «...si mi madre no se hubiera enfermado, podría haber tenido la carrera que quería». En otras palabras: por ser responsable de mi madre, no hubo manera de que fuera a la escuela a prepararme para el trabajo al que aspiraba. «...si no me hubiera casado con tu padre, habría sido más feliz, pero debido a que mis padres estaban divorciados y eso fue tan duro para mí, quería que ustedes tuvieran madre y padre». Eso significa: me permití ser infeliz y te culpo por eso, en lugar de culpar a la persona realmente responsable: yo misma.

Si bien las circunstancias que a esta clase de personas les gusta argüir como la causa para tener una vida infeliz pueden en efecto ser ciertas, el mártir se concentra tanto en otras personas y asume tal responsabilidad por las vidas de otros que nunca tiene tiempo de buscar soluciones para superar su propia situación.

Este enfoque pasivo lo mantiene adherido a sus circunstancias, y el repetir la historia una y otra vez a cualquiera que esté dispuesto a escucharla, con frecuencia año tras año, lo mantiene atado a su drama ficticio. Finalmente su vida se convierte en la historia; y la congoja y los tiempos difíciles se convierten en su identidad.

Esta manera de enfocar la vida puede tener un efecto muy perjudicial en los miembros de la familia que tienen que soportar el relato una y otra vez. Aprenden que la vida es dura, lo cual es cierto, pero también aprenden que no tienen ningún control sobre sus circunstancias y que las necesidades de otros deben tenerse en cuenta antes que las suyas. Con frecuencia, estos relatos de pesares no son más que meras excusas, versiones fabricadas de la verdad para ocultar el hecho de que el mártir ha decidido culpar a todos los demás por sus circunstancias de manera que no tenga que asumir responsabilidad por su propia vida.

Todos tomamos decisiones en la vida de quedarnos o irnos, de confrontar o de ignorar, de quejarnos o de buscar
una solución; de asumir la responsabilidad por los problemas de otros como si fuesen propios. Ya se trate de tu cónyuge, de tus hijos o de tu mejor amigo, nunca es buena idea
asumir esa responsabilidad si lo haces para evitar decidir lo
que debes hacer para ti mismo.

Aun en el caso de los hijos, tu papel como padre o madre
no es proporcionarles hasta lo último que necesiten, consiste más bien en enseñarles a asumir la responsabilidad
de sus propias circunstancias, de manera que puedan ser
miembros que contribuyan activamente con la sociedad.

El mandamiento de la culpa

He aquí un fundamento básico para la toma de decisiones sin remordimientos: *somos las personas que esperamos y
no viene nadie más.* Si estamos dispuestos a adueñarnos de
las responsabilidad de nuestras vidas, descubrimos que no
importa lo que otros hagan o no hagan a favor o en contra de nosotros, seguimos siendo responsables de nosotros
mismos. Decidimos cómo responder. Decidimos proseguir
hacia delante en pos de nuestros sueños.

El príncipe encantado no te espera al doblar la esquina;
ni tampoco Miss América (¡a menos que ella y el príncipe
encantado estén juntos y, en ese caso, no andan buscando a
nadie más!). Tu barco no está por llegar. La marea no está a
punto de cambiar. Las posibilidades están en contra de que
te ganes la lotería en toda tu vida. El portavoz de las rifas de
Publishers' Clearinghouse no está tocando a tu puerta.

Sé que es difícil de oír, pero aún vale la pena que se diga.
En efecto, permíteme decirlo de otra manera: *solamente
culpa a los demás si primero te culpas a ti mismo.*

El subproducto más trágico de descargarte de responsabilidad es la sutil idolatría de permitir que la conducta de otra persona sea el guardián que aprisiona tu futuro y encarcela tus sueños. Es mucho más sano adiestrar a tus hijos a creer que tenemos el poder de enderezar los entuertos, corregir los errores y seguir adelante a pesar de las dolencias y percances del pasado. Es gratificante enseñar a los que nos rodean que pueden vencer dificultades consideradas insuperables. Pero debe ser mucho más que un discurso inspirador. La verdadera motivación se comunica con el ejemplo. Si una persona vence el obstáculo que tu enfrentas, su victoria es una prueba positiva de que tú también puedes hacerlo.

Los que hemos resultado víctimas de la decisión de otro, podemos sentarnos como leprosos y morir a la puerta de la culpa y de la queja, o podemos resurgir con una estrategia que nos permita decir: «Soy demasiado valioso para morir, demasiado tenaz para esperar por la misericordia de nadie y demasiado creativo para aceptar tu abandono como mi destino». Culparte no es positivo, pero rehusar culpar a otros y asumir decididamente la responsabilidad por ti mismo, por tu situación, te inviste de poder. Pone el termostato dentro de tu alcance y sujeto a tu control. En lugar de morirte de frío o ahogarte de calor, puedes fijar la temperatura de tu vida.

Los sistemas de este mundo no han sido justos y Dios sabe que es cierto. La injusticia y la incompetencia sistémicas han hecho descender nuestro país hasta el rugoso terreno del caos desorientado. No podemos descansar hasta exigirle justicia a un sistema que promete más justicia de la que imparte o administra. Hemos matado al ciervo y destruido al antílope; la majestad de la Montaña Púrpura está ahora oscurecida por la niebla tóxica o, como se dice en inglés, el *smog*. Si bien es innegable que aún distamos de ser la tierra de los libres y el hogar de los valientes, debemos disponer de donde nos encontramos en el presente.

La responsabilidad personal tiene un papel que desempeñar junto a la justicia social, si no delante. Cada uno de nosotros tiene una elección que hacer. Podemos mantenernos con el colérico puño en alto y culpar perpetua y patológicamente de disfunción al sistema por un legado de anormalidades y por la malversación de la justicia, o podemos asumir la responsabilidad de acelerar el remedio a una crisis que no creamos pero de la que rehusamos seguir siendo víctimas.

¿Cómo podemos demostrar nuestra falta de prejuicios al excluir a nuestros vecinos afroamericanos de pertenecer al country club local? ¿Cómo podemos exigir acción afirmativa sin exigir que Pepito* vaya a la escuela? ¿Cómo podemos exigir que contraten a personas de todas las edades si los ancianos no van a seguir siendo productivos? ¿Cómo podemos sugerir que las ideas estereotípicas acerca de la tardanza son racistas si habitualmente nos presentamos tarde a trabajar? ¿Puedes usar una blusa de escote muy pronunciado en el trabajo y sorprenderte cuando tu jefe te haga un comentario sobre tu apariencia?

Piense a quién o qué culpas usualmente cuando algo sale mal: tus padres, tu cónyuge, tu jefe, tus hijos, Dios. Toma unos momentos y haz una lista de los receptores habituales de tus propias tendencias hereditarias de transferir la responsabilidad de tu destino a otra persona que no seas tú mismo. Afirma que nadie es culpable. Decide que puedes tomar decisiones responsables para cambiar lo que está a tu alcance. Entiendo que algunos se culpan a sí mismos

---

* Pepito —personaje folclórico presente, con distintos nombres, en todos las culturas— es el niño maldito, precoz y aguafiestas que hace preguntas embarazosas y expresa directamente el sentir popular con crudeza y picardía. En todo el mundo corren los cuentos de este niño, cuyo equivalente en inglés es *Little Johnny*. (N. del T.).

en un estado de depresión. La culpa puede ser una pesada cruz que cargar si no se cuenta con una estrategia que sirva como paracleto para alzarla a la responsabilidad e incluso más allá hasta un incesante plan estratégico reactivo. En verdad no es sano asumir la culpa de cosas que no has hecho, pero es bastante sano asumir la responsabilidad de las cosas que puedes cambiar.

Hace poco fui testigo de un ejemplo asombroso de alguien que, enfrentándose a una enorme pérdida, decidió dar la cara y asumir la responsabilidad de seguir adelante con su vida. A causa de desastres naturales, tales como huracanes, tornados, inundaciones e incendios, muchas personas pierden todo lo que tienen. Y el gobierno no suele responder de manera tan eficaz como a nosotros, o a algunos de nuestros líderes, nos gustaría que respondiera.

La combinación de un gobierno federal, estatal y municipal letárgico con una pobreza contagiosa que nuestra nación parece ignorar, creó una catástrofe ideal que dejó a las víctimas de Katrina en una situación precaria, de la cual algunos aún esperan la solución. Cinco meses después de que la tormenta barriera la zona de la Costa del Golfo, más de 3.200 residentes aún no aparecían en los registros de las agencias locales, estatales y federales.

En medio de esta atrocidad que ha deshonrado mundialmente a la nación, encontré un motivo de esperanza mientras deambulaba por el Noveno Distrito en un intento por ayudar a proporcionarle a Nueva Orleáns una nueva gloria. Allí me encontré con un hombre de ochenta años que llevaba un listón de dos por cuatro en sus débiles manos. Luego de conocernos, me confesó que estaba recogiendo madera para reconstruir su casa en el vecindario. Me dijo que ésta era la segunda vez que una tormenta había destruido la mayor parte de su casa, pero que él nunca había pensado en irse a vivir a ninguna otra parte ni había esperado que nadie más se la reconstruyera. «Mis padres me dejaron esta casa donde yo crié a mis hijos. Mi esposa murió en esta casa. Es mi hogar. La voy a reconstruir y se la voy a dejar a mis hijos».

A diferencia de muchos otros que se han reasentado después, o de otros que siguen todavía en tráilers esperando indefinidamente la ayuda del gobierno, este caballero decidió responsabilizarse por su futuro. Juntó los recursos de que disponía, recogiendo tablas viejas y madera usada, para reconstruir lentamente, pero sin titubeos, la casa que una vez conoció. Él no culpó a nadie. Reconoció que él mismo era la persona por la que esperaba.

Aprendí una gran lección escuchándolo hablar y viéndolo reconstruir su vida. Aprendí a no otorgarles poder a otros, ni a halagarlos con el reconocimiento de que sus pecados de comisión u omisión me habían dejado tan traumatizado que ellos y sólo ellos podían ponerle fin a mi sufrimiento. Aprendí a reunir tenazmente los palos que se encontraban a mi alcance para reconstruir mi propia vida sin importar cuán maltrecho pudiera sentirme por las tormentas de la pérdida.

Quedé muy asombrado, de pie en medio del frío y de la lluvia, al hablar con este hombre mientras él emprendía la tarea de reconstruir su hogar. Me di cuenta de que él podía estar durmiendo aún debajo de un puente a la espera de un cheque demasiado pequeño que llegaría demasiado tarde. O podía haber tomado la decisión que tomó, la de levantarse de las cenizas de esta circunstancia calamitosa y seguir adelante con su vida. Él sabía que si no lo hacía, nadie más que él mismo tendría la «culpa».

Por favor, no estoy diciendo que no debemos pedir ayuda cuando la necesitamos o que aquellos que esperan ayuda son alfeñiques pasivos. No. Lo que digo es que tú tienes el poder de levantarte por encima de cualquier realidad deprimente a la que te toque enfrentarte.

CULPAR A LOS PADRES

En nuestra sociedad, los padres con frecuencia tienen mala reputación. Siempre que los chicos se meten en líos, los primeros a quienes todos culpan son los padres. Ocurren sucesos como las masacres de Columbine o del Instituto Tecnológico de Virginia, y lo primero que la gente pregunta es: «¿Dónde estaban los padres?». Es cierto, los padres cometen errores. Y bien puede ser que los padres de muchachos que decidieron empuñar armas y dispararles a compañeros y maestros inocentes, cometieron enormes errores en la crianza de sus hijos. Pero la verdad es que todos los padres cometen errores.

Culpamos demasiado a los padres por defectos que competen a nuestra propia responsabilidad personal.

No hay ningún manual para ser padre, ni uno tiene que someterse a ninguna prueba. Aunque a veces parece que así debería ser. Todo lo que se necesita para ser madre o padre es un hombre y una mujer, o a veces, en la actualidad, una probeta... bien, tú sabes como funciona.

Los padres, como todo el mundo, y al igual que sus hijos, van descubriendo quiénes son sobre la marcha. Cuando nos sentimos urgidos a culpar a nuestros padres por todo lo que nos sale mal en la vida, podría ser mejor que nos detuviéramos y pensáramos que ellos nos aman, que quieren lo mejor para nosotros y que hicieron lo más que pudieron. Si bien yo sé que todos los padres no fueron como Cliff y Claire en el *The Cosby Show* —no hay padres que sean así—, la mayoría quiere que sus hijos tengan una vida mejor de la que ellos tuvieron. Cuando podemos mirar atrás y tomar en consideración las circunstancias de nuestros padres, y acaso algunos de los obstáculos a los que tuvieron que enfrentarse mientras nos criaban, podremos verlos, y a los errores que cometieron con nosotros, con un poco más de compasión. No son más que seres humanos como nosotros, y cometen nuestros mismos errores. Ninguno de nosotros es perfecto.

Si tienes una tendencia a culpar a tus padres por todo lo que anda mal en tu vida, verlos bajo esta luz es la manera de liberarte de un pasado doloroso y frustrante y darte la posibilidad de concentrarte en el futuro.

El ser compasivos con la ejecutoria de nuestros padres significa que es probable que tengamos un poco más de compasión con nosotros mismos y los errores que inevitablemente cometeremos en nuestras vidas y en las de nuestros hijos. Cuando te concentras menos en la culpa y más en la compasión, puedes ver el don que existe en las buenas y malas circunstancias.

El concentrarse sólo en lo que estuvo equivocado en tu infancia, te dejará frustrado y enquistado en el pasado. Con frecuencia le oyes decir a la gente, «no quiero ser como mi madre o mi padre». ¡Pero luego los ves comportándose exactamente así! Cuando te concentras en el pasado, en la culpa y en lo erróneo, continúas repitiendo muchos de los mismos errores.

Mira hacia delante en tu vida. Reconoce lo que no funcionó en el pasado y que a ti te gustaría hacerlo de muy diferente manera. Perdona a tus padres y convéncete de que ellos hicieron todo lo mejor que pudieron. Luego vuelve la mirada hacia el futuro con la comprensión de que puedes aceptar todo lo que eres, bueno y malo, y seguir adelante.

Decide cambiar, no culpar

No puedes cambiar el pasado culpándote, culpando a tus antepasados o a otros. Pero sí puedes cambiar el futuro si decides usar el hoy para alterar el mañana. Construye una vía de escape que te permita avanzar más alla de la perpetuación de hábitos patológicos que resultan de culpar a otros.

Es importante saber que fuimos creados para ser líderes, de manera innata e instintiva. Los humanos son líderes, destacándonos en esa cualidad más que cualquier otro ser viviente. Las aves aún utilizan su modo de transporte original, los animales aún caminan en cuatro patas, las serpientes todavía se arrastran, sólo el hombre sistemáticamente mejora y cambia el mundo, pasando del caballo y la calesa al motor de trescientos caballos de fuerza. Somos la única especie que se empeña en trabajar sobre sí misma. Volamos porque decidimos que estábamos muy atareados para caminar. Tenemos teléfonos porque decidimos que estábamos cansados de dar voces de una acera a la otra. Tenemos iPods porque decidimos que los CDs eran demasiado frágiles, los casetes demasiado susceptibles de ser destruidos y las grabadoras de ocho pistas demasiado incómodas. Seguimos cambiando el mundo porque decidimos que podemos mejorarlo. Tienes el poder de evolucionar, de transformarte, desarrollarte, reasentarte, reconstruirte, reinventarte o hacer cualquier otra cosa que sea necesaria para lograr tus objetivos. Pero nada sucederá ni nada cambiará en tu situación hasta que decidas que lo quieres.

Es mi intención, mientras hacemos juntos este viaje, compartir contigo medios en los cuales puedas pasar del estado de ánimo sombrío al jubiloso mediante opciones y decisiones de las que nunca te arrepentirás. Decisiones que sean adecuadas para lo que quieres ser y adonde quieres llegar. Al igual que la recogida de leña para hacer una fogata, te reto a que comiences el arduo proceso de recoger la información que necesitas para tomar las decisiones a fin de lograr el futuro que ambicionas. Y si lo haces, habrás dado un paso hacia la realización de lo que quieres, de alcanzar un hito en tu vida.

Ahora bien, tengo más cosas que compartir contigo, y tú tienes muchas decisiones que tomar, pero antes de hacerlo, detente primero y pregúntate si estás dispuesto a responsabilizarte por el lugar en que estás y hacia donde vas, sin culpar a nadie, ni siquiera a ti mismo. Si estás dispuesto a reconocer el vasto poder del cual dispones en las decisiones que tomas, luego tu vida nunca será la misma.

Pero antes de hacerlo, hay más cosas que debes saber.

EMOCIONES QUE PUEDES SENTIR AL ASUMIR TU RESPONSABILIDAD

Asumir la responsabilidad por la calidad de tu vida y las decisiones que tomes, especialmente si estás acostumbrado a culpar a otros, no resultará necesariamente fácil la primera vez. Puedes experimentar una amplia gama de emociones.

Podrías experimentar ira, pensar que la vida es injusta y que no es lo que tú querías para ti. Siempre soñaste con un marido o una mujer que te acompañara y te cuidara; nunca esperaste tener que responsabilizarte por tu propia vida.

Puedes sentir miedo, temer que no podrás hacerlo, y que, si fracasas, no tendrás a nadie más a quien culpar. Tal vez te molesta el tener que considerar tu vida bajo otra luz, desde una perspectiva diferente. Puedes incluso sentirte triste por la manera en que has culpado a otros en el pasado, sabiendo en tu interior que tu vida no funcionaba del modo en que querías debido a tus opciones y decisiones.

Podrías incluso sentirte avergonzado de tus propios errores pasados e inseguro de si realmente puedes asumir la responsabilidad y seguir adelante.

Cualquiera que sea la emoción que te asalte, acuérdate de que es normal hacer cambios —especialmente cambios drásticos, como el tratar de ajustar un modo de pensar de toda la vida— para experimentar una amplia variedad de sentimientos, buenos y malos. A pesar de lo que sientas, no te juzgues. Reconoce lo que sientes, pregúntate si tus ideas son racionales o si son tan sólo expresiones de temor, y luego mantente fiel a tu compromiso personal de dejar de culpar a otros y de responsabilizarte por tu vida.

capítulo 3

Antes de dejar trastos en tu baúl, límpialo emocionalmente

El éxito no se mide por las alturas a que uno llega, sino por los obstáculos que uno vence para llegar a ellas.

—*Booker T. Washington*

Un evento reciente en el que debía hablar me llevó de nuevo al Este y me dio la oportunidad de visitar a un viejo amigo. Se trata de alguien que conozco desde mi adolescencia en West Virginia la clase de amigo que uno siente como miembro de la familia. De manera que cuando él se ofreció a recogerme en el aeropuerto me pareció bien y esperé que nos pusiéramos al día.

Después de intercambiar saludos en la acera, mi amigo agarró mis valijas y se apresuró a depositarlas en el baúl de su auto. Esta resultó ser una tarea más ardua de lo que ninguno de nosotros había previsto. Él comenzó a sacar un montón de objetos extraviados de todos los miembros de su familia, ¡incluido el perro! Sacó un juego de viejos palos de golf, una rueda del triciclo de su hija, una pelota de fútbol, un botiquín de urgencias, una vieja manta apolillada, dos pares de zapatillas de correr, un juguete de mascar de Fido's, un maletín de cuero con una agarradera rota y un libro de matemática de cuarto grado. Todo lo cual terminó metido en varias bolsas, recipientes vacíos y envoltorios de la galería de restaurantes de un centro comercial.

Mi amigo empezó a tartamudear, y luego ambos estallamos en risa hasta que nos corrían las lágrimas. Deteniéndose para respirar, mi amigo me dijo: «¡al parecer tenía algunos trastos en mi baúl!».

En verdad tuve que hacer un esfuerzo para contener la risa cuando dijo eso, porque no me estaba riendo del auto y de mi aplastado equipaje en él. Me reía de lo que mis hijos habrían entendido por la frase «trastos en el baúl»*. Hoy en día los muchachos usan el término como un cumplido hacia una mujer cuyo cuerpo curvilíneo incluye un trasero amplio y en extremo atractivo. Podrían usar este término para describir una belleza como Beyonce, cuya fabulosa figura ejemplifica ese tipo de baúl. No sé cómo se originó el término, y aunque soy ministro, mentiría si dijera que no sabía lo que quería decir.

Mirando a mi amigo inclinado sobre el maletero en el intento de arreglar aquel montón de tarecos y oír que los llamaba «trastos en el baúl», casi me hizo aullar. El movimiento de su espalda y la oscilación de la tapa del baúl bastaban para que me poseyera una histeria descontrolada. ¡Éste no era definitivamente un momento de Beyonce!

---

* *Junk in the trunk*, expresión con un doble sentido en inglés, como bien explica el autor. (N. del T.).

Daba por seguro que ésta no era la clase de trastos en el baúl que todo el mundo apreciaba.

Mientras íbamos en su auto, con mis maletas de algún modo comprimidas contra el asiento trasero, le aseguré a mi amigo que la etapa actual de su vida me resultaba familiar, que había pasado por eso y que había hecho lo mismo. En lugar de explicarle por qué me había sacudido de risa como si fuera víctima del mal de Parkinson, sabía que debía ayudar a mi amigo a sentirse mejor y menos preocupado por sus trastos. Le reafirmé, pues, que yo sabía lo que era vivir prácticamente en el auto, correr de la casa al trabajo, al gimnasio, a la iglesia y servir de chofer a los hijos en medio de todo eso. Con tantos apuros, idas al trabajo, comidas, bebidas y transporte, nuestros autos a veces se convierten en muladares en miniatura, microcosmos de nuestra situación actual con todas sus exigencias, designaciones y demarcaciones.

Pero mi amigo tenía tantos trastos en su baúl que cuando quería *usarlo* para guardar algo que quería transportar, simplemente no quedaba espacio. ¿Puedes identificarte con esto? Ninguno de nosotros decide adrede esparcir ropa, juguetes infantiles y envoltorios de Burger King en el baúl de un vehículo deportivo adquirido con gran esfuerzo, ni descarta bolsas de Hefty en el asiento trasero de cualquiera que sea su actual medio de transporte. La basura se va acumulando en la medida en que vivimos nuestra vida hasta que nos damos cuenta de que no hay suficiente espacio para las cosas que *sí* queremos llevar con nosotros.

Lo sorprendente respecto del baúl de mi amigo era el contraste con el exterior de su bellísimo Volvo, lavado y encerado de una manera que cualquiera se habría sentido orgulloso de montar en él. Sin embargo, el exterior no te mostraba lo que había adentro. Eso me hace acordar a lo que Jesús dijo de los fariseos, que eran como sepulcros blanqueados, que por fuera se ven hermosos, pero que por dentro están llenos de huesos de muertos (Mateo 23:27–29). Ves tú, nada respecto al exterior de este auto me hacía prever el reguero que tenía dentro.

Conozco a algunas *personas* que se ven mucho mejor por fuera que por dentro. Ay, tienen trastos en el baúl, del tipo que perturba una relación y socava lo que pudo haber sido, porque estas personas rehúsan descartar lo que solía ser, rehúsan descartar lo que fue.

Decide limpiar la casa

Al encontrarnos con oportunidades importantes, con frecuencia descubrimos que tenemos enturbiada la visión por un equipaje emotivo y psicológico del pasado que nos impide ver. Para algunos de nosotros esto significa que insistimos en mantener relaciones con el tipo de persona equivocado. Nos quedamos sujetos a un ciclo de atracciones que nos atrapa en el torbellino del drama cotidiano. Nuestras desilusiones, disfunción y desesperación pasadas han creado un guión en el que los actores y actrices pueden cambiar, pero el papel que desempeñan sigue siendo el mismo. Tal vez es por eso que la tasa de divorcios salta del 50 por ciento al 67 por ciento en las segundas nupcias y se catapulta al 73 por ciento en las terceras (según la Oficina del Censo de Estados Unidos en 2002). Los datos revelan que en lugar de aprender de sus errores, más personas los repiten. Sospecho que cada vez que comienzan de nuevo, limpian el exterior, pero siguen cargando en el baúl las experiencias pasadas y transfiriéndolas a las relaciones más recientes.

Otros nos encontramos atrapados en un ambiente laboral malsano que tememos dejar. Debido a los trastos que tenemos en el baúl, no podemos ver más allá de la necesidad a corto plazo de un pago de salario. Nuestra visión de un panorama profesional más amplio se ve eclipsado por nuestros sentimientos de inferioridad, de insuficiencia e incompetencia. Aplazamos las decisiones de volver a estudiar y terminar nuestra carrera, de buscar en otros campos profesionales o de solicitar que nos supervisen con vistas a una promoción. E incluso cuando buscamos un nuevo empleo, no vale mucho cambiar de empleo si mantenemos las viejas actitudes.

Si vamos a tomar grandes decisiones que no nos dejen remordimientos, debemos sacar los trastos del baúl y trascender el pasado. Al hacer esto dispondremos de todo el espacio que necesitamos para ver, respirar y maniobrar. A menudo no sabes lo que tienes en tu vida, mucho menos lo que necesitas, hasta que despejas el espacio mental y emocional a fin de experimentar el aquí y el ahora.

Este proceso me hace acordar a un *reality show* por cable que vi una noche mientras pasaba los canales. El programa se llamaba *Casa impecable* (*Clean House*) y lo protagonizaba Niecy Nash, una querida amiga de la familia. Nos entusiasmó que Niecy interviniera en nuestra película recién estrenada que se basaba en mi novela *Not Easily Broken*. Niecy tiene la capacidad de hacer que todo el mundo se desternille de risa, todo el mundo excepto algunos de esos dueños de casa que no quieren prescindir de ninguno de los artefactos que han estado recogiendo y acaparando como un chamarilero. Ella es tan cómica como infatigable en su empeño de ayudar a los dueños de casa a deshacerse de las muchas cosas que deben descartarse o venderse a fin de reconfigurar lo que podría ser un bonito hogar para ellos.

Niecy y un equipo de expertos en limpieza escogen una casa que esté en extrema necesidad de limpieza y renovación. La mayoría de las veces los dueños han llegado a apegarse a algo que no necesitan, para salir de lo cual, no obstante, carecen del valor o la resolución. Todas las piezas de este hogar en cuestión estaban repletas de muebles, ropas y cachivaches. Mientras el equipo de limpieza conversaba con la dueña, ésta revelaba que seguía lamentando el fin de su matrimonio, que terminó en divorcio, y se había paralizado ante la idea de cambiar cualquier cosa en su casa. Su divorcio había sido tan traumático que temía el hacer cualquier otro cambio en su vida, aunque la inmovilidad amenazara su bienestar y sofocara las vidas de sus hijos que aún vivían en la casa.

Con permiso de la dueña, el equipo de limpieza recorrió toda la casa y comenzó el proceso de crear un ambiente nuevo y saludable para ella y su familia. Luego eliminó toda la basura, los trastos inservibles y los objetos que no tenían arreglo. Escogieron y guardaron cosas que aún tenían valor para una gran venta de jardín que, a su vez, generaría recursos para costear algunos muebles nuevos y para la renovación general.

Tú sabes cómo terminan estos programas —con el momento dramático de la «revelación» en que los televidentes se quedan tan pasmados, al igual que la dueña de casa, de ver el hermoso ambiente que se ha creado «después». La situación de este programa no fue menos predecible o dramática en su revelación de un interior limpio y libre de abarrote. Sólo la eliminación de la avalancha de artículos innecesarios bastó para sacar a relucir la funcionalidad y belleza de las atractivas características de la casa. A partir de ahí, los decoradores y diseñadores eligieron muebles y otros accesorios que servían tanto para complementar esos rasgos como para reflejar el estilo y la personalidad de sus moradores.

Supongo que a estos programas no los llaman *reality shows* por gusto. Porque el meollo de lo que hizo a este programa atractivo, la curiosidad que me detuvo el dedo de pulsar el botón para pasar a la siguiente película de acción, la competencia deportiva o el noticiero, fue el elemento humano, con el cual todo el mundo se relaciona: el deseo de cambiar. Y no existe mayor avenida para el cambio en tu vida que la de ejercer el mismo auténtico poder que tienes todos los días para llevar a cabo decisiones distintas de las que te llevaron al lugar donde ahora te encuentras.

CLASES DE TRASTOS: FÍSICOS Y MENTALES O EMOCIONALES

Hay dos clases de trastos diferentes: físicos y mentales o emocionales —y ambas pueden abrumarte.

Los trastos físicos son los que acumulamos en el fondo de los armarios, en esas gavetas llenas de cosas inservibles donde nunca podemos encontrar una pluma cuando necesitamos escribir rápidamente una nota ni los fósforos cuando falta el fluido eléctrico, o en nuestra oficina doméstica donde nunca podemos encontrar los archivos de los impuestos ni las tarjetas de inmunización para el viaje a la escuela, o en el garaje donde nunca podemos hallar las velas de citronela para espantar a los mosquitos.

Si no eres el tipo de persona que tiende a eliminar sistemáticamente cosas de manera regular, tu casa probablemente esté llena de trastos físicos. Cuentas por pagar, periódicos viejos, revistas y otros materiales reciclables, regalos que conservas de amigos y viejos amores con los que ya no hablas, aparatos electrodomésticos o herramientas de jardín rotas que tenías el propósito de arreglar, pero que nunca ni siquiera lo intentaste, o esos proyectos que sólo necesitan de un día de asueto para terminarlos, el suéter que vas a tejer para tu sobrinita recién nacida que ya tiene siete años y otras cosas por el estilo.

Es difícil funcionar en un ambiente que no esté recogido y organizado. De hecho, vivir con trastos físicos en tu casa es caótico y afecta otros aspectos de tu vida. Debido a que nunca encuentras las llaves del auto por la mañana puesto que están sepultadas debajo de una montaña de correspondencia por abrir y de menús de comidas a domicilio, siempre llegas tarde al trabajo. Esto podría dar lugar a que parezcas poco profesional, o aún peor, podría llevarte a perder el empleo.

Tal vez tu cocina desorganizada te lleva a comprar artículos que ya tienes en la nevera porque no puedes ver lo que hay allí. Esto no sólo hace la preparación de comidas y el tiempo dedicado a la familia tenso y frenético, sino que conduce también a desperdiciar alimentos y malgastar dinero que podría invertirse mejor en otra cosa.

Los trastos físicos no sólo dificultan el paso y entorpecen la convivencia, sino que te roban la calidad de tu vida y la de tu familia. El hacer purgas y organizar un patrón regular de actividades es tiempo bien empleado. Conviértelo en un asunto de familia. Asigna cuartos o áreas de la casa a distintos miembros de la familia y hazlos responsables de mantener sus áreas cuidadas. A la larga te ahorrará tiempo y dinero y les dará, a ti y a tu familia, paz mental y un sitio al que considerar de veras un hogar.

Los trastos mentales y emocionales son los pesares que sentimos por nuestros errores pasados, los remordimientos que tenemos cuando pensamos que hemos obrado mal o las heridas que escondemos debajo de las nubes de la ira, el cinismo y la reclusión. Los trastos mentales y emocionales, aunque no puedas verlos, también pueden abrumarte. Si eres el tipo de persona que guarda rencores o persiste en errores pasados, incluso los propios, entonces conoces la sensación de sentirte abrumado por los trastos mentales.

Es difícil que una relación sobreviva cuando cada una de las partes no ha procesado sus trastos mentales. Al igual que la culpa, los trastos mentales te mantienen aferrado al pasado. Si un viejo amor te ha herido, y nunca has superado esa lesión, cada vez que tu pareja haga algo semejante reaccionarás, acaso con énfasis desmesurado, como si fuera la persona que originalmente te hirió. Tu nueva pareja se queda con un sentimiento de incomodidad y confusión ante tu reacción exagerada por una pequeña infracción que en sí misma es insignificante.

Igual que limpiar la casa para mantener nuestros hogares libres de trastos físicos, tienes que dedicarte también a mantener tu «casa» mental y emocional limpia y ordenada. Orar, llevar un diario, meditar y hacer ejercicios son métodos comunes para cerciorarte de que tus problemas emocionales del pasado no están filtrándose en tus relaciones actuales. Estas actividades te ayudan a mantener el control y ser consciente de tus sentimientos y emociones, y en lugar de reservártelos, te ayudan a procesar los problemas según se presenten.

Cuando surgen problemas, es mejor abordarlos bondadosa, veraz y sinceramente con aquellos con quienes sostienes relaciones. Ese viejo adagio que dice «amor significa nunca irse enojado a dormir» es una buena consigna para mantener los trastos mentales en su lugar: fuera de tu baúl y en la basura.

Decídete a descartar

Muchas personas a quienes aconsejo han comenzado a sostener una relación antes de salir de cosas que debían descartar. A esta situación la llamo «necrofilia espiritual». Probablemente sabes que la necrofilia describe a personas que tienen relaciones íntimas con los muertos. ¡Puaj!

¿Quién quiere dormir con muertos?, preguntas. La gente lo hace todos los días —tal vez no en su sentido más recto, pero sí figuradamente cuando se aferran a problemas trascendidos, experiencias pasadas o rencores insanos. ¿Cómo puede alguien amarte cuando tú estás enamorada de los muertos? Tan húmedos como un cadáver, estas personas contaminan emocionalmente al resto de problemas tóxicos de los que no parecen dispuestos a salir. Mantienen el drama intacto al ensayarlo y revivirlo, o al hacer todo lo que pueden por mantener ardiendo el fuego en los asuntos fenecidos, una incesante pira funeral que emite un olor pútrido siempre que alguien nuevo intenta acercarse.

Con frecuencia en el programa *Clean House,* las amas de casa tienen dificultad en renunciar al sofá rosado de la abuela o a un juego de platos que recibieron como regalo de bodas en su primer matrimonio. Los objetos ya no sirven para nada, excepto para conservar el cascarón de un recuerdo que se ha evanescido como una flor seca entre las páginas de un libro. Una vez que a las amas de casa se las confronta con la realidad de sus recuerdos sentimentales, objetos que sólo sirven para recoger polvo, suelen desprenderse de ellos y permiten que los vendan o los regalen.

Tú acaso necesitas tener tu propia venta de garaje. Te reto a buscar en tus armarios emocionales para ver de lo que necesitas deshacerte. Espero que no tengas restos de relaciones muertas, pero si las tienes, entonces te reto a que las abandones y las entierres. Debes hacerle sitio a una nueva vida, y a veces ese nuevo espacio exige eliminar objetos, relaciones y obligaciones que ya no sirven a los fines que originalmente tenían.

El último armario en limpiarse es el que tienes entre tus dos orejas. Guarda más escombros que cualquier desván, más hollín que cualquier chimenea. Peor aún, nadie sabe lo que hay allí. Límpialo de viejos recuerdos que atraen el rencor. Algunas personas creen que el rencor castiga a la persona que te hirió. Y no es así. Lo que hace es que te mantiene el corazón lleno de ira, hostilidad y amargura. El perdón no es para beneficio del ofensor. El perdón es un regalo que te haces a ti mismo. Gracias a él, te desenganchas del pasado y liberas tu alma para escaparte del fracaso y disfrutar de la vida otra vez.

Hazte una prueba de preocupación. Si encuentras que le estás dando vueltas a las mismas ideas durante varios días seguidos, no estás pensando, estás preocupándote. Abandona esa actitud ahora mismo y toma la decisión en tu mente de dejar de repetir las mismas ideas para hacer descansar tu mente hasta que algo nuevo aparezca. Como el programa lo prueba, cuando la gente encuentra difícil vender los viejos recuerdos, puede resultarle doloroso renunciar a viejos hábitos emotivos. Al final, sin embargo, la renuncia es liberadora y te permite tener una nueva experiencia.

Éste es un momento en tu vida para descartar todos los males que te afligen. ¡Sólo puedes encontrar la fuerza para hacerlo si te llegas a convencer de que tienes más vida por delante de la que has dejado atrás!

¿QUIÉN PUEDE AYUDARTE CON TUS TRASTOS?

Lidiar con trastos no es tan fácil como suena. Antiguas filosofías orientales, como el feng shui, plantean que los objetos tienen energía. Pueden representar viejas relaciones, que podrían significar viejas heridas y desencantos. Por ejemplo, si atesoras una foto de un viejo amor que te mintió, o prendas del hombre que te dejó por otra mujer, cada vez que miras al objeto físico, consciente o inconscientemente, éste te hace recordar la tristeza y el dolor. Puedes aferrarte también a otros objetos, regalos de personas que quieres, por ejemplo, tus padres o tus hermanos, por obligación, aunque no tengas espacio para ellos o realmente no reflejen a la persona que ahora eres o a tu vida actual.

Si has tomado la decisión de salir de tus trastos físicos, no tienes por qué hacerlo sola o solo. Pídele ayuda a una persona desinteresada. Escoge a alguien que no tenga ningún apego emocional a tus objetos, tal como un organizador profesional, o una amiga sincera, y déjala que te ayude a identificar los objetos que ya no te sirven y a salir de ellos. ¡Tantas organizaciones y causas en el mundo necesitan toda la ropa, los libros los CD y otros artículos que tú puedes tener que tirar! Con frecuencia es útil pensar en purgar nuestros trastos físicos como una manera de darle a otros que son menos afortunados. Después de todo, probablemente no necesites cuatro suéters de lana negros, pero una persona que vive en la calle de algún modo sí los necesita.

Trastos mentales como un divorcio, la muerte de un ser querido, una enfermedad grave, depresión o traumas infantiles con frecuencia nos hacen sentir coléricos, desesperanzados o abrumados. La única manera de liberarnos de la carga de esas penas en nuestras vidas es tomando la decisión activa de hacerlo. Y a veces necesitamos ayuda. Por supuesto, el cariño, la atención y el apoyo de un buen amigo o de un miembro de la familia puede ser todo lo que necesitemos. Como dice la canción de los Beatles, «Me las arreglo con la ayuda de mis amigos». Pero los amigos, si bien suelen ser bien intencionados, con frecuencia traen a la mesa sus propios problemas y no siempre son los mejores para brindar apoyo incondicional. De manera que si no funciona una conversación con tu mejor amiga o amigo junto a una taza de té por la tarde, y encuentras que tus trastos mentales o emocionales te hacen sentir indispuesta, piensa en hablarle a tu pastor, a un profesional de la salud mental

tal como un terapeuta o consejero, o adhiérete a un grupo de apoyo.

Hablar es con frecuencia la mejor manera de salir de una carga dolorosa o emotiva. El saber que hay otros que entienden tus sentimientos y te apoyan incondicionalmente puede resultar muy catártico ¡y dejarte como si te hubieran quitado de encima 50 libras de más!

Senda escabrosa

A menudo la acumulación de trastos en nuestro baúl se siente como un alud de piedras que nos cayera encima, atrapándonos por el resto de nuestras vidas. Pero no tenemos que quedar sepultados por las rocas de errores del pasado. De hecho, una vez que comencemos a quitárnoslas del pecho y a ponerlas a un lado, descubriremos que muchas son sólo guijarros que pueden barrerse fácilmente si tan sólo intentáramos verlos con una nueva perspectiva. Sin embargo, ¡tantos de nosotros seguimos viendo esas piedras como obstáculos insuperables! Un mito griego cuenta de un hombre llamado Sísifo que fue castigado por los dioses. Todos los días hacía rodar una gran piedra cuesta arriba por una empinada ladera, una tarea que estaba condenado a repetir sin término porque una vez que llegaba a la cima al final del día, la piedra regresaba rodando al valle del cual él había partido.

Romper este tipo de ciclos exige la toma de una decisión. No importa cuántos errores hayas cometido, cuán traumáticas las circunstancias de donde has salido, o cuán distante te sientas de los sueños de infancia que alguna vez te motivaron. Si quieres cambiar, puedes hacerlo. Tienes que querer llevar tu vida adelante. No sucederá de la noche a la mañana y no será fácil, pero el deseo insaciable de una vida mejor que te roe por dentro antes que tus ojos parpadeen y te sumerjas en el inconsciente cada noche, no desaparecerá a menos que actúes. Y antes de actuar, debes decidir hacerlo.

No esperes sufrir una crisis de salud, la pérdida del empleo o la muerte de un ser querido para catalizar tu deseo de un cambio duradero. Antes de catalizar debes cauterizar. Crea un mirador que te permita asomarte a tu pasado sin miedo, culpa, vergüenza, ira, amargura o reproche. Conviértete en la persona para la cual Dios te creó.

Al igual que un capitán de marina que suelta el lastre que hunde el barco, debemos echar a un lado las cargas que tan fácilmente nos abruman. Debemos encontrar un modo de limpiar el baúl, eliminar el hedor del pasado muerto y seguir adelante, libres de todas las trabas que amenazan dejarnos atados a los muertos a expensas de perder a los vivos, que nos quieren liberar.

No debes permitir que tu falta de voluntad de perdonar, tu amargura o cualquier otra profunda cicatriz determine la dirección en la que viajas o la velocidad a la que te mueves. Tu baúl es abrumadoramente pesado y está retrasando tu avance. ¡Dificultará tu viaje y te dejará espiritualmente letárgico y emocionalmente anémico!

Vacía tu baúl

Del mismo modo que los trastos de tu baúl no aparecen de la noche a la mañana, eliminarlos exige también algún tiempo y paciencia. Algunos objetos deben descartarse y tirarse. Puedes tener relaciones que debas terminar. Otros pueden exigir alguna conclusión a fin de que puedas seguir adelante. La relación misma puede estar claramente muerta, pero tú aun esperas por la despedida de duelo.

No te sorprendas si en algunos casos esta conclusión conlleva escribir una carta o darle un regalo a la persona con quien estás terminando la relación. Un hombre que conozco había comprado un bellísimo anillo para la mujer que amaba sólo para descubrir que ella lo traicionaba. Él no podía devolver el anillo y no quería envenenar otra relación dándoselo a alguien más. Así, pues, meses después de su ruptura con la traidora, se dio cuenta de que deseaba escribirle una carta y enviarle el anillo. No era que él quisiera que esta mujer, que lo había herido tan profundamente, se quedara con el anillo, sino que deseaba verse libre de ese recuerdo de lo que podría haber sido.

Otros trastos simplemente deben ser devueltos a su lugar. Al igual que los palos de golf de mi amigo, que tienen un sitio en su garaje, algunos problemas no van a desaparecer, pero pueden contenerse. Si estás manteniendo a hijos adultos que han regresado a casa, no debes permitir que interfieran en todas las áreas de tu vida. Tú y tu cónyuge deben encontrar un modo de salir una noche, de pasar tiempo solos disfrutando mutuamente de la compañía del otro sin intrusión.

Si tu trabajo se extiende sistemáticamente a las noches y los fines de semana, es hora de que hables francamente con tu jefe respecto a tus tareas laborales. Si estás cuidando a tus padres ancianos, puedes necesitar apoyo adicional para garantizar tu propia salud mental, emocional y física. Los límites de una relación sana pueden ser un medio excelente de garantizar que los trastos no se acumulen en tu baúl y ocupen espacios reservados para otros y otras áreas de tu vida.

Finalmente, algunas cosas nunca pertenecieron a tu baúl y las tiraron en él gente que andaba en busca de alguien que se los quitara de encima. Puedes estar necesitado de quitarte la culpa por un error pasado que un ser querido sigue utilizando como un instrumento de manipulación. Mientras aconsejaba a una pareja en que el marido había tenido una aventura de una noche en un viaje de negocios, encontré que tanto él como su mujer estaban dispuestos a abordar la falta y esforzarse para hacer su relación más fuerte.

El marido lamentaba sinceramente su tonto error y deseaba garantizar que nunca volvería a suceder. Él le pidió perdón a su esposa y ella dijo que se lo concedía. Sin embargo, alrededor de dos años más tarde vinieron a verme de nuevo y su matrimonio andaba mucho peor que cuando los vi la primera vez. La esposa claramente no había perdonado al marido y de hecho disfrutaba del poder que aquella traición le había dado. Ahora ella controlaba todo lo que él hacía y le hacía creer que él merecía tal irrespeto y maltrato. Habían llegado a un punto decisivo en su relación: o volvían a ser socios imperfectos y perdonadores al mismo nivel, o tomaban distintos rumbos.

Si son nuestros hijos los que nos manipulan valiéndose de nuestros fracasos y nuestra culpa por no haberlos acompañado en el momento en que crecían, o por haber procurado realizar el sueño que nuestro padre tenía respecto a nosotros, pero que nunca fue nuestro propio sueño, es hora de devolverles sus trastos.

OTRAS MEDIDAS PARA SALIR DE TUS TRASTOS

A veces tus trastos no son más que pereza. Cuando piensas en las cosas que quieres hacer, es solo cuestión de considerar adónde querrías llevar tu vida y luego hacer lo que debes hacer a fin de llegar allí. Si quieres un empleo en particular pero no estás preparado para él, tal vez debes volver a estudiar y adquirir adiestramiento y preparación adicionales. Tal vez siempre has soñado con ser un empresario y empezar tu propio negocio, y ahora debes encontrar los medios de obtener apoyo económico o necesitas el asesoramiento y consejo de un mentor que ya esté trabajando en el giro.

Piensa en lo que te frena. Toma en cuenta lo que necesitas hacer para salir de tus trastos, físicos o mentales, a
fin de darle cabida a lo que debes añadir para llegar a tu
destino, y luego dedícate a hacerlo.

El guerrero del camino

Una vez que hayas eliminado los trastos de tu baúl, puedes
comenzar a reevaluar tus necesidades y a reempacar sólo
aquellas herramientas y objetos que son útiles para tu viaje.
A la mayoría de los conductores les gusta tener un neumá-
tico de repuesto y las herramientas necesarias para cambiar
una goma desinflada. Si tu baúl está repleto de cosas super-
fluas, puede que no tengas lugar para las cosas esenciales
que te garantizarán un viaje plácido. Los viajeros experi-
mentados saben que tienen que estar preparados para lo
que les aguarda en el camino. En sus baúles podrían tener
incluso útiles de emergencia en caso de que se vieran inesperadamente varados por la inclemencia del tiempo: una
manta, bengalas, agua embotellada y baterías. Los auténticos guerreros del camino previenen lo que han de necesitar
en el peor de las situaciones y se preparan en consecuencia.

Del mismo modo, lo que devolvemos al baúl de nuestra vida debe servir para ampliar nuestros preparativos con
vistas a lo que nos espera. Es sorprendente lo mucho mejor
que te sientes cuando no temes que alguien se asome a tu
baúl —o a tu corazón— porque ya has salido de todo lo que
podría haberte limitado o avergonzado.

Mi oración para ti es que el Espíritu Santo sea una especie de Niecy Nash en tu corazón, maquillaje para el alma, y
que te permita optar por salir de las cosas que has acumulado y que te disminuyen como individuo, como empleado
o como amante.

¿Por qué no te tomas un momento y haces una lista de

las cosas de las que sabes que tienes que prescindir? Pídele a alguien cercano a ti que te señale cosas de las que puede que ni siquiera estés consciente. Emprende luego una operación limpieza hasta que no quede ningún lugar en tu corazón en que nuevos amantes, nuevos amigos o incluso nuevos patronos no tengan acceso. Tus guardalodos eran todo lo buenos que podían ser. Tu parabrisas estaba impecable, la rejilla relucía y el interior estaba limpio. Eran esos trastos en el baúl de los que tenías que salir. Una vez que tu mente esté en orden, ¡ya no tienes trastos en el baúl!

capítulo 4

Antes de dirigir, decide cuál será tu equipo

> Si tus acciones inspiran a otros a soñar más, a aprender más, a hacer más y a llegar a ser más, eres un líder.
>
> —*John Quincy Adams*

Cuando nos enfrentamos a decisiones importantes, hacemos acopio de la información que de veras importa para nuestro proceso de toma de decisiones. Asumimos la responsabilidad por lo que decidimos, por la vida que estamos construyendo. Eliminamos los trastos del baúl, los pensamientos negativos, la negativa a perdonar, la amargura o cualquier otro problema emocional que nos abrume. Luego debemos también tomar en consideración el equipo que invitamos a la tarea de tomar decisiones.

Los equipos deportivos profesionales envían exploradores a identificar el talento de un jugador, su nivel de destreza y su posibilidad de integrarse al equipo, años antes de que se discuta si se lo contratará. Los equipos de la Liga Nacional de Fútbol Americano (NFL, por su sigla en inglés) envían sus cazatalentos a las universidades para descubrir no solo a los estudiantes del último año a quienes pueden contratar, sino a los que apenas acaban de ingresar en el equipo del plantel. Se sabe que los entrenadores de las Grandes Ligas de béisbol envían a sus cazatalentos a los juegos de las Ligas Menores con la esperanza de identificar a sus futuros prodigios del lanzamiento.

Los mejores cazatalentos ven más allá de la posición que el jugador tiene en ese momento y toman una radiografía visual de la capacidad del joven de jugar varias posiciones en el equipo previsto para el futuro. Se dan cuenta de que todos los jugadores analizados no integrarán el equipo, pero que el equipo no prosperará sin tener una idea de quiénes desempeñarán los papeles claves en el futuro. Ésta es la única manera de producir un equipo ganador.

Para el entrenador, el equipo es una colección de atletas, definidos por las posiciones que ocupan, agrupados por las normas de la liga dentro de un tope salarial y del presupuesto del equipo. Algunas posiciones son más valiosas que otras para el bienestar del equipo. Es difícil imaginar un exitoso equipo de fútbol americano sin un talentoso corredor, o un victorioso equipo de béisbol que no invierta en sus lanzadores.

Las consideraciones personales deben ser una prioridad fundamental, no importa qué clase de equipo sea. Para el presidente de un gigante industrial, su equipo está determinado por el organigrama que él tiene en vigor y por el departamento de recursos humanos que ha establecido para captar, entrenar y retener a las personas que contrata. Sabe que un buen equipo de recursos humanos es el pulso de una organización robusta. Sus talentosos empleados crea-

rán una firme infraestructura que opere, produzca, merca-
dee y venda los productos de la compañía. Son la vida de
la corporación; los accionistas e inversionistas cuentan con
ellos para obtener dividendos por su inversión.

El equipo que una madre usa para administrar su casa
probablemente estará compuesto por sus hijos. Mientras
estos crecen, ella va percibiendo sus capacidades y talentos
y los utiliza en las tareas y responsabilidades de la casa que
más se avienen a ellos. Los asocia por edades, habilidades
y temperamento individual: uno lava los platos mientras
otro tira la basura. Según se van haciendo mayores, su responsabilidad aumenta: limpiar sus dormitorios, podar el
césped, preparar comidas y ocuparse de las mascotas. La
madre inteligente se da cuenta de que en la medida que su
equipo resulta exitoso, ella administra la casa sin problema
al tiempo que les enseña a sus hijos a ser responsables y a
funcionar como un colectivo.

Jefe supremo de tu propia vida

Empieza por imaginarte como un alto ejecutivo, como un
líder, el que toma las decisiones respecto a tu vida. Eres el
Donald Trump de tu propia vida. (Puede que no te gusten
sus metodologías o afectaciones, pero nadie jamás duda
quién está al mando cuando él se encuentra en el salón de
juntas.) Los miembros de tu equipo son aquellos cuyas contribuciones afectan la calidad de tu vida.

Recuerda mi amigo o amiga, que Dios es el dueño de
tu equipo pero te da autoridad para dirigirlo. Al igual que
Adán en el huerto, tienes el poder de subyugar y de ejercer
dominación, y debes saber que la tierra es del Señor, pero
Dios te ha encomendado la tarea de dirigirla. Me gusta esta
interpretación de la propiedad y la mayordomía. Dios es
dueño de tu vida, pero tú cuidas de ella. Esto te da el poder

para tomar las decisiones necesarias en tu vida y pasar de la condición de víctima a la de vencedor. La próxima gran decisión te corresponde tomarla a ti.

Ahora bien, tú puede que no te sientas como el máximo jefe de tu propia vida, o incluso si tal crees, puedes preguntarte por qué siempre te sientes al borde de la quiebra emocional o víctima de la hostilidad de los que te rodean. Pero sólo tú tienes la responsabilidad de elegir lo que afectará tu propio desempeño, productividad y rentabilidad. Tienes tenedores de apuestas y accionistas, los que te apoyan y los que compiten contigo. En el mundo empresarial, es el primer ejecutivo, sentado en su oficina, el responsable de la decisión final. Del mismo modo, tú estás en el sillón del ejecutivo en tu vida y si no orientas a tu corporación personal, perderás la oportunidad de cosechar los dividendos para los que fuiste creado.

Entiende que al ser el líder de tu vida, debes pasar de ser un pacificador a ser un político. Tu meta no es mantener la paz, sino crear la política.

En el proceso de convertirte en un gran ejecutivo de tu propia vida, puedes esperar ser controversial, enfrentarte a conflictos, comprometerte plenamente y ejercitar el carácter. Cada una de estas cuatro cualidades —controversia, conflicto, compromiso y carácter— surge de tu voluntad de ejercer la fuerza, la sabiduría y la determinación. Debes estar dispuesto a examinar lo que hay en ti y escoger el tipo de líder que quieres ser. Sin la deliberada opción por dirigir, la preparación necesaria para dar a conocer tus decisiones y la voluntad para llevarlas a cabo, tu equipo terminará por buscarse a otro que lo dirija.

Nunca he visto a un líder que no posea estas cuatros características. Examinemos brevemente cada una de las cuatro:

Él o ella tiende a ser controversial.

Sus decisiones crean conflictos.

Es una persona comprometida.

Está orientada por su carácter.

SI NO TE CONSIDERAS UN LÍDER

Si te consideras un líder, entonces entiendes que rara vez es un trabajo fácil o el que necesariamente te hace muy popular. Si no te consideras un líder, tal vez no estás asumiendo la responsabilidad por las decisiones que tomas en tu vida, estás confiando demasiado en que otros abran la marcha. Puedes ser un líder en el hogar o el trabajo, o en ambos. El liderazgo en el hogar es la madre que alienta a sus hijos a donar sus juguetes al albergue local cuando ya no juegan con ellos, o el padre que enseña a su hijo el valor de la honestidad cuando va con él a decirle al vecino de al lado que le estropeó el árbol mientras rodaba su nueva bicicleta.

El liderazgo en casa es el marido y la mujer que en lugar de dedicarse a vociferar, a gritar y a insultarse cuando discrepan en algo, conversan apaciblemente, exponen sus puntos de vista y escuchan el punto de visto de la otra persona y, al hacer eso, le enseñan a sus hijos con el ejemplo, cómo se puede discrepar de otra persona sin desconocer por ello sus necesidades.

El liderazgo no sólo se aplica a personas en posiciones de «poder», tales como presidentes o altos ejecutivos empresariales. Tú muestras tu liderazgo con la manera en que escoges vivir tu vida, con el modo en que te relaciones con otros independientemente de su condición social y mediante el ejemplo que les das a tu familia, amigos y demás personas con quienes te pones en contacto.

Acepta el ser controversial

Ejercer liderazgo exige que aceptes ser controversial. Muchas personas no aceptarán el rumbo que sigues hasta que llegues a la meta. No entienden la mentalidad de un líder porque sus opiniones se basan en el lugar en que se encuentran en la vida, no en el rumbo que toma la tuya. Miembros fundamentales de tu equipo pueden tener una visión miope; son incapaces o no están dispuestos a ver el bosque debido a los árboles. No son el pensador global que tú eres. Los líderes no están limitados por una sola dimensión, sino que tienen una visión panorámica del equipo, de sus metas y de la vida misma. La diferencia en perspectiva entre sus visiones miopes y tu visión panorámica suele provocar controversia, y un buen líder tiene que ser lo bastante fuerte para resistir la confusión que surge de la incomprensión.

Las controversias te asaltarán desde muchas direcciones distintas. Algunas serán pequeñas e intrascendentes y deben espantarse como las moscas en una merienda campestre. Algunas personas que tienen relaciones periféricas contigo, conocidos ocasionales, asociados de la empresa en otros departamentos, pueden chismear o inventar explicaciones respecto a los fines que persigues. Sus rumores y preocupaciones deben resbalarte a menos que veas que influyen en tus relaciones fundamentales u otros aspectos de tu vida.

Otras controversias surgirán provenientes de tus allegados. Puede ser alguien que abiertamente discrepe contigo —lo que en realidad no es tan malo como parece. Mucho peores son las controversias que se ocultan como las aguas revueltas debajo de una superficie calma. Las personas que discrepan contigo o que tienen agendas competitivas, pero que pretenden ser tus aliados, pueden ser las más peligrosas de todas. Éstas pueden ser compañeros de trabajo, miembros de la familia, tus hijos, tu cónyuge, tu pastor o tus amigos íntimos. La comunicación es la mejor manera de hacerles, frente a estas controversias, y yo te alentaría a reducir los enfrentamientos y salirles al paso tan pronto como sientas su presencia.

Logros en medio del conflicto

Los grandes líderes suelen tolerar el conflicto, son capaces de desempeñarse en medio de la tormenta que pueda azotar en torno a ellos. Si tienes que esperar a que se resuelvan todos los conflictos a fin de proceder, nunca llegarás a avanzar. Por el contrario, los grandes líderes logran realizar sus propósitos aventurándose en medio del conflicto. Su objetivo es equilibrar los extremos, para el mejoramiento de todos.

Pese a lo que hoy vemos en el terreno político y empresarial, donde nuestros líderes con frecuencia llegan al poder valiéndose de las polarizaciones de nuestro mundo, asustando a la gente para que vote por ellos o comprándola, los grandes líderes apelan más a la estrategia que a la confrontación. Los líderes talentosos encuentran su equilibrio dentro del conflicto sin ceder a ninguno de los extremos. Saben que usualmente la verdad se encuentra en el medio.

Muchos individuos se dedican a que los reconozcan por sus propios talentos en lugar de que lo hagan por los méritos de su equipo o por las metas colectivas. Otros quieren tener «razón» y ser reconocidos como más inteligentes, más rápidos o más astutos que aquéllos que los rodean. Tienden a buscar peleas a fin de pavonearse y adquirir reconocimiento. Los auténticos líderes saben cómo evadir a los que levantan obstáculos movidos por el ego y maniobran como autos de carrera a lo largo de una ruta montañosa.

Los líderes mantienen en perspectiva el panorama y el objetivo final cuando otros intentan oscurecer la visión con agendas personales y pequeños conflictos.

Comprométete

Tercero, un gran líder es una persona que se compromete. Si es la primera ejecutiva, no se va a las cinco. Si es el capitán, no es el primero en abandonar el barco. Si es un administrador, se ocupa de cerrar después que los demás se han ido. Un líder debe comprometerse o nunca logrará su objetivo.

Hay simplemente demasiadas otras demandas, distracciones y divisiones que interfieren con tu perseverancia a menos que tu compromiso esté firmemente asentado. Las circunstancias de la vida con frecuencia frustrarán los horarios y las metodologías que hemos establecido para cumplir con nuestros objetivos. Los líderes saben que deben permanecer flexibles, ágiles y dispuestos a cambios espontáneos de rumbo. No se sorprenden cuando la computadora se les rompe, la planta internacional cierra o la fecha de entrega se vuelve a alterar. No se sienten disuadidos cuando los detractores los atacan públicamente y ganan cobertura de prensa gracias a su negatividad. No se apartan de sus verdaderos objetivos cuando se les presentan nuevas oportunidades: las buenas oportunidades versus las grandes.

Cuando los miembros de la familia ya no apoyan su sueño, cuando un cónyuge no alienta su pasión, cuando sus hijos exigen más de ellos, estos líderes avanzan con ímpetu y rehúsan entrar en una espiral de desaliento, depresión o distracción. Mantienen sus objetivos en el blanco y no consienten que pesimistas, críticos y detractores envenenen su determinación.

Puede que necesites mantener límites estrictos cuando esta gente intente descarrilar tu sueño. Debes saber cuándo decir que «no». Está bien irte solo con la cabeza erguida en vez de ajustarte a los criterios de alguien distinto de quien debes ser. Recuerda que nadie, ni siquiera aquellos que más quieres, puede procurar tus metas de la misma manera en que lo haces tú.

Sé de buen carácter

Pero el compromiso sin el carácter conduce al caos. El carácter establece fronteras; puede no determinar lo que harás, pero siempre determinará lo que no harás. El carácter te hace saber cuánto estás dispuesto a pagar para subir la escala.

Cualquiera que tenga poder y carezca de carácter es peligroso. Se convierte en un tirano implacable. Estos son los líderes que crean las cámaras de gas, que conciben armas de destrucción masiva, que esclavizan a cientos de miles de personas, linchan a cualquiera que no esté de acuerdo con ellos y aterrorizan a todos los que tienen bajo su control. La tiranía, el totalitarismo y el terrorismo nunca contribuyen al tipo de liderazgo que enriquece las vidas y amplía el equipo.

Pero el buen carácter no tiene por qué destacarse y exigir reconocimiento. Cuando tu carácter está forjado por la determinación y tu ego está fortalecido por pasadas derrotas, entonces no necesitas recurrir a atajos para alcanzar tus metas. Si crees que puedes apresurar tu camino a la cima engañando, mintiendo o de holgazán entonces tristemente te equivocas.

Tú llevas quien eres dondequiera que vas. Si no edificas sobre un carácter sólido, entonces no podrás sobrevivir durante mucho tiempo una vez que hayas llegado arriba. El auténtico liderazgo exige integridad, alguien que muestre el mismo carácter en la sala de conferencias y en su dormitorio. Alguien que acate las normas y trabaje duro. Alguien que le dé a otros el crédito cuando lo merezcan. Alguien que viva por la fe. Alguien que confíe en su Creador para ayudarlo a realizar todo aquello para lo que fue hecho y todo lo que ha sido llamado a hacer.

La Biblia nos dice que los malvados pueden prosperar por una temporada, pero que no durarán y que con toda certeza no triunfarán definitivamente. Trata a los demás de la manera que quieres que te traten. Da tanto o más de lo que recibes. Recuerda de dónde vienes. Nunca pierdas de vista hacia donde vas.

MANEJO DEL CONFLICTO

Como líder nunca estarás demasiado lejos del conflicto y de la controversia. Si bien no todo el mundo estará dispuesto a intervenir y asumir la responsabilidad como líder, puedes estar seguro de que habrá mucha gente que está más que dispuesta a sentarse y criticar todo lo que haces. En el trabajo, por ejemplo, podrías asumir el liderazgo de un equipo o el lanzamiento de un producto nuevo. Como parte del equipo de trabajo debes asignarles a algunos compañeros ciertas labores. Trata de escoger los papeles que coincidan con los deseos y destrezas de cada cual siempre que sea posible; aunque, desde luego, no todo el mundo estará satisfecho. Además, algunos de tus compañeros de trabajo se sentirán celosos e incómodos de que te hayan ofrecido el puesto en lugar de habérselo dado a ellos y, en respuesta, criticarán todo lo que hagas, diciendo «si estuviera a cargo, lo haría totalmente distinto». Puedes oír cuchichear en el salón de receso o advertir que la gente se agrupa y te observa cuando andas por los pasillos.

Éste es uno de los subproductos que siempre vienen con el liderazgo. No todo el mundo se sentirá feliz con tus decisiones ni con que tomes la delantera. No puedes dejar que estas personas te impidan el éxito. Ciertamente, quieres tratar a todo el mundo con la cortesía y el respeto que merecen, pero en tanto tomes tus decisiones basado en lo que resulta mejor para el proyecto, no puedes preocuparte por unos individuos que se concentran en cosas pequeñas y negativas.

Esto ocurre también en las relaciones de familia. No todo el mundo va a sentirse feliz con las decisiones que tomes. Pero si eres padre o madre, tu trabajo es liderar de un modo que sea el mejor para los intereses generales de la familia. No todos los miembros del grupo van a estar siempre encantados con tus decisiones. Cierto, sería más divertido tener un televisor de gran pantalla o llegar a tener el último PlayStation o Wii. Pero si eso significa decidir entre gastar el dinero de la casa en juegos y entretenimientos versus gastos necesarios como comidas, servicios públicos o cuentas médicas, el verdadero líder toma la decisión correcta, sea popular o no.

Cómo reclutas a los miembros de tu equipo

Todo entrenador, primer ejecutivo y padre o madre exitoso sabe que la dinámica del equipo cambia en cada sesión. Reúnes e intentas conservar a la mayor cantidad de talento que puedas, pero incluso en medio de esa estabilidad, la dinámica del equipo aún fluctúa. La manera en que tu equipo enfrenta la adversidad difiere de la manera en que maneja el éxito. El modo en que se prepara para competir en un mercado varía del modo en que abordas a un consumidor diferente en un canal de ventas diferente. La actitud que te prepara para enfrentar al líder de la liga difiere de cómo te preparas para el rival de tu propia división.

La manera en que reclutas a los miembros de un nuevo equipo depende de una evaluación precisa de las actuales necesidades del equipo así como de los requisitos a largo plazo.

FUERZAS Y FLAQUEZAS

Los líderes, al igual que las personas, difieren de un individuo a otro. Todos tenemos fuerzas o valores y flaquezas que nos hacen singulares como individuos, y los líderes no son una excepción. La clave para el liderazgo eficaz consiste en entender que pocos de nosotros lo logramos por nosotros mismos. Para ser exitosos, los buenos líderes se rodean de otras personas que complementan sus fuerzas y flaquezas.

Por ejemplo, supón que tienes una mente adiestrada para lo cuantitativo y que los números son tu campo, pero un proyecto de equipo en el trabajo del cual estás al frente, exige una visión creativa. El líder inteligente llama a los miembros de su equipo de pensamiento creativo y les encomienda la responsabilidad de diseñar una nueva imagen atractiva para el proyecto. Sigues estando al frente, pero dispones de un equipo de los más creativos que trabajan de tu parte para ayudarte a tener éxito.

En la casa, te gusta cocinar, pero odias limpiar. Tu marido es, por el contrario, un tipo que adora la limpieza, pero se mantiene lejos del fogón. La líder inteligente emplea al marido o los hijos en ocuparse de la limpieza después de comer. Ustedes trabajan juntos para hacer una comida y una experiencia familiar, cada uno concentrándose en sus fuerzas y reconociendo sus flaquezas.

Si encuentras que hay zonas de tu vida donde necesitas más apoyo o cosas que no caen en el dominio de tus fuertes, pídeles a los miembros de tu equipo que usen sus habilidades para ayudarte.

Algunas personas llegan a tu vida por una temporada y otras para siempre. Se nos quebranta el corazón y la visión se nos nubla cuando intentamos convertir a estas personas de temporada en participantes vitalicios. Claramente, algunas personas llegan a nuestras vidas por un período de tiempo para cumplir una tarea específica para la cual necesitamos una afectuosa relación. Pero no podemos hacer una inversión permanente en una circunstancia temporal.

Las relaciones pueden ser uno de los bienes más valiosos de cualquier individuo, ¿cómo aprendemos, pues, a decidir quién se queda y quién se va? Al igual que el explorador profesional, el primer ejecutivo o la madre sabia, ¿cómo delegas a la persona adecuada en el lugar adecuado para poder decidir la manera más eficaz de dirigir el equipo?

A partir de mi experiencia, tanto personal como profesional, tanto en el mundo empresarial como en el ministerio, encuentro que la mayoría de las personas que componen tu equipo caen en una de estas tres grandes categorías: confidentes, partidarios y camaradas. Si vas a resultar efectivo, debes decidir sobre la mejor manera de utilizar estas tres posiciones en tu equipo. Si colocas a un jugador en la posición equivocada, frustras al individuo y anulas la efectividad de tu elección porque has usado inadecuadamente a ese jugador en el equipo.

Examina minuciosamente la contribución y las limitaciones de cada uno de los que integran tu equipo.

Confidentes

En primer lugar, los confidentes son las personas que llegan a tu vida para el largo trayecto, han llegado para quedarse. Son amantes por excelencia, y su amor es el amor de una vida entera que generalmente gira sobre los goznes de la aceptación incondicional. En el transcurso de tu vida, no esperes muchos de estos depositarios de secretos. Te ayudarán a llevar la carga aunque tomes decisiones torpes y te ayudarán a vivir con amargos errores. Están en tu vida por ti y por ninguna otra razón. Sin motivos ulteriores, estarán a tu disposición porque se sienten atraídos hacia ti y quieren estar a tu disposición.

Vemos esto vívidamente ilustrado en la relación entre David y Jonatán. David estaba enemistado con el rey Saúl, quien daba la casualidad que era el padre de Jonatán, su mejor amigo, quien nunca traiciona su confianza ni, como su más fiel confidente, divulga sus secretos. Jonatán guardó los secretos de David y sistemáticamente protegió su vida, aunque por ello encarara el descontento de su propia familia. Él no buscaba elevarse, aumentar su propia importancia o promover su ascenso a través de su relación con David.

Una de las cosas que me resulta más difícil es tener confianza en las figuras públicas. Cuando hacen o dicen algo que resulta controversial, otros me piden que me pronuncie sobre su conducta. Pero una vez que alguien comenta algo sobre ti con otra persona, cesa inmediatamente de ser tu confidente. En muchas ocasiones he sido muy criticado por no pronunciarme sobre un tema controversial. Pero he preferido ser un gran confidente a ser un informante común. Conozco detalles sobre parejas que no podría divulgar aunque vivamos en una era de insaciable sed de información de parte de un público que piensa que tiene derecho a saber. Me he mordido la lengua y he mantenido mis labios sellados mientras otros que desconocían los hechos hacían declaraciones casi difamatorias contra personas que yo conocía bien. He conservado mi paz y he dejado que el público llegara a descubrir lo que yo sabía de antemano. Ves tú, la fuerza de un confidente es el silencio.

Vemos la profundidad de este compromiso en periodistas que rehúsan identificar sus fuentes frente a graves amenazas y consecuencias legales. En 2005, Judith Martin enfrentó prisión y multas por desacato a un tribunal por negarse a revelarle su fuente al gobierno. Martin, una reportera investigadora del *New York Times,* rehusó colaborar con un fiscal federal que investigaba la filtración de la identidad de un operativo encubierto de la CIA. Se divulgó que ella había dicho durante su juicio: «si no se puede confiar en que los periodistas garanticen la confidencialidad, entonces los periodistas no pueden funcionar y no puede haber prensa libre».

Si nuestros confidentes no pueden garantizarnos su confidencialidad, automáticamente se excluyen del grupo de individuos de nuestro equipo a quienes le otorgamos absoluta confianza. Debemos confiar en la seguridad de tales relaciones a fin de expresarnos, hacer acopio de información y obtener sabios consejos. De otro modo, cosecharemos las consecuencias de informar demasiado sobre nosotros a personas que no merecen tal confianza. Los confidentes no sólo guardan los secretos, sino que no abusan de ese conocimiento. Las personas que realmente nos estiman no nos sacan en cara nuestros pasados errores. Rehúsan proferir las palabras «te lo dije».

¿QUIÉN ESTÁ EN TU EQUIPO DE LIDERAZGO?

Con frecuencia es una lección difícil de aprender y dolorosa de aceptar, pero no importa cuán buena persona tú seas, no todo el mundo te aprecia a ti y a tus intereses. Diferentes tipos de personas requieren diferentes tipos de relaciones. Empéñate en determinar a qué nivel debes interactuar con la gente. Solo ciertas personas, y por lo regular solo unos pocos, pertenecen a tu círculo íntimo de confidentes. Sopesa cuidadosamente las relaciones en tu vida.

La línea del partido

Nuestro segundo grupo, aquellos a los que llamamos partidarios, a menudo se confunden con los confidentes porque los partidarios andan contigo. Pero andan contigo porque persiguen los mismos objetivos que tú. Coinciden con los principios en los que se basan las normas de tu vida, tu personalidad, tu iglesia y tu empresa. Y porque tienen semejantes metas y aspiraciones, andan a tu lado.

Sin embargo, no son tus incondicionales; comparten contigo objetivos comunes y, mientras ello sirva a sus fines, contribuirán con tu equipo. Pero si llega a ser necesario, te dejarán y encontrarán otro que persiga sus mismos intereses. Esta comunidad de propósito fue lo que los llevó a ti en primer lugar.

Estas personas con frecuencia pueden parecer oportunistas porque viven como los que piden un aventón en las autopistas. Viajan como parte de tu equipo porque van en la misma dirección; pero le pedirían a otro conductor que los llevara si creyeran que pueden llegar a su destino más rápidamente o en mejores condiciones.

Tú necesitas partidarios, no los excluyas. Su ausencia hará más difícil tu viaje; con frecuencia aportan muchísima energía y pasión a la causa por la que luchan. Pero no ames a los partidarios ni los confundas con los confidentes, porque pueden abandonarte e incluso traicionarte por la causa.

En ninguna parte eso se ve mejor ilustrado que en el mundo de la política. En este año de elecciones presidenciales que acaba de pasar, ha sido un espectáculo diario ver qué grupos apoyan a qué candidato, quién le ha prestado apoyo a quién, y cuántas agrupaciones de intereses particulares intervienen en la ecuación electoral. Tanto demócratas como republicanos tienen numerosos partidarios que están todos comprometidos con la plataforma y principios del partido. Muchos votantes se adhieren a la línea del partido, no con un individuo en particular ni con sus fuerzas o flaquezas. Recuerdo cuando era muchacho haber oído a uno de mis mayores bromear acerca de un anciano caballero que había sido demócrata toda su vida: «¡el votaría por un alumno de primer grado si apareciera en la lista del partido!».

Demasiado a menudo los partidarios se alinean en la iglesia con ciertas doctrinas, dogmas y denominaciones. En lugar de inspirar unidad, con frecuencia dan lugar a facciones, divisiones y disputas sobre asuntos que no deben convertirse en el punto focal. Me hace acordar al viejo aforismo que una mujer compartió conmigo hace años, cuando yo era ministro en zonas rurales de West Virginia: «Lo que creemos puede dividirnos, pero en Quien creemos debería unirnos».

No obstante, los partidarios, provenientes de distintos y diversos orígenes, pueden unirse para producir cambios radicales. Recientemente, varias agrupaciones y denominaciones dentro de la Iglesia Bautista convinieron en la Celebración del Nuevo Pacto Bautista y se avinieron a echar a un lado las pequeñas diferencias que con frecuencia los separaban en el pasado y concentrarse en su lugar en las grandes causas, tales como la igualdad racial, en las cuales todos pueden coincidir. Tomaron a pecho lo que dice la Escritura: «¿Pueden dos caminar juntos sin antes ponerse de acuerdo?» (Amós 3:3, NVI).

Tus partidarios pueden surgir de tu oficina, tu iglesia, tu escuela o tu agrupación cívica. Ellos y tú pueden venir de diferentes departamentos, denominaciones, carreras o intereses sociales, pero comparten algunos valores comunes que los unen. En verdad no confundas a tus partidarios con tus confidentes, pero tampoco evites trabajar con ellos ni alcanzar metas colectivas. Tiende puentes donde puedas. Haz las paces cuando sea posible. Relaciónate con otros que compartan tu sentido de activismo.

Lo que hay que controlar aquí son tus expectativas. Debes entender que los partidarios harán movimientos direccionales que pueden no incluirte. Ellos quieren tomar el camino por donde vas, pero pueden aparecerse con alguien más. Están comprometidos con el destino pero no con el modo de viajar. Éstas son personas que pueden cambiar de caballo a mitad del río siempre que el nuevo caballo los ayude a llevar a cabo su agenda.

No son malas personas mientras entiendas que funcionan de manera muy semejante a un andamio. Cuando un edificio está en construcción, el andamiaje está allí de parte del constructor. Cuando el edificio se termina, se quitan los andamios. Simplemente acéptalos por lo que son y no pretendas que se conviertan en confidentes íntimos.

Un hombre lo expresó de este modo: «Todos los que me dejaron no pudieron quedarse, y todos los que se quedaron no pudieron irse». Algunas personas son bendiciones de temporada, que te los prestan para realizar un proyecto, y cuando la temporada concluye y el proyecto se termina, se marcharán. Eso está bien. El apóstol Juan lo dice de este modo: «Salieron de nosotros, pero no eran de nosotros; porque si hubiesen sido de nosotros, habrían permanecido con nosotros; pero salieron para que se manifestase que no todos son de nosotros» (1 Juan 2:19, VRV).

Compartir el espacio negativo

En el otro extremo del espectro encontrarás a miembros del equipo que no comparten tus valores, principios ni metas, tanto como comparten a enemigos comunes. Los camaradas no te siguen ni aprecian las causas que tú defiendes.

Pero se sienten atraídos hacia ti porque tú estás en contra de lo mismo que ellos. Los camaradas se galvanizan en torno a enemigos comunes y consiguen extraños compañeros de cama.

Tal vez no hay mejor ilustración para los camaradas que la gente que se asocia para ciertos problemas políticos, se unen para combatir algo que quieren destruir. En la segunda guerra mundial, las fuerzas francesas y británicas, acerbos rivales a lo largo de siglos, se vieron forzados a forjar una alianza de supervivencia contra el enemigo común: el Estado nazi de Hitler.

Si los camaradas entran en la fórmula, constituirían el espacio negativo, proporcionando claridad para identificar lo que es más importante para ti y los obstáculos que se interponen en el camino. Sin embargo, los camaradas no pintan el mismo cuadro que tú. Al igual que los partidarios, son oportunistas, que pueden valer la pena porque un agudo sentido de la oportunidad siempre ha de apreciarse. Cuando es necesario aliarse con alguien diferente, cuando una fuerza mayor, un problema o un antagonista amenazan su bienestar, los camaradas robustecen su causa con aquellos que combaten la misma amenaza.

Pero cuando la lucha concluye, se acaba el combustible. Cuando se derrota al enemigo, se mata al gigante y se evita la crisis, los camaradas terminarán la relación y continuarán con su propia agenda en otra parte —al menos hasta que el próximo enemigo levante la cabeza.

Los camaradas son como soldados en una guerra. Su nexo contigo es el enemigo que tienen enfrente. Su única conexión contigo es lo que ambos necesitan eliminar o destruir. Puede ayudar de ejemplo si piensas en ellos como los fariseos y los saduceos que se levantaron contra Jesús. No es que ellos tuvieran simpatías los unos por los otros; el nexo se forjó en que ambos querían quitar a Jesús de en medio.

¿Has notado alguna vez cómo hay personas que ni siquiera se toleran mutuamente, pero se unen para derrotar a un enemigo común? La mayoría de los soldados combaten juntos como hermanos, pero cuando el combate cesa regresan a casa y con frecuencia nunca más vuelven a ver a sus camaradas. Su nexo común era aquello que combatían. Esta alianza está más basada en motivos que en función. Comprender al camarada exige entender los motivos y por qué algunos pueblos unen sus fuerzas con nosotros.

Si te sientes vulnerable y te preguntas, «¿cómo diablos voy a diferenciar uno del otro?», he descubierto que la mayoría de las veces, la gente te dice cuáles son sus lealtades, basta que disminuyas la prisa y escuches. ¡Cuando te digan lo que los motiva, créeles!

¿ESTILO DE LIDERAZGO?

Hay tantos estilos de liderazgo como líderes. Algunos líderes se inclinan por los detalles, les gusta tener «las manos metidas» en todo, así como en todos los niveles del trabajo, desde el más elemental, y estar inmersos e informados de todos los aspectos de un proyecto o actividad. Otros son más generalistas y visionarios, y les dejan los detalles a sus subalternos, confiando en que la pericia de otros los ayudará a alcanzar sus objetivos.

Es fundamental tomar grandes decisiones en lo tocante a relaciones, a fin de identificar a la gente que te rodea como perteneciente a uno de estos tres grupos. Mientras entables relaciones entendiendo que todo el mundo que conozcas caerá en una de estas tres categorías, evitarás cometer garrafales errores de juicio respecto a quién confiar qué información. Si confías en un partidario o en un camarada, no te sorprendas cuando quebranten tu confianza. De hecho, cuando tal ruptura se produce, no es realmente su falta. Es tuya porque debiste haber sabido el papel que desempeñaban en tu vida antes de confiar en ellos.

Obviamente, quieres afianzar el equipo de tu vida con confidentes, llenar el cuadro de tu vida con esos individuos vitales que bombean la sangre vital de la amistad, aliento y sabio consejo a tus empeños.

En torno a ellos, enmarca el cuadro con partidarios y camaradas, aceptándolos como son y trabajando con ellos para alcanzar las metas que comparten y vencer los obstáculos comunes. No temas aceptar a estos individuos sólo por una temporada, para llenar una necesidad específica en tu equipo, y luego seguir adelante. Retener a partidarios y camaradas como si fueran confidentes sólo producirá un peso muerto que inhibirá los esfuerzos de tu equipo para cumplir los objetivos de tu vida.

Antes de seguir leyendo, te insto a evaluar el estado actual de tu equipo. ¿Hay individuos que has tomado por confidentes que no son más que aliados temporales que llevan la misma dirección de una causa común? ¿Hay modos de incluir camaradas en tu estrategia para alcanzar el próximo nivel, permitiéndoles que maten ciertos dragones que amenazan a ambos? Si estás dispuesto a ser implacablemente sincero contigo mismo respecto a las relaciones en tu vida, entonces prepárate a tomar las decisiones más acertadas. Sin embargo, debes saber con quién estás tratando antes de hacerlo.

capítulo 5

Antes de asociarte

Únete a la compañía de los leones antes que asumir el liderazgo de las zorras.

—*El Talmud*

Cuando decides asociarte a alguien, convienes en crear una nueva producción conjunta, un matrimonio en que los dos son coprotagonistas. El próximo capítulo, «Antes de decidirte a amar», aporta elementos para reflexionar a fin de ayudarte a decidir cuál es el mejor modo de proceder. Como precursor respecto a las muchas dimensiones y dinámicas que debes considerar en tu relación romántica, me gustaría primero llamar tu atención hacia otra clase de matrimonio, la unión que tiene lugar cuando un individuo decide afiliarse en una agrupación, institución, programa o club. Tomar la decisión de comprometernos con un grupo de individuos, ya sea una iglesia de nuestra comunidad, una organización profesional de nuestros colegas o una asociación dedicada a un entretenimiento o pasión compartida, exige una diligencia semejante a cualquier otra decisión importante.

Las familias y tribus son los grupos sociales antropológicos más antiguos que sepamos que existen. Dios nos creó para necesitar de otras personas, tanto íntimamente a través del matrimonio, como socialmente a través de la comunidad. A lo largo de nuestras vidas, nos bombardean con ofertas para pertenecer —desde incorporarnos a un equipo de baloncesto en la secundaria a un equipo femenino en la universidad, desde la PTA a la NAACP, de un club de bridge a una comunidad de jubilados. En la escuela la mayoría de nosotros enfrenta los clichés habituales: los atletas, los cerebros, los atildados, los rebeldes, la gente linda.

Sea cual fuere el nombre que les demos o cómo nuestros hijos los etiqueten ahora, los grupos siguen atrayendo a miembros homogéneos ligados por una característica social o una iniciativa cultural común. Los semejantes tienden a atraerse, en tanto la familiaridad de grupo brinda confort y seguridad, particularmente frente a la diversidad y el multiculturalismo.

El problema con los grupos, ya hablemos de equipos deportivos de la escuela secundaria o miembros del country club local, es que tienden a ser exclusivos. Aun si están abiertos a cualquiera —y muchas agrupaciones parecen estarlo, pero no lo están— siguen elevando a los miembros del grupo a una categoría especial que trasciende al resto de la población.

Antes de incorporarte a algún grupo, piénsalo bien. Haz un análisis personal de costos y beneficios para determinar lo que habrías de ganar en comparación con lo que invertirías. Sigue leyendo y te mostraré cómo calcular la ganancia y la pérdida que conlleva incorporarse a cualquier agrupación, antes de hacerlo.

Escuela dominical

Tal vez la institución más afectada por nuestra afiliación como miembro es nuestra iglesia local o un lugar de culto. Y ciertamente tenemos más iglesias en más variedades que nunca antes en la historia de nuestro país. Recientemente, el Foro Pew sobre Religión y Vida Pública (*Pew Forum on Religion & Public Life*) llevó a cabo la *Encuesta sobre el panorama religioso en EE.UU.* (*U.S. Religious Landscapes Survey*) y encontró que la mayoría de los norteamericanos se identifica como perteneciente a alguna agrupación religiosa. La mayoría de estas agrupaciones puede clasificarse en aproximadamente una docena de grandes tradiciones, pero dentro de cada una de éstas hay cientos de denominaciones y miles de iglesias dentro de esas denominaciones. En verdad, ¡parece que hay algún tipo de lugar de culto para virtualmente todo el mundo!

Sin embargo, encontrar ese lugar y pertenecer cómodamente a él no es necesariamente más fácil por el hecho de que existan más ofertas. Se ha dicho que la Iglesia no es un museo para personas perfectas sino más bien un hospital donde las almas heridas se reúnen para recuperarse. Éste es un buen sentimiento, pero demasiado a menudo nuestras iglesias pueden ser tan rigurosas respecto a quien reciben como la más discriminatoria de las ocho más famosas universidades del país. Las comunidades de fe deberían escapar al sentimiento de exclusividad homogénea, pero trágicamente, ese no es necesariamente el caso. ¡He visto muchas iglesias cuyos miembros disfrutaban investigando a sus visitantes como si fueran miembros de la patrulla fronteriza!

Está bien que busquemos asociarnos con creyentes de mentalidad semejante, pero debemos examinar nuestros motivos y cerciorarnos de que no estamos a la búsqueda de otra ocasión de crear una red empresarial. Las iglesias deben reunir a personas para adorar, brindar apoyo, alentar, asistir, enseñar y unificar. Hacemos lo mejor al elegir una iglesia basada en su afinidad con el lugar donde nos encontramos en la vida y con su capacidad de responder a nuestras necesidades actuales.

Si una iglesia en particular funciona como una camarilla, ¿queremos pertenecer realmente a ella? ¿No debe la escuela dominical servir más para enseñar cómo amar a Dios y al prójimo que para desplegar riqueza y estatus social? Cuando las iglesias funcionan de una manera no inclusiva, hacemos bien en evitarlas. En esencia, han eludido su papel como unificadoras del pueblo de Dios. Cuando una iglesia se convierte en un country club de relaciones sociales y en un muestrario del Mercedes de último modelo y del último Dior, entonces ha perdido su verdadero llamado.

Después de que mi padre falleció, me incorporé a una iglesia como un joven necesitado de la intimidad de una familia espiritual y de la responsabilidad de una comunidad de ideas afines. Una megaiglesia posiblemente no hubiera funcionado para mí en esa época, debido al tamaño y a la posibilidad de que los nuevos miembros permanezcan anónimos. Necesitaba un lugar seguro y sano en el cual pasar mi duelo y descubrir la próxima estación de mi vida. Eso lo encontré, en esa época, en una pequeña iglesia rural.

Esto no quiere decir que tú no puedas encontrar lo mismo en una gran iglesia urbana. La dinámica de familia y comunidad animan muchas megaiglesias, usualmente a través de pequeños grupos y áreas de servicio comunes. En La Casa del Alfarero (*The Potter's House*), los miembros del coro se relacionan naturalmente unos con otros, al igual que hacen los diáconos y los numerosos grupos pequeños compuestos aproximadamente de una docena de individuos. Pero yo, como joven, anhelaba el culto de estilo familiar y el ambiente íntimo que ofrecen las iglesias pequeñas.

A medida que fui madurando, mis necesidades cambiaron. Al entrar en la adultez me vi abrumado por numerosas responsabilidades laborales, familiares y otros compromisos. No era capaz de dar mi tiempo y mis energías al servicio de la iglesia arreglando las sillas antes del culto, acomodando a los fieles, presidiendo el estudio bíblico o sirviendo a la agrupación de jóvenes. Necesitaba un lugar donde pudiera ser alimentado espiritualmente y que me produjera un sentimiento de pertenencia.

Deberíamos ser capaces de encontrar alguna sana enseñanza y verla respaldada en los varios ministerios de la iglesia. Muchos padres quieren que sus hijos asistan a la iglesia de manera que puedan aprender los valores morales que ellos tienen en gran estima. Sin embargo, la enseñanza de valores en la iglesia no reemplaza la necesidad de enseñarles a nuestros hijos nuestras convicciones y creencias en casa. La iglesia nunca puede ser una sustitución moral de las carencias de nuestras actuaciones domésticas.

Sí, es importante para las familias adorar juntas, pero ten presente que no puedes incorporarte a una iglesia sólo por lo que atañe a los hijos. Debes afiliarte a una iglesia por tus propias necesidades espirituales y no por las de tu familia. La pertenencia a una iglesia debe durar mucho más que la infancia.

¿POR QUÉ TE UNISTE? ¿POR QUÉ TE QUEDASTE?

Como seres sociales nos gusta pertenecer, es parte de la naturaleza humana. Pero con frecuencia el pertenecer tiene más que ver con estatus social que con reciprocar, ayudar o cualquiera que haya sido la intención original. Piensa en las organizaciones a las que perteneces actualmente y por cuánto tiempo has estado involucrado con cada una de ellas. Los tipos de organizaciones a que tiendes a pertenecer pueden revelar mucho acerca de lo que te resulta importante. Si las razones por las que te uniste en primer lugar siguen siendo válidas, entonces probablemente debes continuar siendo miembro y seguir haciendo lo que haces.

Pero si encuentras que las organizaciones ya no responden a tus necesidades actuales o al momento actual de tu vida, y te cuesta mucho en lo que respecta a compromiso económico, tiempo y energía, puede que sea hora de revisar tus afiliaciones.

Gradientes de asociación

Cuando nos unimos a un grupo, no solo se nos incluye en sus privilegios, sino también en sus prejuicios. Uno de los grandes retos de mi carrera en el ministerio ha sido la de mantener una posición política no partidaria. Para mí no ha sido difícil de sostenerla personalmente porque creo que la integridad, la experiencia y la inteligencia de una persona importan más que sus afiliaciones partidistas. Sin embargo, en repetidas ocasiones me he visto convertido en el blanco de varias facciones, grupos de acción políticos e intereses especiales que se han sentido frustrados de que yo no respaldara al candidato X o la enmienda Y en la boleta. Me esfuerzo en tender puentes y encontrar medios para que todos los participantes de un determinado asunto logren exponer sus puntos de vista y ver atendidas sus necesidades.

Otra razón por la que he evitado tales afiliaciones políticas es por las muchas suposiciones y estereotipos que la gente haría si yo saliera y apoyara a un candidato o una plataforma demócrata o republicana. Ya sea que se perciba que estoy buscando un modo de proteger la riqueza de los dueños de empresas o sirviendo a las necesidades especiales de los votantes de las minorías, sería mal interpretado para siempre —¡más de lo que ya lo soy!— debido a tal asociación.

Así, pues, mientras que contemplas comprometer tu tiempo, tu energía mental, tus recursos económicos, tu respaldo profesional o cualquier otra contribución a favor de una agrupación, debes estar dispuesto a aceptar las responsabilidades de esa entidad como tuyas propias. Muchas de ellas te exigirán que firmes un contrato que legalmente te obliga a aceptar responsabilidad fiscal y personal por el grupo. Estarás sujeto a sus reglas aun si discrepas con ellas.

Antes de mudarte a ese barrio chic y exclusivo de casas deslumbrantes que siempre deseaste, lee muy cuidadosamente el texto en letra pequeña que aparece en el convenio contractual de la comunidad. Puede que no puedas estacionarte en tu propia entrada de autos, ni pintar tu casa ni plantar ciertos arbustos sin la aprobación de los directivos de la junta vecinal. Pregúntate si el prestigio y la calidad de la vida que recibirás a cambio amerita el precio. Para mucha gente, la ganancia es obviamente lo bastante valiosa como para que no les importe someterse al «criterio del grupo». Pero reconoce que estás cediendo poder sobre ciertas áreas de tu vida a otras personas que pueden o no tener tu bienestar en el centro de su agenda.

ELECCIÓN DE UNA IGLESIA

La decisión de unirse a una iglesia es importante. Nuestras vidas espirituales son el centro de nuestra existencia, y pertenecer a una iglesia puede significar muchísimo para ampliar nuestra experiencia. Cuando elegimos un lugar de culto debemos sopesar cuán bien esa iglesia sirve a tus necesidades y a las de tu familia. Si quieres una experiencia más íntima, y llegar a conocer a tus hermanos de feligresía, entonces una comunidad pequeña te viene mejor que una iglesia urbana más grande o una megaiglesia. Por el contrario, si tus necesidades incluyen muchas actividades y programas para ti y tu familia, participación en la comunidad u oportunidades de servir en juntas y comités (o ambas cosas), entonces una iglesia más grande es probablemente donde necesitas estar. Además, en la medida en que nuestras vidas cambian y evolucionan, así también ocurre con nuestras necesidades eclesiásticas. Donde las iglesias más grandes o más pequeñas pueden haber servido a tus necesidades cuando estabas soltero, una iglesia diferente podría ser más adecuada para ustedes como familia.

El círculo íntimo

Los anunciantes sistemáticamente le sacan partido al hecho de que nos gusta sentir que pertenecemos al grupo exclusivo de personas que son jóvenes, atractivas, inteligentes, sexy, a la moda y conocedoras de lo último y lo más estupendo. Ya se trate de la última dieta y del libro, el DVD y el aderezo de ensalada que la acompañan; o del modelo más novedoso de autos deportivos con tecnología inteligente y silueta sensual, los productos se nos presentan como deseables y capaces de proporcionarnos todo lo que anhelamos.

Pero si compras uno de esos productos, sabes que no te dará lo que tú no estás dispuesto a darte a ti mismo. Nunca vas a sentirte mejor respecto a ti mismo gracias al club al que perteneces o al grupo al que te unas. No debemos esperar recibir algo de nuestras afiliaciones que no podamos empezar a proporcionarnos nosotros mismos.

Puedes engañar a todo el mundo en el club, en la oficina o en cualquier parte, pero nunca dejarás de conocer todas tus inseguridades. El único medio de sentirte bien contigo mismo y hacer que aumente tu confianza en ti es saber quién eres y amarte. Esto en verdad es más fácil decirlo que hacerlo y exige toda una vida de autodidáctica y de exploración personal.

El escritor y pensador británico C. S. Lewis pronunció una vez una charla titulada «El círculo íntimo», en la cual describe este deseo tan humano de pertenecer, de ser alguien de adentro, de estar por encima de los que nos rodean por todos los motivos valederos. Si bien éste es un impulso con el que todos tenemos que lidiar, Lewis nos advierte que enfrentemos lo que se encuentra en el fondo de ese deseo: nuestro temor a ser un extraño, un forastero que debe soportar el dolor del rechazo y de la soledad. Él explica: «Mientras estés gobernado por ese deseo nunca llegarás a obtener lo que quieres. Estás tratando de pelar una cebolla: si tienes éxito, al final no te quedará nada. Hasta que te impongas al temor de ser un extraño, un extraño seguirás siendo».

Hasta que hayas descubierto tus verdaderos motivos al pelar tu propia cebolla del deseo, probablemente estarás predispuesto a decepcionarte de cualquier grupo. Siempre que entres en un grupo a sabiendas de que en el mejor de los casos sólo puede complementar o facilitar tus objetivos, tienes mayores oportunidades de realizarte. Conoce quién eres, además de ser miembro de la PTA, presidenta de la Rama Auxiliar de Mujeres, presidente de la Junta Directiva y directora del coro. Entonces puedes recibir todo lo que la organización tenga que ofrecer sin que eso te defina.

Tiempo de nutrición

A lo largo de los años, tantas juntas, organizaciones filantrópicas y de beneficencia me han pedido que sea uno de sus miembros que he tenido que ser muy cuidadoso en cuanto a dónde me comprometo a servir. El reto no ha consistido en discernir si son causas buenas o meritorias porque virtualmente todas lo son. No, la dificultad consiste en discernir dónde puedo producir el cambio más positivo a través de mi contribución. También he tenido que preguntarme lo que he de recibir de esa participación.

Tan egoísta como pueda sonar, la pregunta más importante que puedes hacerte antes de incorporarte a cualquier grupo es «¿cómo me alimentará esto?». Sí, debes tener cuidado en no esperar demasiado de tu afiliación con el grupo, pero también debes tener sólidas expectativas respecto a lo que te va a aportar. ¿Ayudará a tu carrera? De ser así, ¿cómo? ¿Quiénes más pertenecen a esta organización que te gustaría conocer? ¿Por qué quieres conocerlos? ¿Qué privilegios disfrutan los miembros? ¿Cómo te alimentará espiritualmente esta iglesia? ¿Qué ganas al unirte a los maestros de ceremonias? ¿Disfrutas realmente esas prácticas de fin de semana con el equipo de *softball*?

Si estas cosas no te alimentan, terminarás siendo un miembro nominal, sin nada más que otra obligación en tu plato. Ninguno de nosotros necesita otro compromiso que se convierta en un peso colgado del cuello. Debemos ser capaces de detectar un beneficio tangible, una satisfacción intangible o un regreso futuro si pertenecer al grupo valiera la pena.

La otra pregunta que debes hacerte antes de unirte al grupo es «¿en qué puedo contribuir de manera singular?». Muchas organizaciones e instituciones ambicionan tu tiempo, tu dinero y tus talentos. Pero presumo que solo unas pocas necesitan lo que tú tienes que ofrecer que nadie más puede contribuir. Pueden ser tus dólares, pero es muy probable que sea tu pasión por la causa, tu talento por el tema o tu capacidad de posibilitar lo que te hace irremplazable en el equipo.

Muchas personas pueden donar tiempo y dinero. Muchos pueden arreglar las sillas para la reunión o hacer galletitas para la recepción. Y si bien todos nosotros tenemos que servir a veces en tareas muy humildes, deberíamos saber qué es aquello que ofrecemos que no puede confundirse con la contribución de nadie más. No te incorpores a ningún grupo si no puedes añadir algo nuevo.

Haz una lista de todas tus afiliaciones, clubes, organizaciones y comités a los que perteneces. Sé tan abarcador como te sea posible al hacer tu lista —incluye todo desde organizaciones profesionales, fraternidades, comités de la iglesia y de la escuela, el coro o la junta diaconal, la junta de propietarios de tu barrio, el equipo de aeróbicos en el gimnasio o el comité electoral de tu representante del condado. Escribe junto a cada uno tu nivel de compromiso con ese grupo: alto, moderado, bajo, ninguno.

Luego de evaluar el nivel de tu participación que se exige, escribe junto a cada uno cómo te sientes respecto a pertenecer a ese grupo en este momento de tu vida: estupendamente, bien, necesario, frustrado, mal, etc. Identifica las asociaciones que puedan ser eliminadas y toma medidas inmediatas para cancelar tu membresía y responsabilidades. Te sentirás más ligero y menos cargado y, al mismo tiempo, capaz de dirigir tu atención a otras afiliaciones que alimenten tus necesidades actuales de manera más eficaz.

Mi último consejo es tener claras las fronteras y las limitaciones concernientes a tu papel en el grupo. Si te comprometiste a presidir la recaudación de fondos, no permitas entonces que alguien te imponga la teneduría de libros de toda la organización. Si prometiste despachar los volantes por correo, no aceptes también hablar en la conferencia —a menos que realmente quieras. Determina exactamente lo que debe esperarse de tu participación.

Del mismo modo, fija un límite de tiempo a tu período de participación y acuerda reevaluarlo cuando ese tiempo concluya. Mi esposa y yo solemos bromear en nuestros aniversarios de boda de que hemos conversado al respecto y hemos decidido renovar nuestro contrato por otro año. Si bien éste no es un enfoque válido al compromiso vitalicio que conlleva el matrimonio, es ciertamente viable para la mayoría de nuestras otras afiliaciones.

Como tus necesidades cambian, no temas rescindir los nexos con organizaciones que pueden haberte servido bien en el pasado pero que ya no responden a tus necesidades actuales. No sigas asistiendo a la misma iglesia simplemente porque te resulta familiar. Pregúntate si aun sirve a tus necesidades y a las de tu familia. El club al que ingresaste cuando eras soltero, ¿aun te ofrece el tipo de relaciones adecuadas para un hombre casado? Muchas madres siguen participando en la Asociación de Padres y Maestros mucho después de que sus hijos se han graduado, una acción que responde más a la repetición mecánica que a la participación apasionada.

Somos creados para ser seres sociales, y pertenecer a grupos cuyos objetivos o propósitos compartimos es esencial a nuestro bienestar. Sin embargo, al igual que cualquier otra decisión importante de tu vida, debes fijarte atentamente en la dinámica de tu participación antes de integrarte. Si estás dispuesto a examinar tus motivos para unirte a un grupo, incluidos lo que ganarás y lo que sólo tú puedes contribuir, entonces tienes muchas más probabilidades de disfrutar tu afiliación.

El tomar decisiones sabias respecto a tus afiliaciones llega a ser la clave para tomar grandes decisiones sobre las relaciones individuales. La eterna pregunta que encuentro hace la gente joven, por lo general entre bromas y veras, es: «¿Debo casarme por amor o por dinero?». Mi abuela la respondía de una manera que denota gran sabiduría. Su respuesta era: «Alterna con un grupo de gente rica que te guste y luego cásate por amor».

Ningún padre envía deliberadamente a sus hijos a jugar con matones, vendedores de drogas o pandilleros. Queremos que nuestros hijos se rodeen de personas responsables y bien educadas, jóvenes cristianos de buenas familias en barrios decentes. En tanto esto es un buen impulso, podrían tener mejores resultados en lo que concierne a nuestras propias afiliaciones antes de preocuparnos por nuestros hijos.

Piensa en la persona que quieres llegar a ser y con quién necesitas asociarte para llegar a ser esa persona, antes de afiliarte...

capítulo 6

Antes de decidirte a amar

¿Por qué el amor afecta tanto si se pierde? Amamos
el saber que no estamos solos.

—*C. S. Lewis*

La decisión de amar es la más difícil y la más fácil que jamás hayas tomado. Es fácil porque cuando uno ama a alguien, el júbilo que experimenta en su compañía es natural. Conoces los sentimientos: el modo en que toda tu vida parece más rica y que vale más la pena porque esa persona está en tu vida. Sin embargo, el costo de amar a alguien nunca es poco. No puedes comprar el amor, pero puedes pagar el precio de mantener la relación. Debes optar por comprometerte, permanecer fiel, perdonar, servir, amar a través de los buenos y los malos tiempos, en la enfermedad y en la salud, en riqueza y en pobreza.

Decidir amar resulta más difícil en la medida en que envejeces. Es cada vez más difícil enamorarse porque tu corazón está domado. Has vivido lo suficiente para haber sufrido decepciones, desengaños y hastíos. Tal vez hasta te has vuelto cínico respecto a confiar en otra persona y en la posibilidad de encontrar a alguien con quien compartir tu vida. Resulta cada vez más difícil arriesgarse y mucho más seguro y más cómodo resignarse a la soledad. Me doy cuenta de que muchos solteros están más que contentos con sus vidas y no tienen ningún deseo de casarse ni de constituir una familia. Ésta es su prerrogativa que yo respeto, pero al mismo tiempo conozco a muchos que se sienten solos.

No obstante, según envejecemos y nos rodean más desempeños y responsabilidades, o nos asfixian como las vendas de una momia, es más probable que ansiemos más que nunca una relación importante y apasionada. Queremos a alguien que nos ame por lo que somos y no por lo que hacemos o lo que producimos económica o materialmente. Anhelamos que alguien nos dé permiso para abandonar todas esas cosas a las que tan tenazmente nos aferramos en las horas del día de nuestra persona pública. Al igual que la sensación de nadar en aguas profundas, necesitamos desesperadamente a alguien que nos ayude a ponerle fin a nuestro chapoteo y a luchar contra la corriente. Solo entonces podemos salir a flote y encontrar cómo acelerar nuestro impulso con la marea.

ARRIESGARSE A AMAR DESPUÉS DEL FRACASO

Todas las relaciones que no funcionaron se debieron a una u otra razón. Tal vez cometimos errores y alejamos a nuestra pareja o tal vez fue la otra persona la que se portó mal. La pérdida de una relación puede ser una experiencia traumática y puede afectarnos en nuestras vidas por semanas, por meses y a veces durante años. La clave para trascender el fin de una relación es no concentrarse en los errores ni en culpar a nuestra pareja por lo que percibimos que fueron sus errores o defectos. Más bien, cuando una relación termina, nuestra tarea es determinar qué lecciones podemos extraer de la experiencia.

Debes entender qué papel desempeñaste en el fin de la relación, y empeñarte en entender la conducta de tu pareja así como la tuya propia. Ésta es la única manera de avanzar verdaderamente. Llevar a cuestas viejas heridas y resentimientos trasnochados te impide tener una actitud receptiva a las esperadas interacciones y a ser totalmente vulnerable en relaciones futuras. En una entrevista reciente en el programa Iconoclasts del canal Sundance, la Dra. Maya Angelou lo definió mucho mejor: «Conlleva valor amar a alguien, uno tiene que arriesgarlo todo». No importa lo que te haya sucedido, la única esperanza de una sana relación futura es abandonar el pasado.

Auténtica intimidad

He aconsejado a muchas parejas, que se casaron, se separaron o se divorciaron durante un tiempo, y ahora se encuentran intentando reconciliarse y dándose una segunda oportunidad. Con frecuencia encuentro un abismo entre ellos que el consejo no puede salvar. Se mueven en diferentes direcciones. Uno de los dos quiere recobrar la intensidad de la pasada intimidad, como si, de algún modo, pudiera meterse en una máquina del tiempo y regresar al período que antecedió a la separación.

La otra persona se ha movido hacia un nuevo punto focal, usualmente su carrera o sus hijos. Él o ella se ha dado cuenta de que no pueden depender el uno del otro para resolver sus necesidades o dirigir el rumbo de su vida. Al mirar hacia el futuro, la única relación que quieren es aquella que perciben que pueden controlar. ¿Te sientes identificado? En ausencia del amor, muchos de nosotros nos entregamos al trabajo, o al sexo o al dinero o a alguna substancia que nos hace sentir bien temporalmente.

En la actualidad tenemos más tecnología, más consejeros, más Viagra, más ropa interior sexy y más seminarios sobre matrimonio que nunca antes, y sin embargo la tasa de divorcios sigue superando el cincuenta por ciento. ¿Qué es lo que buscamos que más educación sexual y más oportunidades no pueden proporcionar? ¿Podría ser algo tan básico como la intimidad que surge de compartir la vida diaria y las realidades personales juntos? Con frecuencia me sorprendo de oírles decir a hombres divorciados que las cosas que más extrañan de sus esposas es el modo en que cocinaban las albóndigas, el silencio que compartían al fin del día después de acostar a los niños y el montón de sus potes de perfume en el tocador del baño. Demasiado a menudo pasamos por alto los pequeños detalles que contribuyen a la conexión que sentimos con otra persona.

Durante un programa reciente del Dr. Phil en el cual yo participaba, aconsejamos a una mujer que luchaba con su adicción sexual que la llevaba a tener relaciones sexuales con extraños. Un experto invitado al programa resaltó la amarga ironía de que los adictos al sexo huyen de la intimidad mediante su conducta sexual. Aunque participan en el más íntimo de los actos, desconectan y embotan sus emociones para evitar el dolor de la conexión en una relación sana. La verdadera intimidad exige transparencia y vulnerabilidad, honestidad y aceptación y confianza. La verdadera intimidad exige optar por el amor.

Condones emocionales

Aun si no somos adictos al sexo, encontramos medios de evadirnos de la difícil tarea y espantosa búsqueda de la auténtica intimidad. En los tiempos en que todavía iba a clubes, veía a todas las parejas que giraban en la pista de baile. Pero entre ellas siempre había un grupo de señoras, amigas sin duda, que disfrutaban la noche libre de las chicas, quienes no tenían a nadie con quien bailar, excepto unas con otras. Mi temor es que el número de señoras que bailan sin compañero no ha hecho más que aumentar.

Cada vez más, encuentras a mujeres exitosas en todas las esferas de su vida que siguen estando solas, no importa cuán desesperadamente puedan desear un marido. Según un cálculo nacional, el 27 por ciento de mujeres en edad de casarse, nunca se ha casado, y entre las afroamericanas ese porcentaje asciende al 40 por ciento. Añádase a esto el número de las que se han divorciado o han enviudado y estamos hablando de *más de la mitad* de la población femenina. En verdad, esta epidemia de soledad y anhelo no es exclusiva de ningún grupo de personas. Sin embargo, las mujeres de las minorías en verdad parecen encarar la realidad de la soltería con mayores dificultades de encontrar pareja.

Muchas mujeres pueden finalmente costearse una casa bella, pero entran por la puerta al final de un largo día para encontrarse el sonido del silencio. No hay nadie esperando por ellas. Las habitaciones están decoradas con gusto y las camas muestran hermosos edredones y finas sábanas de algodón egipcio. Solo que no hay nadie allí que las consuele cuando pasan de una habitación a otra buscándole una distracción a su vacío.

Muchas señoras pueden ahora costearse una comida gourmet en un restaurante exquisito, solo que se ven obligadas a mirar hacia el asiento vacío que tienen enfrente. Es una mesa para dos, pero no hay más que uno. Pueden tomar fantásticas vacaciones en lugares exóticos o apacibles cruceros que posiblemente se han ganado por su notable desempeño en el trabajo, pero no hay nadie que disfrute el viaje con ellas. En lugar de los hombres en sus vidas, estas señoras llevan a sus hermanas, sus madres y sus amigas.

El viejo dicho de que todos los hombres buenos ya tienen dueña, son homosexuales o están en la cárcel tiene un timbre de amarga verdad. Para complicar el problema, la brecha socioeconómica entre mujeres y hombres sigue agrandándose. Para llenar el vacío de sus vidas privadas, las mujeres se han concentrado en su educación, sus carreras y su cartera de valores. Muchos hombres no han llegado al mismo exitoso nivel corporativo. Algunos han abandonado los estudios para mantener a sus hermanos o a los hijos que han prohijado. Algunos prefieren los trabajos manuales que no exigen la preparación ni las destrezas sociales del salón de juntas. En consecuencia, es frecuente que se sientan incómodos, e incluso amenazados, por las mujeres exitosas con quienes se encuentran.

Cada vez más hombres y mujeres usan condones emocionales y se concentran más en protegerse de desilusiones que en arriesgar la vulnerabilidad por la esperanza del amor. Hay algunas citas, algunos enganches y algunos diálogos por Internet, pero ninguna intimidad real. Como cristianos, les decimos a nuestras mujeres solteras que esperen hasta casarse para tener relaciones sexuales, pero luego ignoramos la dolorosa realidad de su espera para casarse que cada vez se hace más tarde en la vida y que les hace perder su opción de tener hijos.

En una ceremonia reciente en nuestra iglesia tuve el privilegio de presenciar a nuestro joven pastor presidir un intercambio de votos entre mujeres y hombres jóvenes, de 12 años en adelante, que se comprometían a mantenerse castos hasta el matrimonio. Sus padres y abuelos estaban presentes y compartían el compromiso de ayudar a sus hijos a conservarse puros. A cada uno de los jóvenes, mujer u hombre, se le entregaba un anillo de pureza que representaba su promesa ante Dios de guardar el singular don de su sexualidad para su futura esposa. Se comprometieron a no quitarse su anillo de promesa hasta su noche de bodas cuando se lo darían a su novia o novio. Fue un culto muy emotivo y le sacó lágrimas a muchos que habían visto sus propias vidas desechas por las relaciones premaritales y sus consecuencias.

Pero yo me pregunto, ¿cuánto tiempo tendrán que esperar estos jóvenes? Según algunos expertos en fisiología y sexualidad humana, suele ser malsano para el cuerpo del ser humano adulto abstenerse de estímulo sexual. Parece haber una continuidad bíblica aquí con el dicho del apóstol Pablo de que era mejor casarse que quemarse. Pero antes de que salgas a celebrar la conclusión de los sexólogos, déjame advertirte que el estímulo físico sano puede verse eclipsado por una relación sentimental insana. Si se trata de sólo sexo, entonces no hay ninguna auténtica intimidad. La intimidad que satisface el alma es mucho más profunda que las ansias de lujuria que satisfacen el cuerpo.

Yo convengo de todo corazón en que los hombres y mujeres solteros deben esperar. Sin embargo, nosotros —sus amigos y familiares— debemos ser compasivos y entender lo que ellos enfrentan y no suponer que son personas inferiores por el hecho de ser solteros. Es fácil transmitirles a los jóvenes adultos un mensaje ambivalente: permanece casto hasta el matrimonio pero hasta entonces eres menos que una persona. ¿Sorprende que tantas personas, aun dentro de nuestras iglesias, no puedan mantener sus votos de pureza y esperar a encontrar una auténtica intimidad para tener relaciones sexuales?

Parejo con este mensaje ambivalente está el hecho de que el sexo en nuestra cultura está siendo cada vez más deshumanizado. Nuestros *reality shows* en la televisión, concentrados en millonarios y solteros, juegos de citas amorosas y comparaciones de parejas, solo sirven para reforzar una mentalidad consumista acerca del sexo. Se reduce a un titular en el último escándalo político, un bocadillo para el guión de una comedia de televisión o un acto por Internet que con frecuencia se asemeja más a una transacción mercantil que a una manifestación de la pasión y la ternura humanas.

Amante en igualdad de oportunidades

En lugar de salir en busca de un ideal que no existe, disponte a descubrir lo que significa amar a otro ser humano, con defectos y todo. A muchas mujeres (y hombres) en nuestro país les gustaría estar en un matrimonio sano. Cada vez más hombres se esfuerzan por encontrar mujeres con quienes les gustaría compartir sus vidas. Mi temor es que se están desencontrando, miran mutuamente al pasado en la próxima persona que atraviesa la puerta en lugar de ver a la persona que se encuentra frente a ellos. Si bien las mujeres nunca deberían transarse por alguien, con frecuencia suelo alentar a las señoras solteras que me piden consejo para emprender la búsqueda de hombres que *complementen* sus talentos más que compartirlos. Señoras, ustedes no tienen que casarse con un hombre que sea igual a ustedes en todos los aspectos. La realidad es que no existe nadie que sea en su totalidad el verdadero igual de otra persona. En eso consiste la belleza de las relaciones. Si tienes un candado sin llave, no puedes entrar en el espacio compartido de la intimidad.

Señoras, deben estar dispuestas a reconsiderar a hombres que han rechazado porque los vieron por debajo de su nivel de éxito. Está bien si eres médica y él es plomero. Acuérdate que no eres mejor que él sólo porque tengas más diplomas. ¡Él tampoco es mejor que tú porque tenga más llaves inglesas! Ambos están necesitados de establecer una sociedad y de regir un hogar sano. Tú puedes ocuparte de las cosas académicas mientras él mantiene el auto funcionando perfectamente y el jardín hermoso. Él puede cocinar y tu puedes ocuparte de las finanzas. Debes permitirte el lujo de conciliar las necesidades y las destrezas de cada cual.

Caballero, usted debe estar dispuesto a aceptar el hecho de que ella gane más dinero que usted. Ella puede ser más educada, sofisticada y refinada. Pero eso no significa que ella intente convertirte en el equivalente a su clon masculino. O algo peor aún, ¡convertirte en alguien que es básicamente su mejor amiga con pene! No debes avergonzarte o sentirte amenazado por sus habilidades, porque eso sólo servirá para aguzar y robustecer las tuyas. Las mujeres fuertes rara vez se sienten atraídas por hombres débiles. Quieren un hombre que confíe lo bastante en su propia fuerza y seguridad masculina para amarla como una mujer y respetarla como a una igual.

Dar la hora

Debemos dejar de escoger a la gente como si estuviéramos comprando un reloj. He aconsejado a numerosos atletas profesionales y a celebridades que encuentran conflictos en sus matrimonios, fuera del campo de juego o de la pantalla del cine. Cuando necesitan llevar una hermosa compañera del brazo en la línea de banda o en la alfombra roja, su cónyuge desempeña bien el papel. Pero cuando las luces se apagan y su relación está a punto de ser algo más que el próximo evento benéfico y las ropas de diseñador que van a usar, sienten que no hay nada que los mantenga juntos.

No hay substancia para la relación. Simplemente, han entrevistado a diferentes hombres y mujeres para el papel de cónyuge y luego han elegido a la candidata o candidato de mejor y más impresionante apariencia. Si estás buscando un reloj y quieres priorizar su aspecto y no su precisión en dar la hora, ésa es tu opción. Pero si andas buscando a un compañero o compañera de la vida de este modo, siempre te vas a frustrar. En momentos de crisis, cuando la enfermedad hace presa a tu familia, cuando los tiempos difíciles descienden como un sudario sobre la economía, necesitas un reloj que marque la hora. Necesitas a alguien con quien puedas contar. El amor es algo más que una ocupación de temporada.

Tus amigos y tu familia, tus iguales y tus compañeros de trabajo sólo pueden reforzar la selección de alguien que crean que se aviene a tu vida en lugar de alguien a quien amas y con quien quieres estar. He experimentado esto en mi propio campo, en el cual se suponía que un pastor debía buscarse una esposa con dotes musicales, que pudiera dirigir el coro, cantar, tocar un instrumento (usualmente el piano) o seleccionar los himnos y la música especial.

Mi esposa no cumple con ninguno de esos requisitos. Le gusta la música y tiene una bonita voz pero no le gusta actuar, no toca ningún instrumento y no quiere organizar ni dirigir el coro. Yo incluso tenía algunos amigos en el ministerio que me instaron a que pensara dos veces antes de casarme con ella ya que no podían ver los valores que añadiría a mi ministerio.

En este punto tuve que preguntarme, ¿quiero casarme con alguien que se ajuste a mi profesión o a mi persona? ¿Importa realmente cuán talentosa sea la mujer si no la amo y no quiero compartir mi vida con ella? Podría casarme con alguien que cantara como Aretha, que tocara el piano como mi abuela y compusiera canciones como CeCe Winans, pero si no podíamos compartir nuestras vidas privadas, nuestros mundos internos, no importaría lo que compartiéramos en la plataforma. Lo que nos funciona en público, puede no funcionar para nada en privado.

Hace poco me reuní con una pareja multicultural que había vencido numerosos obstáculos para estar juntos. Él es un indio criado como hindú, mientras ella es una mujer del caribe criada como pentecostal. La familia, la alimentación, la religión y la cultura de ambos son totalmente diferentes, pero se enamoraron y cada uno decidió que la otra era la persona con quien quería compartir su vida. Tales diferencias no pueden ignorarse, pero ni deben inhibirnos ni limitarnos para estar juntos. La otra persona en su vida siempre tendrá algo que decir acerca de alguien que difiera de la noción preconcebida de su cónyuge de lo que es aceptable.

En la Escritura se nos dice que Moisés se enfrentó a algo semejante. «Miriam y Aarón hablaron contra Moisés a causa de la mujer cusita que había tomado; porque él había tomado mujer cusita*» (Números 12:1, VRV). Aun hace miles de años, se ejercía una gran presión para que uno se casara con la persona adecuada de una cultura socialmente aceptable. Miriam llegó a criticar tanto a su cuñada que Dios la castigo con la lepra. La esposa de Moisés no se ajustaba a lo que Miriam creía que debía ser la persona que se casara con su hermano.

A mí me parece notable que ésta es la primera vez que se menciona la lepra en la Biblia. Puesto que es una enfermedad que desmiembra el cuerpo, ¿la castigaron con ella porque estaba intentando separar lo que Dios había unido? Los demás con frecuencia intentarán anular una unión que funciona para ti, pero que no funciona para ellos. Para Moisés, era un problema cultural, pero para nosotros hoy puede ser racial, económico, social, educacional y religioso.

---

* Etíope (N. del T.).

La décima moneda

Una persona soltera que anhele un compañero o compañera para su corazón es como la mujer que dice la Biblia que tenía diez monedas y perdió una. «¿No enciende una lámpara, barre la casa y busca con cuidado hasta encontrarla?» (Lucas 15:8, NVI). A pesar de las nueve monedas que aún tenía, la mujer no paró hasta que barrió la casa y encontró la moneda perdida. Puedes tener nueve monedas clara y justamente en tu posesión. Tienes el título, el empleo, la educación, el hogar, el auto, la ropa. En el orden profesional has alcanzado la cumbre de tu carrera, pero personalmente careces de la moneda que anhelas tan desesperadamente.

En esa situación, es tentador pensar, «cuando tengo todas estas otras cosas a mi favor, ¿por qué debo aferrarme a un hombre? Tengo mis nueve monedas, ¿Por qué buscar la décima?». Porque sabes en tu corazón que la décima completa el juego. En otras palabras, puede resultar tentador intentar compensarte por lo que no tienes, pero anhelas. Te recomiendo que seas sincera contigo misma y no intentes fingir que no has perdido la moneda cuando sientes que algo te falta.

Muchos dedican años a barrer sus vidas en busca de la moneda del amor perdido. Y tan a menudo como ocurre con la mayoría de los objetos perdidos, se encuentra exactamente allí: en la iglesia, en el trabajo, en el barrio, en el gimnasio o en el campo de tenis.

Sé sincera contigo misma respecto a querer una relación. No importa el éxito que tengas, lo grande que sea tu casa o cuán lucrativa sea la empresa. ¿Con quién te encontrarás en casa? ¿Te has fijado en esas parejas de ancianos que pasean cogidos de la mano en torno al perímetro interior de los centros comerciales? ¿Quién caminará a tu lado cuando tengas el cabello blanco y el paso más lento?

Es un hecho estadístico que las personas casadas viven más. Numerosas fuentes, entre ellas estudios universitarios anuales, datos del censo de Estados Unidos e instituciones tales como la Asociación Americana para la Terapia Matrimonial y Familiar y el Centro Nacional de Estadísticas de la Salud verifican que las personas casadas son más sanas, más felices y viven más que los solteros o los viudos.

Si has perdido tu décima moneda y la quieres, no la ignores ni dejes que otros te disuadan. Las mujeres que viajan con sus bandas de amigas o que rehúsan salir, con frecuencia enmascaran la verdad sobre sí mismas.

Puedes tener una magnífica semilla de manzana, pero si está escondida en el armario y no plantada en el suelo, nunca va a crecer ni a fructificar. Cuando sepas lo que quieres, ¿te encuentras en el ambiente propicio para encontrar el tipo de hombre que te gustaría conocer? No pescas percas en agua salada ni vas en busca de peces de alta mar en una laguna. Arriésgate a mirar a tu alrededor y fíjate dónde debes estar para encontrar lo que buscas y a quien buscas. Una vez más, debemos recordar el hacer las afiliaciones correctas si queremos facilitar el tipo de relaciones que queremos establecer.

Si ya estás casado o en una relación, entonces tu décima moneda puede estar creando la intimidad que te faltaba o puedes estar disfrutando del amor que una vez conociste. Obviamente, cuantas más cosas en común compartas con tu cónyuge, tantas más alegrías al igual que tantos más dolores han experimentado. Ya se trate de la resolución de un conflicto o de cómo integrar la presencia de niños en tu matrimonio, todas las relaciones desarrollan zonas que necesitan poda y fertilización.

Lidiar a tiempo con problemas que a menudo conducen al divorcio es esencial si has decidido establecer relaciones bien fundadas. He dedicado todo un capítulo de este libro

ANTES DE DECIDIRTE A AMAR

a reflexionar acerca de varias áreas decisivas antes de que presentes los papeles de separación y rompas el vínculo. Mi esperanza es que, al igual que la mujer que encuentra su décima moneda, seas capaz de recobrar la relación que le falta a tu vida y tomes las decisiones necesarias para amar audaz y apasionadamente. «Y cuando la encuentra, reúne a sus amigas y vecinas, y les dice: "Alégrense conmigo; ya encontré la moneda que se me había perdido"» (Lucas 15:9, NVI). Si vas a entrar en una relación sabiendo lo que quieres, entonces tienes muchas más probabilidades de edificar una unión exitosa antes de que te decidas a amar.

capítulo 7

Antes de hacer tu pedido de amor

El amor es como el sarampión. Cuanto más viejo te da, más grave es el ataque.

—*Rainer Maria Rilke*

Muchos años antes de la existencia de eBay, Overstock .com, Amazon o Yahoo, o cualquier otro motor de búsqueda, almacenes o tiendas al detalle en Internet, no había más que un modo de hacer un pedido. Me refiero a los viejos y buenos tiempos anteriores a Home Shopping Network, QVC o cualquier otra de las opciones multimedia que emulan la experiencia de ir de compras a un centro comercial desde la comodidad de tu casa. En aquel tiempo, los únicos centros comerciales eran los pedidos por correo que se hacían a partir de los catálogos de JCPenney y Spiegel.

Mi abuela y la tuya esperaban ansiosamente y con gran expectativa que se materializaran las páginas coloridas de esos catálogos al tiempo que el cartero del barrio los repartía. No importaba si uno vivía en medio de la ciudad o en un camino subalterno con un solo buzón de correos en la tienda rural, dependía de esos catálogos de pedidos por correo. Tal comercio era una enorme conveniencia para los que vivían en la mayoría de las zonas rurales, pero incluso los habitantes de las ciudades dependían de ellos para obtener lo que necesitaban. En nuestra era de alta tecnología de comprar por medio de un clic, de robos de identidad y de correo no deseado, es difícil apreciar los tiempos del sistema de pedidos por catálogo. Sin embargo, durante muchas décadas, ése fue nuestro modo principal de encontrar lo que queríamos de la talla que necesitábamos sin salir de nuestros hogares.

A través de ese método nuestras familias escogían de todo, desde vestidos de novia hasta baterías de cocina, desde serruchos a ropa interior. Durante la primera mitad del siglo XX, Sears y otras tiendas minoristas ¡hasta llegaron a ofrecer catálogos colectivos para casas! En nuestra época de ofertas multitudinarias de las cuales un consumidor puede seleccionar opciones personalizadas, debemos recordar las limitadas opciones de otros tiempos. Las generaciones anteriores tenían que seleccionar los detalles de sus pedidos mirando fotos planas y unidimensionales. En consecuencia, pedir de un catálogo siempre constituía un acto de fe. Desde luego, las fotos eran atractivas y las descripciones tan detalladas como fuera posible. Sin embargo, a veces uno recibía lo que había pedido, pero no lo que quería.

Hombres por catálogo

De la misma manera que una foto no te dice la sensación o la gracia de un tejido, cuán vivo o apagado puede ser el color, a qué talla 12 te refieres, el tener una cita con alguien no siempre te dice cómo será el matrimonio. Una hoja de vida no te dice cómo es la ética laboral de un empleado. Una página en Facebook no te dice la auténtica apariencia de alguien, para no hablar de cómo te tratarán después de que pase la primera cita. La página web de una agencia de bienes raíces no te muestra los salideros de las tuberías ni las grietas en el cielo raso de una casa. Algunos detalles simplemente no pueden evaluarse hasta que experimentes la totalidad de la situación.

Él puede parecer perfecto en Internet. Ella podría parecer como tu alma gemela debido a la increíble compatibilidad determinada por tus tests de los veintinueve rasgos de la personalidad. Las páginas web de citas y los *chats* comunitarios en Internet ¡le han dado toda una nueva dimensión al pedido masculino! Sin embargo, no hay ningún sustituto para la cosa en sí. En efecto, he encontrado que muchas personas son excelentes en las primeras citas. Resultan tan expertos en esto que son casi profesionales. Saben cómo impresionarte muy bien por una noche, un concierto o un viaje de fin de semana. ¡Pero eso no significa que lo que viste en el catálogo es lo que va a llegarte por correo!

CÓMO ELEGIR A ALGUIEN PARA UNA CITA

Si estás buscando pareja, discernir con quién te gustaría salir debería ser una elección activa. Si bien la atracción y la apariencia físicas es probable que sean lo primero que notemos, la apariencia pronto se desvanece. Quieres elegir a alguien que tenga otros atributos menos obvios que potencialmente contribuyan mucho más a una relación firme y duradera. Cuando te reúnas por primera vez con alguien, fíjate en sus modales, en cómo trata al personal de servicio del restaurante, qué tipos de intereses tiene, si le presta atención a lo que tienes que decir. Esto te servirá de mucho para determinar qué clase de persona realmente es.

Una vez que desaparece la atracción inicial debe haber algo más para sostener el vínculo o la relación fracasará. Cerciórate también de que tú eres quien elige y no el elegido (o elegida). Piensa en lo que realmente quieres.

Es un error común, especialmente entre las mujeres, comparar al nuevo amor con el anterior y nunca considerar realmente a la persona en su propia luz o a la luz de lo que quiere. En otras palabras, puedes encontrar que Juan es considerado donde José era egoísta y rudo. Luego cometes el error de creer que Juan es mejor y único. Pero resulta que luego Juan es perezoso y desconcentrado. En consecuencia, rompes con Juan y conoces a Alberto. Alberto es considerado y ambicioso, y tú crees, ah cielos, que éste es el adecuado. El error aquí consiste en comparar a Juan con José y a Alberto con Juan, en lugar de compararlos con la visión que tienes de quien quieres que sea tu pareja. Fíjate en el cuadro general y tendrás una mayor oportunidad de encontrar a alguien que se acerque más a lo que aspiras en una pareja.

Puedo acordarme de un caso en que aconsejé a un caballero y a su esposa. Él se sentía profundamente frustrado en su intento de lograr que ella fuera lo que había sido cuando ellos comenzaron a salir. En realidad, empezó a verse con ella cuando él todavía tenía una relación con otra persona. Bien, simplemente lo diré: empezó a verla como «la otra» cuando él estaba todavía casado. Entonces disponían de unas pocas horas robadas que dedicaban a devorarse mutuamente, emocional, sexual e intelectualmente. Su aventura les excitaba los sentidos y se veía engrandecida por el éxtasis de probar el dulce néctar de la fruta prohibida. Ella era su diosa del amor y él era su galán. Estaban seguros de que conocían todo lo que había que conocer el uno del otro —al principio.

Se mantuvieron así hasta que el matrimonio de él se disipó totalmente y pudo tener a su voluptuosa seductora toda para él. Ésa fue la última vez que él vio un peluche, un negligé o un portaligas. En su lugar se vio inundado de pijamas de franela, medias húmedas en la ducha y una avalancha de facturas de las cuales él no sabía nada. Desaparecieron los baños calientes, las toallas perfumadas y las copas de vino helado. Ahora él se despertaba ante cupones de compre-uno-y-llévese-uno-gratis de Sausage McMuffin y McDonald's que podía arrancar de camino al trabajo. Cuando estaban saliendo ella reservaba tiempo para él, sólo se dejaba ver bien peinada y dejaba los negocios a un lado para estar con él. Pero ahora que estaban casados, él tenía que tratar de acoplar la vida de ella con la suya y eso lo hacía sentir como la hermanastra de Cenicienta tratando de forzar el pie dentro de la zapatilla de cristal. No era lo que él había pedido en el catálogo, ¿verdad?

Mira, a veces consigues a la persona que querías, pero no como la querías. Me dijo enfurecido: «He sido engañado. Ella me traicionó. No hay ninguna auténtica pasión, ni sentido de la mística o de la intriga. Ella no es creativa ni romántica en absoluto. Me recuerda a mi antigua esposa».

Él no sabía que se había enamorado del *sentimiento de una aventura,* pero que había comprado *un matrimonio.* Las dos cosas no son lo mismo ni nunca lo serán.

SATISFECHO CON LA RELACIÓN ACTUAL

En una relación comprometida siempre hay temporadas de cambio. Estás más cerca en unas ocasiones que en otras, según suban o bajen las circunstancias de la vida.

Sin embargo, si hicieron sus averiguaciones pertinentes al comienzo, manifestaron con claridad lo que querían de una pareja y evaluaron sinceramente quiénes eran, lo que mantendrá esa unión firme y progresando es el recordar lo que los acercó en primer lugar. Lo que disfrutabas y admirabas de esta persona al principio probablemente no ha cambiado.

Para que una relación siga evolucionando debes hacer un esfuerzo para acercarte. Si sientes que tu relación no es lo que fue una vez, podría ser que esté transformándose en algo diferente. O podría ser que debas renovar tu compromiso de mantenerla viva y en progreso. Las cualidades fundamentales de tu pareja, si de veras ya existían en el comienzo, no es probable que cambien. Los fundamentos de tu relación son lo importante, fijarse en eso hace mucho más fácil seguir el flujo de los inevitables vaivenes de la vida cotidiana.

Más que superficial

A menudo esta sociedad sexista en que vivimos nos entrena para representar nuestro yo más seductor por una o dos noches. Nos muestran qué colonias son eróticas, cómo obtener los abdominales perfectos en cuatro semanas, cómo perder peso para el verano y que los sitios de vacacionar están llenos de una atmósfera de sensualidad. Gastamos mucho dinero en mercadear el sexo y ninguno en mercadear el matrimonio.

Y a lo que le hemos prestado nuestra atención es en lo que nos estamos convirtiendo. Mostramos a hombres que parecen románticos, que muestran interés y que son grandes conversadores. Condicionamos a las mujeres a erradicar las arrugas, afirmarse el busto y lucir como modelos del último diseñador. Anunciamos cirugías plásticas de la cara y del vientre, Botox, Viagra, todo para que parezcamos más jóvenes, más viriles y más atractivos.

No enseñamos el inevitable sentido práctico de la vida. No estamos en una cita romántica. Vivir no es un evento teatral. Ésta es nuestra vida y a aquellos con quienes la compartimos hemos de verlos como realmente son. No como parecen ser. Ella puede tener sesenta y parecer de treinta pero cuando te cases con ella, estarás casado con una mujer de sesenta años, que piensa, tiene achaques y procede socialmente como la mujer que es, no como la que ella proyecta.

Piensa cuán diferente es el noviazgo del matrimonio. El noviazgo puede mostrarte lo bien que él maneja los cubiertos o lo que a ella le gusta beber. Pero no te dice cómo pagaran las facturas ni cómo reaccionarán ante una crisis. Como los grandes actores en sus papeles preferidos, mucha gente se comporta mejor en el noviazgo que en el matrimonio. Incluso hasta pueden vivir contigo y aún no percibes el verdadero impacto de cuando están sujetos al compromiso del matrimonio y a los diversos matices que conlleva el convertirse en una unidad familiar.

Saben qué hacer para que tengas una noche estupenda —qué restaurante, qué obra de Broadway y cómo ser un gran conversador durante horas. Pero cuando uno desciende al negocio del matrimonio: quién hace el balance de la chequera; quién viene primero, la madre de él o tú; qué le importa más a ella, la carrera o los hijos; el noviazgo no siempre te muestra lo que vas a obtener en el matrimonio. ¡No podría decirte cuántas parejas he aconsejado que eran novios profesionales pero no tenían madera para el matrimonio!

Al principio, todo lo que alguna gente quiere es a alguien que pueda estremecer la cama, pero en último término ¡lo que necesitas es alguien que pueda pagar la cama! Puesto que la primera generación de nacidos después de la segunda guerra mundial está viviendo más, el juego de las citas ya no es sólo para los muchachos. El tinte *Just for Men* ha borrado las canas, los quiroprácticos han ajustado la espalda. Cialis ha ajustado la libido y ahora él está de nuevo en la cancha. Ella tiene sus implantes dentales de porcelana, los senos levantados, el vientre liso, las caderas infladas y los labios fabricados. Todos nos vemos estupendamente. Todos estamos afuera otra vez, de nuevo en el juego, armados de condones y viviendo en condominios. Los *jet-setters* son de todas las edades y de todas las etapas.

No importa, sin embargo, cuántos accesorios, tratamientos o atavíos usemos, no es suficiente. Hemos vuelto a noviar pero ya no somos íntimos. Tenemos relaciones sexuales pero carentes de amor. Viejos y jóvenes andan en busca de amor pero se transan por la lujuria. Hacen sus pedidos por un paquete de combinación a la medida, pero cuando llega no los satisface.

Si puedes acordarte de lo que realmente querías, si todavía anhelas más substancia que estilo, quiero compartir contigo unas cuantas reflexiones para que obtengas lo que pidas y te guste lo que la vida te entregue.

El arte de escuchar

Les decimos a las parejas que necesitan hablar, pero nos olvidamos de instruirlas en cómo escuchar. Y no solo cómo escucharse mutuamente, sino cómo escucharse a sí mismos. De algún modo en el subtexto del encuentro, de la cita romántica y de la interacción con alguien, te advierten siempre, aunque sea ligeramente que van a ser de una cierta manera. Las banderas rojas de alarma siempre están ahí, aunque al principio sean de un amable tono rosado. Viste que le dio una rabieta en la autopista. Supiste que ella siempre estuvo tarde cuando viniste a recogerla para cenar.

Él entró en pánico al revisar cada renglón de la cuenta del restaurante. Ella coqueteó con el camarero y con cualquier otro que la mirara.

Todo eso se olvidó en el dulce abrazo y el húmedo beso de ese alguien especial. Lo notaste, pero no quisiste escuchar a tu voz interior. Y como dice Maya Angelou, cuando alguien te dice quién es, debes escucharlo. La mayoría de la gente no escucha antes, ni durante ni después del matrimonio. Créeme, debes leer el texto en letra pequeña antes de pedir algo a fin de saber si puedes costear los pagos.

Este texto resultó legible en la reunión familiar cuando lo viste en su ambiente y de la manera en que los miembros de su familia se relacionan entre sí, o no. Estaba en el modo en que sus ojos se posaron sobre todas las mujeres que caminaban por la Quinta Avenida. Estuvo en cada llamada telefónica que la hizo salir. ¿Fue que alguna mujer le gritaba fuera del centro comercial al tiempo que te acercabas para tu cita? ¿Parecía como si ella estuviera embarazada? Cuando le preguntaste quién era ésa, le restó importancia diciéndote que era una compañera de trabajo. Debiste suponerlo, pero no estabas escuchando, ¿verdad?

Una de mis feligresas me dijo que ella debía haber notado lo que pasaba cuando él empezó a decirle lo que ella tenía que ponerse en cada cita. Y en un par de meses, él le estaba diciendo la ropa que llevar a la escuela. Todo esto pasó antes de que él se la llevara del juego de fútbol en la secundaria. Distraída por el suéter que él llevaba puesto y por su auto, la joven encontró excusas para sus métodos controladores y su temperamento exaltado. Le estaba advirtiendo que era un controlador y con aptitudes para ser un abusador, pero ella no escuchaba. Él no lo hizo lo bastante abiertamente para exponer el verdadero producto que ella iba a comprar, pero estaba dicho allí, en el subtexto. Mirando retrospectivamente, me dijo: «Pastor, ahora puedo verlo. Yo no me fijé en lo que no funcionaba. Andaba en busca de lo que funcionaba. El cumpleaños de él era el día diez, y, ¿adivine qué? El mío también. El segundo nombre de su madre era Helen y el primer nombre de mi abuela era Helen. Su banda favorita ya estaba en mi iPod. Teníamos tantas cosas en común, ¿o no?».

¿No es cómico cómo algunas personas con frecuencia destacan las minucias y minimizan las cosas importantes? Parecen ciegos a las señales de advertencia que podrían haberles permitido eludir una mala elección. Los que se han hecho oídos sordos a las advertencias, pasan por alto el problema evidente que termina por conducir al abandono de la relación más plena y más profunda que desesperadamente queremos y necesitamos. El problema evidente variará con la persona y con la relación, pero con frecuencia es un problema de posesión, de celos, de manejo del conflicto o de comunicación lo que resulta insuperable.

Esta muchacha que estaba de pie allí con contusiones en las costillas y un ojo amoratado me cuenta que ella había provocado más que la envidia de sus compañeras de cuarto año. Él era un atleta galardonado y un verdadero galán. Tenía un auto y podía bailar como Emmett Smith. Ella les había ganado a todas las otras muchachas. Consiguió lo que quería, el artículo soñado en su catálogo. Pero ella no leyó lo que aparecía en letra pequeña, y hasta que estalló el infierno en torno a ella, había rehusado escuchar las señales de advertencia que se disparaban como una alarma de humo. Tú dirás que eso le pasó a ella porque era joven. Te digo que les sucede a mujeres de la edad de su madre y de la edad de su abuela. Y a los hombres también. Le pasó porque estaba sorda a las señales de advertencia y ciega a lo que le decía el subtexto. No hay límite de edad para el pesar. Puede sucederle a cualquiera que no piense antes de hacerlo.

El sonido de la esperanza

Muchas mujeres ignoran las señales no porque sean sordas, sino porque creen que pueden cambiar a estos hombres. Sus instintos maternos les fallan y creen que ellos necesitan mimos para convertirse en hombres maduros. Eso no va a suceder, querida. Si él tenía un problema antes que tú lo conocieras, no puedes asumir el papel de salvadora e intentar convertirte en su redención. Ni quieras aspirar al papel de su madre. Si tienes éxito, tu vida amorosa sería incestuosa. Si se casa contigo porque eres como su madre, entonces te engañará con su novia porque los hombres nunca quieren casarse con sus madres.

He visto a mujeres que toman a hombres como un proyecto. Ella quiere arreglarlo, piensa que lo comprende y que cualquiera que intente decirle otra cosas se equivoca. Sencillamente no lo entienden como ella. Un hombre cambiará cuando cuente con la mujer idónea, ¿no es cierto? Lo más probable es que no, querida amiga.

Esta ideología de cambiar después del matrimonio es una falacia. Proviene de un ignoto complejo de Dios, que nos impulsa a querer convertirnos en el redentor de alguien. Pero nosotros no somos, ni podemos ser jamás, Dios para nadie más.

«Oh, no, ésa no soy, Obispo. Nunca intentaría ser Dios en su vida». Te he oído y quiero que entiendas de dónde viene tu deseo de cambiarlo. Cuando tienes un complejo de «necesidad de ser necesaria», permites que esa necesidad influya en tu elección. Con frecuencia cuanto más personas tratan de advertirte, tanto menos tú las escuchas. Todo lo que logran es crear un ambiente negativo perfecto. Sus críticas te vienen como anillo al dedo para reafirmarte que ellos no entienden tu elección, y crear un ambiente perfecto para la dinámica de «nosotros contra el mundo». ¿Cuán romántico es eso? Es absolutamente perfecto. Es el relleno de las películas de la televisión y de las novelitas rosas. El amor prohibido junto con unos cuantos «él me necesita» y ahí lo tienes: ¡sordera total!

Este proceso ocurre sin que a sabiendas hayas consentido que el impulso de «necesito ser necesaria» se apodere de tu proceso de tomar decisiones. Una vez que te encuentras en la agonía de las secuelas de la tormenta, tienes la necesidad de entender «¿cómo alguien como yo terminó con alguien como él?». Tenías una esperanza de cambiarlo en lo que tú querías. Esperanza que alimentabas de los testimonios de personas que han experimentado cambios notables a través de su matrimonio. Pero la diferencia es que el poder de cambiar debe venir de *dentro* de la persona y no de ti.

Si otros vieron cambios en sus cónyuges, no fue porque vinieran de su influencia sobre la pareja. Vinieron del interior de la persona que cambió; esa persona deseaba cambiar. Cuando intentas cambiar a tu cónyuge, no funciona, y al final hasta la esperanza del cambio te revuelve el estómago. «La esperanza que se demora es tormento del corazón» (Proverbios 13:12 VRV).

La esperanza te hace mal cuando te mantienes a la espera de ver algún cambio y eso no sucede. Terminas por asquearte de esperar algo que no ocurre, asquearte de concebir algo que nunca se materializa, asquearte de fabricar excusas pobres para algo que no funciona según se hace cada vez más obvio para aquellos que te rodean. No es que tu intuición no funcione adecuadamente. No es que las señales de advertencia no hayan estado presentes. Tu cónyuge no cambió de la noche a la mañana de Dr. Jekyll a Mr. Hyde. Es que nos hacemos oídos sordos a lo obvio porque queremos creer que podemos cambiar nuestro pedido en lo que pensábamos que habíamos de recibir y no en lo que recibimos.

Las decisiones sanas respecto a las relaciones no se basan en la esperanza.

Añádase a esto que las personas de fe con frecuencia intentan espiritualizar todos los asuntos. En nombre de la fe, acallamos a menudo nuestros instintos e ignoramos nuestros sentidos. Eso no es tener fe en Dios. La fe en Dios debe ser solo eso, fe en Dios. No debemos colocar nuestra fe en mujeres y hombres, pues nos fallarán. Dios nos da a todos nosotros una voluntad y no nos obliga a cambiar. Dios nos da la gracia de cambiar si lo escogemos. El cambio debe venir de dentro de cada uno de nosotros al aceptar que la gracia de Dios se extiende repetidamente a cada uno de nosotros.

Déjale la salvación de las personas a Dios. Te ayudará mucho que no perviertas lo romántico convirtiéndolo en redentor. Si la mujer santificada santifica al marido, lo hace a través de su vida, no de sus palabras. « ...si algunos de ellos no creen en la palabra, puedan ser ganados más por el comportamiento de ustedes que por sus palabras, al observar su conducta íntegra y respetuosa» (1 Pedro 3:1–2, NVI). La auténtica esperanza suena como las acciones que hablan más alto que las palabras.

Tú no estás en busca de un hijo, una causa o una situación caritativa. Quieres un hombre que sea un hombre; con flaquezas, pero aún un hombre. Quieres una mujer que sea una mujer; imperfecta, pero aún así una mujer. Cuando hagas tu pedido debes leer lo que aparece en letra pequeña y ponerle atención a la descripción del producto.

Antes de comprometerte a quedarte con un pedido que no te viene bien, que no es lo que creías que era, debes cerciorarte de que estás procesando todos los datos y escuchando lo que te dictan tus instintos. No debes asumir el papel de Dios en la vida de otra persona. Debes permitir que el Altísimo obre en tu vida y en la de la otra persona. Cuando realmente escuches y medites las cosas, es mucho más probable que sepas lo que estás recibiendo y que disfrutes conservando tu pedido, antes de hacerlo.

capítulo 8

Antes de comprometerte: investigación

La gravitación no es responsable de que la gente se enamore.*

—*Albert Einstein*

Siempre que da la casualidad de que voy a dar a una de esas monstruosas tiendas minoristas que se conocen como «tiendas cajones», me quedo pasmado de la plétora de productos que se alinean en las estanterías. Parece que las opciones, variaciones y ofertas siguen multiplicándose para los consumidores. Cuando veo las 48 variedades de mostaza o el último súper modelo de TV de alta definición *Blu-ray* de pantalla plana, siempre me pregunto cómo las

---

* Einstein establece en esta frase un ingenioso paralelismo, en inglés, entre la ley de la gravitación, responsable de que los objetos se caigan (*fall*) y enamorarse (*fall in love*). Esta relación es intraducible al español. (N. del T.).

compañías que los fabrican toman las decisiones que determinan las especificaciones de sus productos.

Tal vez has tenido una experiencia semejante. Quizás te has dado cuenta de la necesidad de un nuevo producto —digamos, un limpiador que pudieras usar en tus mostradores de granito sin rayarlos— sólo para encontrarlo en tu próximo viaje a la tienda. Andas rodando tu carrito de compras por uno de los pasillos y de pronto ahí está: «Nuevo *SafeStone*: ¡limpia sus mostradores de granito sin rayarlos!». ¡Fue casi como si alguien te leyera la mente!

¿Te has preguntado alguna vez por qué algunos de los medicamentos que tomas para diferentes afecciones son tan astronómicamente caros? Algunas píldoras que he tomado costarían hasta $100 cada una si hubiera tenido que pagarlas de mi bolsillo por no tener cobertura de mi seguro médico. ¡Es sorprendente pensar que algo tan diminuto pueda tener un precio tan alto!

La razón de ambas cosas —el nuevo producto de limpieza que ya estabas deseando y el alto costo de tu medicina— depende de lo que los líderes empresariales llaman Investigación y Desarrollo (o R&D, abreviadamente en inglés). A fin de conocer al público al que se dirigen, los hábitos y preferencias de sus consumidores, cuándo y dónde compran, qué problemas tienen con productos antiguos y qué necesidades deben resolver con el nuevo, las compañías gastan vastas sumas de dinero todos los años en investigaciones y luego en el desarrollo de nuevos productos. Obviamente, este costo se incluye en el precio del producto, pero la R&D se considera fundamental si la compañía es seria en cuanto a proteger su negocio esencial y a prever tendencias que ayudarán a la corporación a avanzar hasta el próximo nivel de éxito fiscal.

Las compañías farmacéuticas a veces gastan miles de millones de dólares en el desarrollo de nuevos medicamentos para tratar una enfermedad, una afección o una lesión dada. A veces tienen que dedicar años en el laboratorio a crear nuevas entidades moleculares, para no mencionar pruebas del índice de éxito versus fracaso; luego, en el proceso de aprobación federal y finalmente en la producción. El estudio «Investigación y desarrollo en la industria farmacéutica» publicado por la Oficina del Presupuesto del Congreso en octubre de 2006 calculaba «el costo promedio de desarrollar una nueva droga innovadora en más de $800 millones». Con el medicamento, uno puede ver por qué la investigación y el desarrollo son tan importantes; hay vidas y calidad de vidas en juego.

Pero, ¿cuánta investigación y desarrollo has puesto en las decisiones que tomas, particularmente en aquellas que tienen repercusiones para el resto de la vida como son tus relaciones? ¿Has llevado a cabo una investigación adecuada para verificar el carácter de tu amado para estar segura de que él es quien dice ser? ¿Has dedicado suficiente tiempo a las pequeñas pruebas de compatibilidad que son esenciales si has de comprometerte y pasar el resto de tu vida con esta persona? ¿Cuánto conocimiento has extraído de tu investigación?

Desarrollo de un producto nuevo

Parece casi imposible imaginar el tomar un medicamento que nunca haya sido probado, que nunca haya sido estudiado, que nunca haya sido aprobado por un reputado escrutinio científico. Del mismo modo es difícil imaginar el lanzamiento de un nuevo producto del almacén de tu compañía sin hacer ningún tipo de sondeo de mercado en aquellos a quienes el producto va dirigido. ¿Puedes imaginarte el dejar que tu niño tome una pildorita azul de la que no sabes nada? ¿Comprarías un nuevo cupé deportivo de un fabricante de automóviles del que nunca has oído hablar? Mejor aún, ¿comprarías ese auto sin probarlo? La mayoría de nosotros nunca tomaríamos un medicamento que no se hubiera probado ni compraríamos un vehículo con el que no estuviéramos familiarizados, y sin embargo con frecuencia sentimos vergüenza de hacer las preguntas que determinarán si debemos gastar nuestro precioso tiempo con alguien cuyas metas y objetivos puedan no armonizar con los nuestros.

Ahora bien, yo sé que esto no es tema de la primera ni de la segunda cita, pero cuando las cosas entran en calor, deberías considerar el añadir nuevos aspectos a tus conversaciones. Al enfrentarte a la posibilidad de invertir tus años con alguien a quien conoces en una sola dimensión, permíteme orientarte para que sepas lo que se encuentra debajo de la superficie de tu futuro compañero. Puede que no te sientas capaz de hacer las preguntas difíciles o de observar con ojo crítico esas zonas de las que hablaremos aquí, pero debe hacerse. Considera que se trata del «desarrollo del nuevo producto», necesario para evitar la repetición de tus pasados errores, así como los de la otra persona.

Tú no confiarías tu hijo en las manos de una niñera sin conocer antes los antecedentes, la confiabilidad, el entrenamiento y la experiencia de la persona. Del mismo modo, no debes confiarle tu corazón —por no mencionar tus recursos de tiempo y dinero— a alguien sin primero estar seguro de su idoneidad. Muchos no hacen preguntas ni examinan críticamente a la otra persona porque están muy temerosos de ofenderla o de perder la oportunidad en una relación. Tal temor transmite una sensación de «me estás haciendo tal favor al interesarte en mí que debo aceptarte bajo cualesquiera condiciones». Sin embargo, ¡si procedes de este modo tendrás que vivir de las limosnas de la codependencia y de las migajas de su afecto!

Muchas personas temerosas e incluso desesperadas entran en una relación vitalicia virtualmente sin ninguna información importante y sin ningún dato objetivo. Se comprometen a conducir por la autopista de su vida con una venda tan ajustada que les corta la circulación al cerebro. La ceguera es un impedimento terrible, pero la falta de visión impuesta es aún peor. Si hay una deficiencia que Jesús curó más que cualquier otra, según la Biblia, ésa fue la ceguera. Nada nos deja más vulnerables que el no ser capaces de ver. Sin embargo, sé de incontables personas que se adentran en relaciones ultra importantes sin ningún conocimiento real de la persona con quien se comprometen.

Para el momento en que adquieren el valor para hacer las preguntas difíciles, ya están casadas y a menudo en medio de alguna crisis. Con frecuencia estas personas muy sinceras y dignas de amar se quedan con una profunda sensación de remordimiento. Al igual que en los negocios, uno debe siempre hacer las preguntas difíciles sin rodeos. ¡Una vez que se cierra el contrato, no hay lugar para la negociación!

Del mismo modo, es difícil resolver un conflicto cuando no has emprendido la ardua tarea de la investigación y el desarrollo antes de comprometerte. Cuatro zonas de investigación son fundamentales para conocer realmente a la persona que crees que conoces. (En el próximo capítulo, convertiremos nuestra investigación en desarrollo y nos concentraremos en la manera de usar los antecedentes de una persona para predecir tu futura relación en cuatro zonas fundamentales.) ¡Ponte la bata del laboratorio, trae tu microscopio y empecemos!

EXPECTATIVA: Cuidado, comprador

La investigación comienza en casa. Antes de que comiences a escudriñar a la otra persona, debes reconocer tus propias limitaciones y motivaciones para la relación. Jesús nos pide: «¿Por qué te fijas en la astilla que tiene tu hermano en el ojo, y no le das importancia a la viga que está en el tuyo?» (Mateo 7:3, NVI). En otras palabras, debemos considerar cómo nos vemos a nosotros mismos antes de que nos fijemos atentamente en la otra persona en nuestra vida.

La autoimagen tiene mucho que ver con la comunicación eficaz. Cuando te ves como lo suficientemente valioso para merecer amor y atención de la otra persona, entonces creas un límite que no dejarás traspasar. Si este fundamento del amor propio no está en su sitio, llegas a sentirte tan agradecida por cualquier expresión de amor que ignoras el precio. Cuando esto sucede, es fácil convertirte en víctima, porque ignoras advertencias, desconoces intereses y niegas la realidad. De muchas maneras terminas por conseguir lo que mereces en materia de relaciones a las cuales no les aplicamos el antiguo adagio, *caveat emptor*: «comprador, tenga cuidado».

Ajenos a los problemas obvios, con frecuencia escogemos vivir con anteojeras en lugar de enfrentarnos a la verdad. Un poco de autoestima es muy útil para llenarse de valor para formular y responder las preguntas que te revelen quién realmente eres y lo que realmente quieres. Sé que no quieres que te consideren arrogante —ni yo tampoco— pero todos estamos interesados en permanecer confiados. Abre bien la boca, inhala profundamente y empieza el proceso. No te enfurruñes en silencio y ponderes en secreto asuntos que podrían resolverse simplemente preguntando «¿por qué?».

No querrías ser como Carlos, un amigo mío a quien

aconsejo de vez en cuando. Como muchos hombres, es in-
capaz de comprometerse y le resulta difícil comunicarse
con las mujeres más allá de temas superficiales. Carece del
poder de la voluntad para comprometerse en una relación
duradera. En lugar de determinar lo que quiere, él se va con-
jeturando y luego las descalifica porque no pueden cumplir
con las expectativas que nunca discutieron. Carlos tiende a
descalificar a las mujeres con quienes sale sin que incluso
ellas lleguen a enterarse del por qué o de lo que él quería.

Puesto que la mayoría de nosotros seguimos patrones
familiares y guiones parecidos, no me sorprendió ver su
rastro de autosabotaje surgir como vallas anunciadoras a
lo largo de la interestatal mientras él describía sus relaciones pasadas. Le señalé que por no tener una comunicación
abierta y seria en lugar de aferrarse a la duda interior, se
había acondicionado subconscientemente para el fracaso.
Carlos nunca se avendría realmente a llevar a cabo la dura
tarea de calibrar su interés al examinar seriamente el modo
que él tomó para esta relación para que deje de ser un amor
endeble y se convierta en un compromiso sano y plenamente desarrollado. Él ha estado entrando y saliendo de
múltiples relaciones, siempre rompiendo con cada mujer
por objeciones triviales. Creía que los problemas eran de
ellas, pensaba que no estaba a la altura de sus expectativas,
pero su patrón de conducta era, de hecho, algo que arras-
traba consigo.

¿Puedes identificarte con mi amigo Carlos? ¿Tienes
puntos ciegos que tienden a oscurecer la visión de tu futuro
cónyuge, ya sea deslustrándolo con tus propios temores o
pintando una cubierta esmaltada sobre una superficie inestable? Mucho depende de las expectativas que tengas basadas en el conocimiento que tengas de ti mismo. Una vez
que tienes una visión realista de quien realmente eres y lo
que deseas en una relación saludable, entonces estás listo

para dejar que comience la diversión con nuestras otras tres áreas de investigación: interrogación, observación e indagación.

INTERROGATORIO: Veinte preguntas

Tal vez ningún aspecto del noviazgo es más importante que el hacer las preguntas correctas. Desde cómo ve él su relación con su propia familia hasta cómo se siente acerca de tener hijos, las respuestas a algunas preguntas forman la «Constitución» que determinará la fuerza de tu unión cuando ya lleven mucho tiempo apagados los fuegos artificiales del matrimonio. Estas preguntas son tan significativas que he dedicado todo un capítulo a las 20 preguntas más importantes que debes responder antes de casarte. Debes tener presente que estas preguntas deben hacerse directamente —no en términos vagos, amables o ambiguos— si vas a comprometerte con alguien, a confiar tu corazón, tu salud y tu felicidad a su cuidado. Las encontrarás en el capítulo 10.

Las oportunidades de hacer tales indagaciones suelen darse naturalmente, pero aun si no se dieran, debes encontrar el tiempo y el lugar para hacer tus preguntas. Si fuera necesario, debes crear tu propia oportunidad y hacer una cita para abordar algunas de las cuestiones más difíciles de naturaleza personal. Recuerda, no tienes que hacer todo esto en una sola noche. En el transcurso del tiempo, valiéndote de mis directrices que están aquí para ayudarte, crea tu propia lista con las preguntas que estimes más importantes.

Luego reúnete con la otra persona para tomar una taza de café o compartir un almuerzo casual y dile con antelación que tienes algunas cosas de las que quieres conversar. No tiene que ser un momento difícil al estilo de un interrogatorio de la policía, pero debe ser deliberado de tu parte a fin de obtener la información vital que necesitas saber antes de decidir si sales exclusivamente con esta persona.

Además de las respuestas que la otra persona te dé, su manera de abordar todo el proceso de comunicar asuntos personales puede resultar muy revelador. ¿Suena ensayada su respuesta, más enlatada que un discurso de campaña de un político? En ese caso es probable que haya preparado esta respuesta y la haya dado antes. Intenta ir más allá de esta respuesta ensayada y préstale atención a su verdadero mensaje. ¿Se resiste a tu interrogatorio? ¿Se muestra a la defensiva? ¿Está dispuesto a responder, así como a escuchar también tu respuesta?

A menudo, en mis propias conversaciones, particularmente antes de que termine nuestra plática, digo: «Déjame decirte lo que oí para ver si eso es lo que quisiste decir». ¡Me sorprende cuántas veces oí algo completamente diferente de lo que pretendían decirme! Esta interacción por sí sola puede abrir una amplia línea de comunicación entre nosotros.

Cuando hagas preguntas serias o menciones áreas de interés, tu conducta debe ser la de un estudiante que quiere saber más acerca de un tema que le interesa mucho. No debe sentirse como un interrogatorio, una condena o un enjuiciamiento. Debe proporcionar una manera de tener mayor acceso al corazón y la mente de alguien que pretendes seriamente. Aparte de obtener datos, también estás aprendiendo a comunicarte con alguien importante para ti, una destreza fundamental para la vida de una relación duradera y feliz.

Mejorar la comunicación también surge en el arte de la traducción. Básicamente, estás aprendiendo el lenguaje de él o de ella. Todos usamos las mismas palabras, pero tenemos un lenguaje diferente cuando se trata del amor. Lo que quieres dar a entender cuando dices «necesito que me apoyes en un momento crítico» puede no ser idéntico a lo que quiero transmitir cuando digo «te apoyaré cuando me necesites». Quieres aprender el lenguaje de la otra persona sin suposiciones previas ni proyecciones inexactas que te abrumen.

Tal alfabetización relacional será útil a lo largo de los años y evitará que la trates como si ella fueras tú con una forma diferente o simplemente como tu mejor amiga. Todos necesitamos amar y ser amados, pero usamos diferentes medios de expresión para comunicar nuestros deseos. No temas cotejar términos y comparar definiciones. Estos intercambios pueden proporcionar bromas agradables, ¡y no tienen por qué sentirse como una extracción dental!

El proceso de interrogación, al igual que todas estas áreas, no es simplemente una conversación donde vas repasando tu lista y marcando las preguntas una a una. El sentir la libertad de hacer tus preguntas y de responderle sinceramente a otra persona echa una base fundamental de cómo se comunicarán en el futuro. Particularmente en el área de resolución de conflicto, el proceso de indagación debe ser un intercambio de ideas, no defensivo, para facilitar una comprensión compartida de lo que ambos más desean.

INVESTIGACIÓN EN LAS RELACIONES A LARGO PLAZO

Si tu relación actual ha durado mucho tiempo, entonces te gustaría creer que conoces muy bien a la persona. Has sostenido largas y francas conversaciones acerca de su familia, su salud económica y física, sus gustos y sus fobias, y sus relaciones pasadas. Pero es una buena idea, mientras están saliendo, proseguir con estas conversaciones de manera regular según avanzas en tu relación. En la medida en que tu unión se hace más seria, hay más cosas en juego, y expresar tus expectativas, así como entender las de la otra persona, se torna cada vez más importante.

OBSERVACIÓN: Vista de rayos X

Antes he mencionado los peligros de ser emocionalmente ciego. Si has de tomar una decisión bien fundada respecto a comprometer tu vida con alguien, debes abrir los ojos junto con todos los sentidos para ver a la otra persona. ¡La justicia puede ser ciega, pero cerciórate de que tu amor tenga puestos lentes de contacto! Tú quieres ver lo que él o ella dicen más allá de sus palabras. Quieres desarrollar una visión de rayos X para poder aprender a leer sus motivos a través de sus ademanes.

Mientras la otra persona responde a tu interrogatorio, ten presente que sus respuestas están compuestas por algo más que por palabras. El averiguar sus verdaderos motivos y la medida de sus intenciones exige que prestes cuidadosa atención. Eso no siempre significa que sus intenciones sean engañosas. Muchas veces no comunicamos bien nuestros sentimientos más profundos. Pasamos toda nuestra vida teniendo que ser discretos. No resulta fácil desvestirse emocionalmente con alguien a quien estamos tratando de impresionar.

Señoritas, deben ser deductivas mientras unen todas las pistas que él da respecto a quién es él realmente y tras qué cosa está. Señores, deben incorporar la información que ella da a través de su lenguaje corporal y lo que omite a fin de conocer su carácter y no solo su hermosa apariencia. Recomiendo que disfruten de cada conversación y luego la repasen mentalmente de nuevo con la opción de regresar a ciertas áreas donde aún tengan alguna incertidumbre. ¡Eso está bien, si existe duda, saca el tema otra vez!

Esta área de escrutinio no debería ser difícil si estás naturalmente fascinado por la otra persona. Simplemente presta atención: observa todo y no solo lo que quieras ver o lo que quieras oír. Observa cómo trata él a las personas que no necesita en su vida, los encuentros casuales con meseras, porteros, taxistas y ujieres en el concierto. Fíjate cuán leal es ella con sus amigos, cuán cruel con sus enemigos y qué familiaridad tiene con sus anteriores novios. Recuerda, lograr conocer a una persona es muchísimo más que saber cómo te trata. Puede que no siempre estés entre sus preferidos. ¿Cómo te tratarían si bajas de categoría en su lista? Esto muestra el verdadero carácter de una persona que estás interesado en conocer mejor.

¿Cuán comprometida está la otra persona en mantener su palabra? ¿Hace promesas y luego no las cumple? ¿Está presta a excusarse en lugar de simplemente asumir la responsabilidad por un error, un malentendido o una percepción equivocada? Advierte los patrones que tienden a formarse cuanto más tiempo conocemos a alguien. Si él no puede confiar en que se reunirá contigo a tiempo de manera sistemática, entonces ¿cómo puedes confiar que estarás en casa a tiempo más adelante? Si ella te cuenta que compra artículos que no puede pagar, ¿estás prestándole atención a sus prioridades?

La genuina observación nutre tu intuición, proporcionándote los datos que naturalmente serán procesados e interpretados a la luz de todo lo demás que sabes de la persona. Debes observar a tu «cielo» y no solamente orar por él. Si vas a mezclar tus genes con esa persona, a compartir lo más íntimo, las partes más vulnerables de tu ser, tanto en un sentido literal como figurado, ¿no crees, pues, que debes de prestar atención? Detente, mira, escucha. Ese no es solo el mantra de los niños a la hora de cruzar una calle. Es la fórmula para una decisión sabia respecto a cómo proceder a través de la autopista del corazón hacia tu próxima decisión cerca de un compañero o compañera de la vida.

SORPRESAS

A medida que tus relaciones se desarrollen tendrás probablemente algunas sorpresas. Todos ponemos lo mejor de nosotros cuando empezamos a salir con alguien, pero en cuanto nos sentimos más cómodos, nos protegemos menos y tendemos a comportarnos más como somos en realidad. Las personas sinceras y dignas de confianza, que están preparadas para una relación comprometida, entienden que no tienen nada que ocultar. Cuando le hagas preguntas a la persona con quien estás saliendo, préstale mucha atención a su lenguaje corporal. Dar respuestas evasivas y defensivas, sentarse con los brazos cruzados y esquivar el contacto visual son señales todas ellas de que alguien no es 100 por ciento confiable. Si notas este comportamiento en el curso de las conversaciones, toma nota y procede con cautela.

La transparencia entre parejas mientras están de novios te salva de mayores sorpresas después del matrimonio. Pero es importante que cuando estés investigando a un posible compañero o compañera, siempre tomes en cuenta la fuente de información. Por supuesto, si la información aparece en un periódico importante probablemente sea verdad, pero si la información proviene de una iracunda y vengativa ex, toma la información con mucho cuidado, vuelve a tu pareja en busca de verificación y busca señales de verdad o falacia.

INDAGACIÓN: Sabuesos

Puedes sentirte como un fisgón, un espía o un detective privado, pero debes hacer la diligencia por encontrar todo lo que puedas acerca del pasado, presente y futuro de tu posible cónyuge. De manera informal pregúntales a los que lo conocieron en diferentes papeles. Haz alguna investigación sobre la persona en Internet y no temas rastrearlo en Google. Recuerdo que una mujer me contó que accidentalmente había descubierto que su novio se había casado tres veces antes, sin que le hubiera dicho nada de esas pasadas uniones. Ella se las tropezó en Internet y se sentía muy agradecida de la conversación que surgió cuando ella lo confrontó. Solo hubiera querido haber sido más deliberada en su investigación sobre él antes de su compromiso.

En nuestra era de nanotecnología, tienes acceso a más información de la que nuestros abuelos jamás soñaron tener. Puedes saber si ella fue arrestada por hurto en una tienda, si se declaró en quiebra o si ganó una beca. Puedes averiguar si él realmente compitió en el equipo de fútbol americano de su universidad, si se graduó *magna cum laude* o si alguna vez concluyó su divorcio. Es información pública, no es ilegal ni inmoral ni antiético, y la otra persona está haciendo la misma investigación sobre ti.

Si encuentras alguna información que te perturbe, pregúntale al respecto. Tal vez dale una oportunidad natural de que te informe por sí mismo. No debes esperar saber todo acerca de alguien en la primera cita. De hecho, preocúpate por aquellos que parecen totalmente transparentes desde la primera conversación. A menudo carecen de límites firmes y le contarán a una persona completamente extraña sus secretos más íntimos. Pero si te preocupa una discrepancia entre lo que te han dicho y lo que has descubierto de otra fuente, entonces debes determinar la verdad. La mayoría de las veces, las apariencias confirman la realidad.

Otras formas de investigación exigen esa norma de información periodística: entrevistar a fuentes informadas acerca del sujeto. Si bien tú no quieres interrogar a la familia, es importante que logres conocerla. La familia, los amigos y los colegas tienen vital información respecto a cómo él o ella piensa o funciona, que es importante para ti.

Pero preocúpate si la persona solo te presenta a amigos

que ha conocido por muy poco tiempo. Conoce a personas que la hayan conocido a través de diferentes momentos de su vida; esto te dará un sentido más claro de su carácter.

Pídele ver los lugares donde creció, sus zonas preferidas, donde pasó la niñez. Intenta obtener información sobre la cultura de la familia. Todas las familias tienen problemas, no hay familias perfectas. Pero en la medida en que intimes, deberás saber con qué clase de familia te estás casando.

Los problemas de salud física pueden ser difíciles, pero son esenciales de discutir. ¿Qué te parecen su salud y sus antecedentes genéticos? ¿Se presentarán problemas serios si ustedes dos deciden tener hijos? Muchas familias tienen problemas emocionales y ansiedades que pueden no ser un impedimento para comprometerse, pero te proporcionarán una mayor comprensión de lo que se exige para honrar tus votos.

La salud fiscal es un área de entendimiento básico. ¿Cuál es la actitud de los otros hacia el dinero? Más importante que saber cuánto tienen o no tienen, el problema es sus tendencias a ser frugales, generosos, orientados hacia el futuro o con mentalidad de presente. ¿Estás dispuesto a ir a compartir deudas? ¿Para qué estás dispuesto a ahorrar? ¿Qué aspecto tiene el presupuesto actual de la persona?

Investigar a tu cónyuge potencial puede hacerte sentir incómodo, pero no puedes pasarlo por alto. Recuerda, no se trata de la tarea de un agente secreto o de un detective privado en busca de trapos sucios. Debes hacerle saber: «Me siento entusiasmada con tu afecto, pero quiero y necesito conocerte mejor». La otra persona te respetará si evitas ser taimada. Por el contrario, sé directa y honesta. Cuando haces la investigación necesaria para conocer realmente a alguien antes del matrimonio, llegas a estar realmente libre para disfrutar de la relación antes de decir «sí, acepto».

capítulo 9

Antes de comprometerte: desarrollo

El amor es ciego, pero el matrimonio le restaura
la vista.

—*Georg C. Lichtenberg*

E n el capítulo anterior exploramos el proceso de Investigación y Desarrollo (R&D) que prácticamente todas
las compañías usan para estar al tanto de su mercado y de
las necesidades de sus consumidores. Como hemos visto el
componente de la investigación es esencial en proporcionarte una visión profunda de la persona que estás considerando como posible compañero o compañera de la vida.
Después de que has hecho acopio de los datos, obtenido las
respuestas a tus preguntas y llegado a entender en alguna
medida quién es realmente la otra persona, entonces estás
en disposición de llevar a cabo la siguiente fase de la evalua-

ción de tu relación: el desarrollo de lo que te tocará hacer a ti como pareja durante el largo viaje.

No basta conocer a la otra persona, debes apreciar las áreas de compatibilidad que determinarán tu satisfacción por los restantes años de tu vida. Debes convertir la dinámica de la relación en puntos de apoyo para edificar una casa que pueda resistir las inevitables tormentas que la vida trae. Deben desarrollarse cuatro áreas fundamentales: preparación, desesperación, estímulo y celebración.

Dependiendo de tu personalidad, la época de la vida y las necesidades relacionales, puedes priorizar algunas áreas de desarrollo más que otras. Todas las áreas deben incluirse en tu proceso de maduración relacional, antes de comprometerte, y cualquiera de ellas que priorices está bien, siempre que entres en la relación con los ojos muy abiertos. Por ejemplo, saber que tus necesidades de estímulo pueden conllevar también el alto precio del drama diario de tu pareja.

LA INVESTIGACIÓN Y EL DESARROLLO SON IGUALMENTE IMPORTANTES

Ambos son importantes para seguir creciendo y progresando como pareja.

INVESTIGA QUIÉN ES TU PAREJA	CONCÉNTRATE EN LAS ÁREAS DE DESARROLLO
expectativa	preparación
interrogatorio	desesperación
observación	estímulo
indagación	celebración

PREPARACIÓN: Planificación proactiva

Una promesa que no da señales de preparación no tiene mucho de promesa. Si realmente sientes que esta relación progresa, debes ser capaz de percibir algunos preparativos para lo que sigue. Si los preparativos de la otra persona no concuerdan con sus planes, o bien tienes a alguien que no posee grandes dotes de planificador y tiende a ser totalmente espontáneo (lo cual puede hacer un estupendo noviazgo y un horrible matrimonio) o carece de la capacidad de ser estratégico, eso está bien en tanto puedas sobrellevarlo y estés al tanto del problema antes de entrar en la relación.

La mayoría piensa en la preparación económica, pero eso es sólo un elemento. Debes hacer preguntas que revelen la capacidad de la otra persona de anticipar los problemas y las soluciones antes de que surjan. Esta clase de preguntas te revela los niveles de preparación de la otra persona y te ayudará a saber lo que le resulta importante: «¿Dónde te imaginas de aquí a diez años?», «Si nos casamos, ¿has pensado en dónde viviríamos?».

¿Está también la persona emocional y psicológicamente lista para comprometerse? ¿Pueden funcionar en medio de problemas y conflictos que aparecen naturalmente hasta en la mejor de las relaciones?

La preparación mental es tan importante como los fundamentos económicos, físicos y emocionales. Si las familias habrán de mezclarse, entonces el impacto futuro en cada miembro de la familia debe ser tenido en cuenta. Las presentaciones y conversaciones deberán ocurrir con el transcurso del tiempo y no en una sola revelación atómica. Una preparación tridimensional —para entender el pasado, maximizar el presente y prever el futuro— es la clave de relaciones exitosas y duraderas.

PREPARACIÓN

Así como la preparación es una clave para el éxito en cualquier empresa profesional, lo mismo es cierto para las relaciones personales. Es como emprender un viaje. Digamos que tú y tu pareja hacen un viaje por carretera hasta la costa. Es un recorrido de 350 millas que toma siete horas y que tú nunca has hecho antes. Necesitarás mapas, tal vez algún tentempié y tal vez un almuerzo empaquetado, agua y tu música preferida para el recorrido. Tendrás que cerciorarte de que el auto tiene suficiente gasolina para el viaje y que tienes dinero para comprar más a lo largo del camino y mantas en caso de que quieras hacer un picnic. Es un viaje a la playa, sí que necesitarás bloqueador de sol, tu traje de baño y ropa informal ligera para cenar fuera o en el muelle. Tienes que hacer arreglos para que le den de comer al gato mientras estás ausente y obtener permiso del jefe para ausentarte de tu trabajo. Si no contemplas estos aspectos, llegarás a tu destino y gastarás más tiempo y dinero comprando las cosas que necesitas que relajándote y disfrutando del sol y la arena. Peor aún, si descuidas llevar mapas o llenar el tanque, puedes terminar perdido o sin gasolina.

A primera vista, al igual que un viaje a la playa, las relaciones parecen fáciles y divertidas al principio. Pero ten en cuenta los preparativos que impone un simple viaje a la playa, y te resultará claro que las relaciones que se hacen para el gran trayecto exigen una gran cantidad de preparación hasta el final.

DESESPERACIÓN: Dar y recibir

Los tiempos difíciles pueden exigir medidas extremas, como nos recuerda el viejo refrán. Pero tú no quieres encontrarte atascado en las arenas movedizas de la desesperación de otra persona. En muchas ocasiones las personas desesperadas eran así antes de conocerte. El que te hayan caído detrás puede estar influido por su edad o por la necesidad de validación ¡o acaso porque simplemente quieren obtener la ciudadanía de Estados Unidos! Cualesquiera hayan sido sus motivos, debes evitar a las personas desesperadas. Hacen lo correcto pero por la razón equivocada.

Muchas mujeres u hombres que abordan el tema del matrimonio en la primera o en la segunda cita se revelan como desesperados. Algunos dicen que quieren descalificar a cualquiera que no tome un rumbo serio, lo cual puedo apreciar, pero sacar a relucir el tema antes de que apenas conozcas a la otra persona es como agitar una bandera roja en lugar de un traje blanco de novia. Un hombre quiere encontrar a alguien que esté enamorado de él, ¡no de la idea de casarse!

Las personas a menudo se casan para compartir gastos o para ayudarse con los hijos. Pero ¿qué pasa cuando la economía cambia o los hijos crecen? No queda nada que los mantenga juntos. Debes determinar si esta persona con quien estás contemplando pasar el resto de tu vida es ya una persona completa o una fracción que anda en busca de alguien más que la complete.

Uno de los auténticos problemas que encontramos aquí es que con frecuencia nos involucramos con una persona que está concentrada en lo que necesita y ha pensado muy poco o nada en lo que tiene que aportar. Los llamamos amantes, pero en realidad son lujuriosos, interesados y no dadores. La lujuria se proyecta hacia adentro, se concentra en la autogratificación en todos los niveles, en tanto el amor se concentra en la otra persona, en el bienestar de tu relación. Tu no puedes ser un dador desesperado, pero ¡sí puedes ser un interesado desesperado!

El famoso bocadillo «tú me completas» de la película *Jerry Maguire* siempre me ha parecido bastante sentimental e inmaduro. El Todopoderoso creó a cada uno de nosotros para ser completos reflejos de la imagen divina, seguros en nuestra identidad de hijos de Dios. El matrimonio no es un trato de 50/50, sino de 100/100, que exige que ambas partes contribuyan con el 100 por ciento de todo lo que traen. En lugar de fijarnos en alguien que nos complete, debemos buscar a alguien que complemente lo que traemos, incluso mientras ampliamos sus fuerzas y compensamos sus carencias. El matrimonio es la creación de una unión que es más fuerte que los individuos.

LA DESESPERACIÓN ES UNA BANDERA ROJA

Si alguna vez te has sentido desesperado en una relación, tal vez sabes ahora que, emocionalmente, no te encontrabas en tu mejor momento. La desesperación puede manifestarse de varias formas. Piensas constantemente en el ser amado, te preguntas dónde está, qué hace y cuándo lo volverás a ver. Dejas de tener una existencia propia, dejas de llamar a tus amigos, abandonas todo para correr a su lado siempre que te llama. Cuando tu pareja está feliz, tú eres feliz. Cuando tu pareja se siente fatal, tú estás fatal. No tienes identidad propia y toda tu existencia está envuelta en tu relación, en tanto nada más en tu vida importa.

El tener a alguien que te necesita, que no tiene otros intereses suyos en la vida, que te llama día y noche y que te convierte en el centro de su vida las veinticuatro horas del día, podría parecer atractivo al principio, pero debe ser una bandera roja de que tal vez esta persona tiene algunos agujeros en su psique o en su existencia que está intentando que tú llenes. Ignorar estas situaciones puede resultar molesto y en el último y peor de los casos tornarse peligroso.

ESTÍMULO: Nivel de compromiso

Una de las áreas más desatendidas en cualquier relación es el estímulo. No estoy hablando del revoloteo de maripositas en el estómago cuando la otra persona entra en la habitación. Ni me refiero a su capacidad de causar una reacción física en tu cuerpo ni de un estímulo sexual. La clase de estímulo que tengo en mente surge de la capacidad de la otra persona de captar tu mente, de despertar tus emociones y de prender tu imaginación en una amplia gama de temas vitales.

La mayoría de los matrimonios se mueren de aburrimiento más que de cualquier otra dolencia. La mayoría de las parejas incurren en aventuras o se hacen adictos a la pornografía o a algún otro hábito desviado porque se aburren en sus matrimonios. En verdad que eso no es una excusa para hacer ciertas cosas que no están bien, pero el aburrimiento funciona como un veneno de baja intensidad que afecta inevitablemente a cada uno de ustedes.

En mis viajes, veo con frecuencia a parejas en restaurantes que están totalmente molestas por la presencia de la otra persona. Él está enterrado en la lectura de su periódico mientras ella hace crucigramas o habla por el celular. Por la manera en que aprecian la presencia de su pareja, cada uno de ellos podría muy bien estar solo. Se han resignado al aburrimiento, a las rutinas predecibles que ahora drenan la vida de ambos.

Según pasa el tiempo y transcurren los años, te familiarizarás tanto con los hábitos de la otra persona hasta el punto de la previsibilidad. Sin embargo, el secreto de cualquier relación es encontrar medios de mantener la constante superación de tu persona y luego traerla a la mesa de la relación. Así, pues, lee para que tengas temas de conversación; aprende algo sobre el campo profesional del otro; ocúpate de los detalles del día que ambos comparten. Cuando te cautive la vida de la otra persona, reforzarás su deseo de compartir más sobre lo que le ocurre y sobre quién es. Si te vas a casar con un jugador de fútbol americano de la Liga Nacional, debes saber algo acerca de deportes o terminarás siendo una esposa trofeo. Si tu esposa trabaja en la industria de la música, interésate en saber algo sobre equipos de sonido o contratos de música, o de algo que te haga adquirir relevancia en su mundo.

Es importante también que tengas una vida aparte de la persona en la que te interesas. Las parejas que quieren madurar juntos saben que deben alentarse mutuamente a cultivar amistades, intereses y entretenimientos independientemente. Estas personas cuando vuelven a reunirse al final del día tienen mucho más de que hablar, y mucho que compartir. Son personas estimulantes: se estimulan mutuamente. Deben saber también cómo desarrollar sus propias vidas sin perder de vista la vida que comparten.

¿Pueden tener un desacuerdo sobre política que los deje a ambos energizados y no derrotados? ¿Están dispuestos a leer una novela juntos y a discutir su reacción al dilema del protagonista? ¿Te alienta él a comenzar ese nuevo negocio con que siempre has soñado o sofoca él el rescoldo de la esperanza con su pesimismo disfrazado de realismo? ¿Te anima ella a que te vayas a pescar por el fin de semana con los chicos, confiando en que disfrutarás de lo lindo al aire libre sin ella?

Un aprendizaje vitalicio y un enérgico estímulo son los rasgos distintivos de una relación saludable que puede recorrer la distancia. Ten presente que la persona con quien te cases estará contigo más tiempo del que puedas imaginar. Mucho después de que la intensidad de la atracción sexual haya disminuido sensiblemente, mucho después de que hayas trascendido las inmediatas domesticidades de tu vida actual, mucho después de que los hijos se hayan mudado y ambos se hayan quedado uno frente al otro en el silencio de una casa vacía, ambos deben estimularse para madurar y disfrutar todo lo que la vida tiene que ofrecer.

ESTÍMULO MENTAL

Uno de los componentes más importantes de una relación exitosa es la comunicación. La capacidad de ventilar respetuosa y sinceramente los problemas con tu pareja es una de las claves de una unión duradera. Los que llevan mucho tiempo de casados comentan que una de las cosas que denotaba que algo especial podría llegar a prosperar entre ellos como pareja era su capacidad de sostener largas y estimulantes conversaciones acerca de todas las cosas bajo el sol. Otros dicen que no importa por cuánto tiempo se hayan conocido, siempre están aprendiendo cosas nuevas de la otra persona. Seguir interesados en la vida, conservando los entretenimientos y las actividades que son importantes para ti fuera de tu relación te hace una persona interesante al tiempo de volver a casa. Además, compartir intereses tales como la lectura, el teatro, los deportes o las obras de caridad puede contribuir a acercarlos y ofrecer temas para una buena conversación.

CELEBRACIÓN: Los dones de la comodidad

Finalmente, debes descubrir tu capacidad de festejar y de ser festejado por la persona que comparte tu vida. Debe haber lugar en tu relación para sentirse bien y disfrutar la mutua compañía todos los días. Esto resulta fácil de lograr en las primeras etapas de la relación cuando te envían un ramo de rosas a tu escritorio después del almuerzo o cuando ella te sorprende en su casa con velas y tu música preferida. Pero con el transcurso del tiempo, según la novedad se acaba y el tedio amenaza con instalarse, debes saber cómo la otra persona recibe los dones que ofreces cada día y en cada etapa de la vida.

Debes preguntarte lo que la otra persona te da y cómo te lo da. ¿Hay condiciones y expectativas en sus palabras de aliento? ¿Qué quiere a cambio de ese precioso reloj Cartier? Si los regalos se dan con condiciones, entonces podrías comprártelos tú mismo, ¡porque el pago de intereses será mucho más costeable!

Al igual que la mayoría de la gente, quiero estar donde se festeja mi presencia, no donde simplemente se tolera. ¿Recuerda la otra persona los cumpleaños? ¿Cuál es su actitud respecto a la calidad de la vida diaria? ¿Se fija en las puestas de sol, el olor de la primavera en el aire o la risa de un niño que baila la comba en la acera? ¿Tiene más de pesimista que de realista? Y no creas, ni por un momento, que los pesimistas son siempre gente negativa, amarga y depresiva. He conocido a mucha gente de apariencia alegre, optimista y despreocupada que se empeñan en enmascarar su ira y su pesimismo tras la fachada de una cara sonriente.

Ser festejado no significa que la vida sea siempre una fiesta. La celebración incluye la capacidad de alentarte y consolarte a través de los tiempos difíciles. En efecto, la capacidad de festejar las alegrías de la vida aun en medio de sus amargos reveses es una cualidad inapreciable que encontrarás tan solo en un número pequeño de individuos maduros. Es fácil festejar los buenos tiempos, cuando se espera que lancemos confeti y demos besos a media noche, pero tú necesitas a alguien que te apoye cuando la fiesta se acaba y comienza el día de labor.

FESTEJARSE MUTUAMENTE

Acuérdate cómo te sentías de niño en la mañana de tu cumpleaños. La noche anterior apenas si podías dormir mientras pensabas en la fiesta que tendrías, en todos tus amiguitos de la escuela que estarían allí, con tus tías, tíos y primos y, por supuesto, tus queridos abuelos que siempre te hicieron sentir como la persona más importante de los presentes.

Si bien somos más viejos y más maduros ahora, todos queremos que nos festejen de ese modo tan solo un poquito, una vez cada tanto. Sentirse festejado en una relación amorosa es esencial para la salud de la misma. Es grato ser el objeto de la celebración y es igualmente importante planear celebraciones para tu pareja. Ya se trate de grandes celebraciones, como los cumpleaños, aniversarios y promociones laborales, o de festejar las pequeñas cosas de la vida que solo les importan a ustedes dos, hacer sentir a la persona amada que es singular y querida de manera especial ayuda a crear un vínculo extenso y duradero entre las partes.

Estas áreas de desarrollo, inmediatamente después de llevar a cabo tu investigación, son de vital importancia si estás considerando seriamente comprometerte con otra persona. Debes estar dispuesto a interrogarla, observarla e investigarla si has de saber quién es realmente y si responde a tus expectativas. Debes examinarla también en el contexto de la preparación y la desesperación, así como del estímulo y la celebración. Debes tomar una decisión bien fundada respecto a ella en cada una de estas categorías de manera que sepas en qué te estás metiendo, antes de hacerlo.

capítulo 10

Antes de comprometerte: 20 preguntas del examen final que debes hacer

El que pregunta es un tonto por cinco minutos; el que no pregunta sigue siendo tonto para siempre.
—*Proverbio chino*

Siempre me asombran mis hijos, uno en la escuela intermedia y el resto en la universidad, en sus diferentes enfoques a los inevitables exámenes del final de semestre. El más pequeño es muy diligente y siempre hace sus tareas; esto hace de su preparación para el examen algo bastante fácil, un breve repaso. Estudiante modelo, se mantiene al día con sus estudios y acumula el material de manera frecuente, como prefieren sus maestros. Huelga decir que su madre y yo nos sentimos inmensamente orgullosos de sus hábitos de estudio y de su dominio de las asignaturas.

Mis hijas, por otra parte, suelen tomar un enfoque

muy distinto. Logran hacer sus tareas en el transcurso del semestre, pero casi siempre pasando la noche en vela para lograr escribir el ensayo o para terminar el proyecto. Del mismo modo, su estilo para el examen final es esperar hasta la noche antes y atiborrar quince semanas de información en unas cuantas horas con bocadillos.

Según trato de desalentar esta conducta, ellas suelen obtener altas calificaciones y demuestran que su sistema funciona tan bien como el de su hermano más disciplinado. He aprendido a no discutir con ellas y a estar tan orgulloso de sus esfuerzos inspirados por la adrenalina como de la regularidad de su hermano. Siempre que funcione, ¡estoy sencillamente agradecido de que cualquiera de ellos estudie!

Noviazgo para bobos

Uno de los recursos que veo que mis hijos usan al prepararse para sus exámenes finales son las *Cliffs Notes*. Siempre que no usen estos folletitos como sustitutos para leer el material original, no tengo ninguna objeción y hasta puedo apreciar el valor de tener un resumen concisamente concentrado de los puntos fundamentales. Otro de los recursos que una de mis hijas me mostró es la serie «...para bobos»: el repaso de un tema complejo segmentado en viñetas que lo hacen accesible al estudiante promedio.

Si imaginas hacer un compromiso de por vida con alguien en particular como tu examen final —la última prueba en lo que a relaciones concierne— entonces me gustaría ofrecerte un manual de estudio esencial. Dudo en llamarlo «Noviazgo para bobos» porque no hay nada de tonto en querer conocer a otra persona tan completamente como sea posible antes de confiarle todas las dimensiones de tu vida.

Y si has estado estudiando desde el primer momento

para obtener esta importante evaluación de tu cociente de intimidad, o si has desaprobado unos cuantos tests de popularidad y te encuentras atiborrado para el examen final, tengo algunos consejos para estudiar que te garantizarán el éxito. Específicamente, siguen aquí 20 preguntas que debes hacerte y hacerle también a esa persona que tan especialmente te interesa.

Tocante a las respuestas, no hay ninguna forma «correcta» de responder, pero he ofrecido algunas cosas para pensar al respecto, mientras sopesas las muchas respuestas posibles.

1. ¿Qué esperas?

Quizá ninguna otra pregunta es tan fundamental para el éxito de tu relación. Si bien las expectativas se revelan con el transcurso del tiempo, deben ser también el foco de conversaciones sinceras y directas entre tú y tu amada o amado. Ajustar las expectativas ayudará a aliviar las decepciones. En demasiadas ocasiones nuestras expectativas se basan en nuestras experiencias pasadas, lo que queremos o no queremos ver duplicado en nuestras relaciones proveniente de nuestros padres o de otros que nos han influido.

Hay una enorme diferencia entre quienes somos versus cómo nos presentamos. Con frecuencia me refiero a esta tensión como la fricción entre nuestro yo ideal y nuestro yo real. Desafortunadamente, no nos casamos con el ideal sino con la realidad. No obstante, las proyecciones ideales tanto tuyas como de tu pareja pueden crear expectativas que contrarresten la realidad de tu relación una vez que se caigan las máscaras. No hay nada que debilite más una relación que un exceso de promesas y una falta de cumplimiento.

El asesino número uno de las relaciones no es la falta

de comunicación ni los problemas económicos, sino las expectativas. Solo cuando esperamos que nuestras relaciones tomen un cierto camino y se desvían de nuestra trayectoria, terminamos ofendidos con la otra persona. Es así que las expectativas de muchas personas a lo largo de la Escritura casi les impiden recibir la bendición de Dios. En 2 de Reyes 5, vemos a Naamán, un capitán del ejército que padece de lepra y quien es enviado a Israel a buscar remedio para su enfermedad de manos de un hombre de Dios, Eliseo, que vive allí. Cuando Naamán llega a casa de Eliseo, el profeta envía un mensajero a decirle al soldado que vaya y se lave siete veces en el río. Naamán responde diciendo, «yo creí que el profeta saldría a recibirme personalmente para invocar el nombre del Señor su Dios y que con un movimiento de la mano me sanaría». Él ESPERABA que Eliseo saliera a saludarlo a la puerta. Él ESPERABA que Eliseo le impusiera las manos. Le toca a los criados de Naamán señalarle que Eliseo le dijo cómo se curaría, lo cual el leproso finalmente hace y es curado. ¡Pero sus expectativas casi llegan a anular su liberación!

Cuando sopeses la respuesta: Puede ser prudente minimizar tus propias expectativas o al menos ajustarlas a un marco realista: no esperar nada más de lo que estás dispuesto a dar. Alguien ha dicho que las expectativas no son más que futuros resentimientos. Evita esos resentimientos permitiéndole a la otra persona que dé libremente. Privas al individuo de bendecirte de corazón cuando tienes expectativas malsanas.

Puede llevar varias conversaciones, pero sé franco y pregúntale a la otra persona lo que espera de una relación contigo. Y dile, en esencia, lo que tú esperas. Abre la puerta principal de la comunicación en la casa del amor que tú esperas construir juntos.

2. ¿Cuáles son tus más preciadas posesiones?

Esta pregunta revela mucho más que su orgullo por el nuevo Mercedes o su aprecio por los edredones de la tía Marta. Las más valiosas posesiones de una persona constituyen una ventana que nos asoma a sus prioridades. ¿Valora más el pasado a través de su amor por las antigüedades, y la herencia familiar a través de las reliquias que ha recibido? ¿O está más concentrado en los logros actuales mediante la adquisición de los símbolos del poder y la riqueza: cierto tipo de auto, un reloj de marca, un estilo de guardarropa?

Cuando sopeses la respuesta: Si puedes sostener una conversación sincera respecto a lo que cada uno de ustedes valora más, tendrás una buena perspectiva de futuros empeños. ¿Los esfuerzos individuales de ambos convergerán en intereses compartidos o los distanciarán con agendas competitivas? Si comparas el tipo de cosas que cada uno de ustedes valora, entonces también puedes ver cómo entra el factor de las relaciones en su sistema de valores.

3. ¿Cuál es tu posición en materia de fe?

Junto con el sexo y la economía, el papel de la fe personal en la relación resultará ser un área determinante. La Escritura nos dice «no formen yunta con los incrédulos. ¿Qué tienen en común la justicia y la maldad? ¿Qué comunión puede tener la luz con la oscuridad» (2 Corintios 6:14, NVI). No se trata de que ustedes dos deban tener idénticos puntos de vista y practicar la fe de la misma manera. Pero en la mayoría de los casos, debes compartir puntos de vista semejantes en cuanto a los fundamentos de tu fe: qué crees de Dios, del papel de la Iglesia, las prácticas personales. «¿Pueden dos caminar juntos sin antes ponerse de acuerdo?» (Amós 3:3, NVI).

Cuando sopeses la respuesta: Si ustedes dos se sienten cómodos discutiendo problemas de fe, entonces tu actitud y capacidad de escuchar son con frecuencia más importantes que las respuestas específicas. Pero piensa en el papel de la fe personal, de las prácticas espirituales y de la participación en la iglesia antes de que te adentres demasiado en la relación y te des cuenta de que se encuentran en zonas separadas en esta área vital.

4. ¿Cómo fue tu última relación importante? ¿Cómo acabó?

A veces resulta muy obvio saber con quién estuvo tu amor actual antes de estar contigo. Puede hablar incesantemente de su «ex» y de por qué la relación no funcionó. Puede sutil o abiertamente compararte con esa persona que persiste como un fantasma en su corazón.

¿Quiénes son estos antiguos amores en su vida de quienes no estás al tanto? ¿Un hombre con quien ella estuvo noviando y que sigue trabajando en la misma oficina próxima a la suya?

Es importante preguntar cuántas relaciones importantes ha tenido la otra persona. Debes estar dispuesto, sin embargo, a concederle alguna privacidad, puesto que escarbar en los detalles no te ayudará a ti tampoco.

Cuando sopeses la respuesta: Si su volumen excede al número de años de su adultez, podría haber un serio problema. Del mismo modo, si tú eres la primera relación importante, entonces deben ventilarse otros problemas.

5. ¿Cuáles son tus ideas acerca de la sexualidad?

Debes abordar tu idea de la realización de una vida antes de casarte, no después. Sé que esto puede resultar incómodo, pero puedes hacerlo divertido y desenfadado. No tiene que ser una sesión de consejería ni un episodio de un *reality show* de la televisión. ¿Qué es para ti una relación sexual estupenda? Todas las relaciones sexuales magníficas no son iguales. Lo que algunos llaman monturas calientes podría ser cuero tibio para otros. Cerciórate de que ambos tienen el mismo ritmo sexual: uso este término para connotar frecuencia y variedad.

Cuando sopeses la respuesta: No puedes edificar tu relación en torno a la química sexual porque sólo alrededor del 10 por ciento del tiempo que estén juntos lo dedicarán a los ardores de la pasión, uno envuelto en los brazos del otro. Sin embargo, no debes ignorar tampoco la dimensión sexual de la relación. Tener relaciones sexuales no es igual a tener intimidad, sino ir creando la intimidad en una relación sexual mutuamente satisfactoria.

6. ¿Conoces tu situación respecto al VIH/SIDA?

Si la primera pregunta parece demasiado grande y abstracta, ésta es todo lo práctica que puede ser. Se trata de salvar la vida. Luego de haber trabajado en la Iniciativa de Conciencia del Clero Negro y haber escuchado las alarmantes estadísticas sobre el VIH/SIDA, es fundamental que hagamos esta pregunta.

El Centro para el Control y Prevención de Enfermedades calcula que más de 1,2 millones de norteamericanos son portadores del VIH, de los cuales aproximadamente un 25 por ciento no son conscientes de su estado. Los afroamericanos comprenden el mayor segmento de la población infectado con este virus, casi 400.000 individuos, seguidos por los caucásicos con solo unos cuantos millares menos. La investigación muestra que el VIH/SIDA no es una enfermedad de homosexuales ni de heterosexuales, ni está reservada para drogadictos o personas que viven en la miseria. Esta epidemia no discrimina. No importa cuán bella, inteligente o elocuente pueda ser la otra persona, debes estar al tanto de su situación respecto al VIH/SIDA. Y tú también debes someterte a una prueba.

Cuando sopeses la respuesta: No quiero decir que si alguien es seropositivo no debas seguir adelante con la relación, sino que debes saber qué esperar. Hace años se les exigía pruebas de sangre a las parejas que solicitaban una licencia matrimonial, pero hoy todos los estados no exigen esta información médica. Como pastor sé de varias parejas de mi iglesia que a sabiendas eligieron casarse pese a que uno de los dos era portador de ese virus. Ésta es una decisión que cambia la vida y cambia el estilo de vida, y mi preocupación es que la hagas conscientemente, y no que descubras esto después del matrimonio.

No esperes para hacer esta pregunta. En el calor del momento cuando arden las pasiones, ninguno de los dos tendrá la inclinación de apagar el deseo para discutir el estado de salud. Pero ambos deben hacerse esta pregunta y responderla con sinceridad. Y si no te has hecho la prueba recientemente (dentro de los últimos tres meses), no tienes derecho a preguntarle a la otra persona hasta que conozcas tus resultados.

7. ¿Cuáles son los secretos que guardas? ¿Confiarás en mí para que yo también los guarde?

No importa quién seas ni cuán virtuosamente vivas, todo el mundo tiene secretos. Pueden ser secretos de familia que tengan que ver con consumo de drogas, abuso emocional o doméstico. Pueden ser secretos personales sobre relaciones pasadas y adicciones presentes.

Cuando sopeses la respuesta: Esta pregunta más que

cualquier otra proporciona el mayor indicador de si tu matrimonio funcionará con el tiempo. Debes estar dispuesta a escuchar sin juzgar a la otra persona, de manera que se sienta lo bastante confiada para responder con sinceridad. Tú también quieres que te acepte y acepte tus secretos sin críticas ni condenaciones. Si las parejas se confían mutuamente, incluidos los trapos sucios, entonces pueden vencer la mayoría de las circunstancias que los amenacen.

8. ¿Has sido arrestado alguna vez y tienes antecedentes penales?

De nuevo, esta clase de preguntas nunca resulta fácil de hacer. Y con frecuencia es la persona más encantadora y de apariencia más madura, de la que uno nunca sospecharía, quien ciertamente tiene un antecedente penal, e incluso numerosos delitos. Siendo directo y franco sobre tales temas también puedes evitar que se guarden estos secretos así como la vergüenza soterrada que podría resultar de un pasado menos que perfecto. En lugar de enterarte por boca de otro, si haces la pregunta directamente, entonces él o ella pueden poner la situación en contexto y explicarla. Tal vez el arresto ocurrió en su juventud antes de que abandonara las drogas y enderezara su vida. Tal vez estaba en el lugar equivocado y terminó siendo atrapado por asociación. Independientemente de su razonamiento, si planeas pasar el resto de tu vida con esta persona, mereces saber todo de ella, incluidos sus defectos.

Cuando sopeses la respuesta: Debes estar dispuesto a creer en el poder que alguien tiene para cambiar si tu pareja tiene antecedentes delictivos. Al igual que confiar nuestros secretos, el revelar actividades criminales o sanciones impuestas por un tribunal puede poner a una persona en la más vulnerable de las posiciones. Si vas a juzgar a la persona a pesar de la evidencia de que ha cambiado claramente desde que cometiera sus pasadas ofensas, entonces la relación no funcionará. Tú también necesitas divulgar tu propia participación en cualquier cosa que haya transgredido los límites impuestos por la ley. La reciprocidad es clave para edificar y mantener la confianza en una relación sana y sustentadora de la vida.

9. ¿Tienes hijos u «otros» hijos fuera de matrimonio?

Ojalá que no necesites hacer esta pregunta, pero con frecuencia la otra persona no mencionará sus hijos por temor de que su nuevo amorcito pierda interés si descubre que hay hijos de por medio. Crea una atmósfera de comunicación abierta de manera que la otra persona se sienta cómoda informándote acerca de su prole. No sólo me refiero a adultos con hijos pequeños. A menudo solteros mayores con hijos grandes no se los mencionarán a la persona con quien están saliendo hasta después del matrimonio.

Cuando sopeses la respuesta: El dar a conocer un hijo o una hija, independientemente de la edad, debe ser una revelación espontánea que inicie una conversación acerca del papel que el niño desempeñará en su nueva familia. Esta conversación puede ser en extremo emotiva por muchas razones. Muchas mujeres han tenido abortos en relaciones anteriores y pueden tener un sentimiento de tristeza, vergüenza o pérdida que necesitan compartir, sin que por ello se las juzgue. Debes estar en disposición de aceptarla, incluido su pasado, estés o no de acuerdo con sus decisiones pasadas. Algunas personas pueden tener niños que han dado en adopción. Insisto, crear un clima de confianza y apertura es el cimiento de cualquier relación exitosa.

10. ¿Qué crees respecto a tener hijos?

Con frecuencia me sorprende el número de parejas que vienen a verme para asesoría prematrimonial que nunca han abordado el tema de tener hijos. En algunos casos extremos, ella puede pensar que su carrera viene primero y que pueden pensar en tener hijos dentro de cinco años. En tanto él cree que comenzar a crear su familia es una prioridad de su primer año de matrimonio. Más allá de la pregunta inicial de si cada persona quiere participar en el nacimiento, crianza y formación de otra vida humana, debes preguntar cómo la otra persona se siente respecto al papel de los hijos en la familia.

¿Girará la vida en torno a la escuela, las actividades, los deportes y las lecciones de música de los hijos? ¿Intentará tu futura pareja revivir sus gloriosos días de la escuela secundaria trayendo un hijo al mundo? ¿Estará ella igual de feliz si nunca tuviera una hija?

Cuando sopeses la respuesta: Estos temas deben abordarse juntos, de manera que puedas elaborar una visión de tu vida futura, no sólo como pareja, sino como una familia.

11. ¿Qué opinión tienes acerca de disciplinar a los niños?

En conjunción con el asunto de tener hijos, también debes abordar el tema de cómo los disciplinarás. Frecuentemente tendemos a ser padres en un estilo que o bien es semejante al que experimentamos de nuestros propios padres o una reacción contra sus métodos. ¿Habrá castigos corporales? ¿Penitencias? ¿Recompensarán el buen comportamiento? ¿Qué crees de darle al niño una mesada? ¿Cómo disciplinarás a tus hijos cuando tengan edad escolar, cuando sean adolescentes?

Cuando sopeses la respuesta: Muchas guerras civiles de familias podrían haberse evitado si los padres simplemente hubieran discutido sus diferentes puntos de vista sobre la manera de mantener el orden, la obediencia y el entendimiento.

12. ¿Cuáles son, para ti, los papeles de un marido y una mujer?

Esta pregunta se remonta a la naturaleza de las expectativas individuales. ¿Tienes papeles tradicionales en mente con un hombre proveedor y una mujer ama de casa? ¿O una visión más contemporánea de papeles en que ambos cónyuges trabajen fuera de la casa? ¿Una visión progresista que incluya un padre que se quede en casa criando los niños mientras la madre mantiene el hogar mediante su carrera?

Cuando sopeses la respuesta: La realidad del matrimonio es que la danza que ustedes dos ejecuten será única para su relación y solo de ustedes. Sin embargo, cuanto antes puedas comenzar a hablar acerca de qué clase de música y qué tempo quieres para tu danza, tanto más fluidos y gráciles serán tus pasos.

13. ¿Qué papel tendrán tus padres, hermanos y parientes en nuestra relación?

Si provienes de una familia muy unida con grandes comidas dominicales y reuniones en todas las fiestas y tu pareja es hijo único con padres que viven al otro extremo del país, obviamente pueden surgir problemas en lo tocante al papel de la gran familia.

Cuando sopeses la respuesta: Mi sugerencia es que las familias de ambos lleguen a conocerse mutuamente tanto como sea posible antes de la boda; asistir a una reunión familiar, a un acontecimiento festivo o a una cena y llegar a conocer a las otras personas con quienes también te estás casando porque su intervención afectará tu relación, de una manera u otra. Tú no tienes que querer a la familia de la otra persona como si fuera la tuya, pero sí debes respetar y apreciar su papel en el pasado y futuro de tu amado o amada. Lo último que querrías hacer es convertirte en un obstáculo entre tu pareja y su familia.

14. ¿Cómo manejas los desacuerdos y las decepciones?

Todo matrimonio necesita una cláusula de arbitraje. Éste es un acuerdo de cómo arreglar las disputas antes de que pases al acaloramiento de una discusión. ¿Consentirás en un período de receso de veinticuatro horas para calmar los ánimos antes de proseguir la conversación? ¿Involucrarás a tus padres, a un consejero de matrimonios, a tu clérigo o a un abogado? ¿Cuál es tu botón de alarma y cómo sabrá tu pareja cuando suena?

Cuando sopeses la respuesta: Si vas a aprender a luchar justamente y sobreponerte a los fundamentos del conflicto, debes debatir las reglas con anticipación. Por ejemplo, ambos deben convenir en que no se tienen discusiones delante de los niños o en un sitio público. Es mejor discutir las reglas y las tendencias personales (explosiva, retraído) antes de necesitarlas en el calor de un momento de cólera o de una circunstancia que induzca al conflicto. Lo más importante, debes darte cuenta de que ustedes discreparán a veces. La clave es saber cómo manejar la situación de manera que ambas partes sientan que le prestan atención. Eso es fundamental para librar una pelea justa en una relación, no el tener o no tener la razón.

15. ¿Cuál es tu perspectiva para esta familia? ¿Dónde te gustaría que estuviéramos de aquí a diez o veinte años?

Ningún líder opera sin una visión de su destino. Esta pregunta le permitirá a ambos discutir el estilo de vida que tú deseas para tu familia así como los objetivos comunes. ¿Educarás a los hijos en casa? ¿Viajaremos al extranjero en familia? ¿Viviremos en los suburbios? ¿En el medio de la ciudad? ¿En una zona rural?

Cuando sopeses la respuesta: Uno de los hermosos aspectos del matrimonio es el poder concebir el perfil de la nueva familia mediante el compromiso mutuo. Mientras nuestro planeta sigue achicándose y nuestra comunidad multicultural expandiéndose, las familias tienen ahora muchas más opciones de las que solían tener respecto a su estilo de vida. El abordar esto con anticipación le permitirá a tu relación desarrollarse en lugar de atrofiarse cuando uno de ustedes espere un cambio que el otro detesta.

16. ¿Cuán satisfecho estás con tu carrera actual?

La mayoría de nosotros fluctúa a diario en nuestros niveles de satisfacción laboral, y eso es perfectamente normal. Sin embargo, si tu futuro cónyuge odia su trabajo y no puede dejar sus preocupaciones, temores y frustraciones en la oficina, entonces te tocará padecer su insatisfacción. Si él se encuentra en el proceso de transición de ventas a la educación primaria, entonces esto significará un cambio en la economía así como en el estilo de vida.

Cuando sopeses la respuesta: Con frecuencia pueden ayudarse mutuamente a descubrir una carrera que los haga sentir más realizados de dos maneras sencillas: (1) ser una caja de resonancia el uno para el otro mientras tú examinas tu relación con tu actual empleador, y (2) alentándose mutuamente a ir en busca de lo que son llamados a hacer.

17. ¿Cuál es la relación entre tus ingresos y tus deudas?

Si alguna vez has comprado una casa sabes que uno de los números claves en la financiación de tu compra es la relación que exista entre tus ingresos y tus deudas. Esta cifra se calcula dividiendo los pagos de tu deuda mensual entre tu ingreso mensual. La mayoría de los expertos en finanzas recomienda que tu relación o proporción sea del 36 por ciento o menos, y éste es, en efecto, el punto límite para muchas entidades hipotecarias. Una relación de más de un 40 por ciento es indicio de serios problemas respecto a cómo la otra persona gasta su dinero.

Cuando sopeses la respuesta: Si ese alguien especial nunca ha calculado la relación entre ingresos y deudas, esta información en sí misma te da una clave importante. Cuando aborden mutuamente este aspecto, cuentas con un trampolín para discutir asuntos tales como presupuesto, compras impulsivas, compras financiadas, ahorros. Puede que quieras preguntar si la persona se ha declarado alguna vez en quiebra ya sea personal o profesionalmente.

El saber en qué gasta el dinero él o ella también iluminará esta decisiva categoría de la compatibilidad. ¿Lleva ella un vestido de estreno y un peinado de peluquería en cada cita? ¿Conduce él un auto de último modelo y tiene los últimos aparatos electrónicos?

No es que un mezquino y una dispendiosa no puedan enamorarse y tener un matrimonio exitoso. Simplemente necesitan conocer mutuamente sus hábitos y preferencias antes de que lleguen las facturas del primer mes.

18. ¿Hay alguna necesidad o deseo de un acuerdo prenupcial?

Puedes querer incluir esta pregunta en tu discusión de la economía; particularmente si existe una gran disparidad entre lo que cada uno de ustedes aporta al matrimonio en término de valores, propiedades y posesiones.

Cuando sopeses la respuesta: A menudo me preguntan lo que pienso de tales acuerdos que especifican en detalle quién obtiene qué y cuánto, en caso de que la relación termine en divorcio. Mi única respuesta es recordarles a los futuros novios que sus votos subrayan algo importante cuando dicen «en la enfermedad y en la salud» y «...mientras los dos vivieren». Acaso deberíamos alterar nuestros votos para ser más honestos —«sólo en salud y en tiempos de prosperidad» y «...mientras ambos se sientan bien»— si vamos a planear la ruptura antes de que el matrimonio empiece.

19. ¿Tienes un testamento o una última voluntad y podemos conversar al respecto?

A nadie le gusta pensar en temas tales como enfermedad, lesiones, inmovilización y mortalidad en medio del tibio y confuso sentimiento de estar enamorado. Nada puede resultar más letal para un momento romántico que preguntarle a tu amado o amada acerca de un testamento, ¡la oportunidad lo es todo! Pero este asunto debe abordarse de manera que ustedes dos entiendan claramente cómo enfrentarse a una situación tan importante si surge alguna vez.

Cuando sopeses la respuesta: Este tema facilita también la discusión general sobre la muerte y cómo la otra persona aborda el tema que todos tenemos en común. Si bien puede parecer mórbido o deprimente, una conversación sana sobre tales asuntos puede iluminar muchos otros: la actitud ante la vida, la fe y otras prioridades.

20. ¿Qué te molesta más de mí? ¿Qué disfrutas más al estar conmigo?

Por mucho que a ti y al conejito de peluche los entusiasmen mutuamente todos los detalles de la actual conducta del otro, la intoxicación del enamoramiento terminará por disiparse. No tienes que experimentar una resaca emocional para descubrir cuánto odia tu pareja la manera en que masticas los vegetales o lo furiosa que se pone cuando no haces el balance de la chequera. El ser franco y sincero el uno con el otro acerca de sus diferencias ofrece una saludable válvula de seguridad para las tensiones futuras. También te permite abordar áreas donde puedes mejorar por amor a la otra persona, si eso significa bajar la tapa del inodoro o atender a tus hábitos de aseo personal.

Cuando sopeses la respuesta: También tendrás una idea más clara de lo que puede cambiar y de lo que va a seguir siendo igual en el otro lado del matrimonio. Nunca entres en una relación suponiendo que la otra persona cambiará por ti. Aprende más bien todo lo que puedas acerca de la otra persona, de manera que sepas en lo que te estás metiendo antes de que él deje abierto el tubo de pasta y ella cuelgue sus pantaletas por todas partes en tu baño.

HACER PREGUNTAS Y REVELAR SECRETOS

A veces evitamos hacerle ciertas preguntas a nuestra pareja porque tememos oír las respuestas. Una vez que oímos la verdad dicha en voz alta, podemos confirmar nuestros peores temores, y después es más difícil seguir adelante juntos fingiendo que no sabemos la verdad.

No siempre resulta fácil preguntar acerca de la historia sexual de una persona o si tiene antecedentes penales o no, pero ciertamente estas son preocupaciones fundamentales. Cierto, las respuestas podrían ser embarazosas para ti y para tu pareja, pero será más incómodo después si guardas los secretos que de repente se revelan de una manera desagradable o pública, o si tienes que oír la información acerca de la persona que amas por boca de un tercero.

Si hay hechos significativos en tu pasado que creas que tu pareja debe saber, es mejor que los reveles abiertamente a que los descubra más tarde. Si revelas algo difícil y tu pareja se marcha, considérate afortunado de saber por adelantado cuáles eran sus sentimientos.

Es importante que entiendas que no hay respuestas correctas ni erróneas. Con frecuencia he visto parejas que se casan con alguien que es portador del VIH y juntos construyen la gran vida. He visto a los que se unen a pesar de que uno o ambos tenía mal crédito. No significa que no puedas hacerlo. Lo que te digo es que no entres en un matrimonio sin estar al tanto de estos y de otros asuntos importantes. Crear una atmósfera segura para que la gente sea honesta exige algún esfuerzo y sensibilidad. Nadie se va a sincerar con un francotirador. No asumas, pues, el papel del juez, sino comprende y escucha.

Si no estás en disposición de ser un lugar seguro para que las personas sean transparentes, entonces no estás preparado para una relación en modo alguno. Aun si tomas la decisión de no procurar una relación con ellas, puedes ser un buen amigo y, cuando menos, respetar su privacidad no divulgando lo que compartieron contigo en confianza. La mayoría de la gente ansía mucho más a alguien en quien poder confiar que alguien con quien poder dormir.

Esta lista no es exhaustiva en absoluto, pero te ofrecerá gran parte de los datos imprescindibles que necesitas para adentrarte en un compromiso de por vida con otra persona. Si estás dispuesto a hacer tu trabajo de investigación y desarrollo y llegar a conocer a esa persona más allá y por debajo de las apariencias superficiales y de las emociones románticas, entonces estás en el camino de dominar los elementos básicos de una relación saludable. Haz las preguntas ahora y sabrás si apruebas o no el examen final antes de que te adentres mucho más en el camino para decir «sí, acepto».

capítulo 11

Antes de casarte

La meta en el matrimonio no es pensar lo mismo,
sino pensar juntos.

—*Robert C. Dodds*

Yo he estado casado por más de veinticinco años con la
misma mujer, y ha tenido mucho de ventura. No todos
los días ha sido un crucero de placer. Hemos encontrado
muchas tormentas en las que no sabíamos si nuestra em-
barcación sobreviviría el mar picado. Sin embargo, por la
gracia de Dios, hemos durado a pesar de los vientos tumultuosos y la inclemencia del tiempo que nunca imaginamos,
para no decir que esperáramos sobrevivir. No cuento esto
con arrogancia, sino con humildad ya que he visto a muchas buenas personas irse a pique en el mar y ahogarse bajo
la marejada de lo que creían eran problemas insuperables.

No todos los problemas en el matrimonio pueden pre-
venirse y evitarse. Si bien he aprendido mucho de mi ma-

trimonio de un cuarto de siglo, puedo haber adquirido la mayor comprensión del matrimonio de reflexionar sobre la difícil situación de mis antepasados al ser esclavizados. Antes de que pienses que estoy tomando demasiado en serio el viejo chiste de que nuestro cónyuge es grillete y cadena, o antes de que pienses que estoy trivializando el sufrimiento de incontables hombres y mujeres traídos a este país en cadenas, déjame que te explique.

La primera vez que se me ocurrió esta comparación estaba visitando África Occidental a lo largo de la costa de Ghana. Era un privilegio para mí visitar los castillos españoles desde donde mis antepasados, con toda probabilidad, fueron despachados a América por primera vez. Mi guía turística compartió conmigo alguna información histórica de la que nunca me había dado cuenta, y era muy impactante.

Ella comenzó a explicar que los primeros africanos esclavizados que salieron de aquellas costas no constituían un mismo pueblo sino que eran, en efecto, una amalgama de diferentes tribus y países que casi siempre hablaban diferentes lenguas. «¿Puede usted imaginar», decía, «lo que podría haber sido el estar en el casco de un barco amarrados como perros, enfermos y asustados, aterrados llenos de incertidumbre? Estar por primera vez en un barco que se dirige a un mundo desconocido, rodeado de personas que no conoces».

¡Caramba! Lo capté. Por primera vez me di cuenta de que una de las cosas que distinguen a los negros norteamericanos, a los negros caribeños y otros numerosos descendientes de africanos es que hemos evolucionado y aún estamos intentando llegar a ser un solo pueblo. ¡No lo éramos desde el comienzo! Toda mi vida me enseñaron que éramos la misma gente que se traicionaban unos a otros y que se vendían unos a otros como esclavos. De repente comencé a comprender que no nacimos como un solo pueblo, sino que tuvimos que convertirnos en uno. Me di cuenta de por qué el proceso de desarrollo era, y es, tan arduo para nosotros. No teníamos las mismas costumbres, el mismo idioma, la misma religión, el mismo gobierno ni cualquier otra cosa. Arrojados en el mismo barco, literalmente, y encadenados uno al lado del otro, no tuvimos más opción que convertirnos en un solo pueblo en medio de nuestra tremenda diversidad.

Los dos serán uno

Piensa por un momento en la difícil situación de los africanos durante la travesía —las semanas pasadas en el casco de los barcos negreros— esforzándose por entenderse unos con otros mientras luchaban por la vida. Compara eso con el viaje de dos personas que luchan por mantener unido un matrimonio. En ambos casos, son arrojados juntos al mismo barco y luchan por convertirse en uno, si bien sus procedencias son tan diferentes que la unidad es difícil y a menudo dolorosa. Al igual que esos africanos esclavizados, a quienes les dieron el mismo nombre, lo cual sugería que formaban un solo pueblo cuando, de hecho, eran en extremo diferentes, las parejas casadas encuentran difícil vivir a la altura de su apellido compartido cuando provienen de orígenes y tradiciones diferentes.

Ya seas soltero, casado, viudo o divorciado, puede ser un gran reto mantenerse en una relación comprometida. Dos personas de familias singulares, ocasionalmente de diferentes etnias, con diversas procedencias educacionales y emocionales, se juntan para convertirse en una sola. ¡Aun los individuos que crecieron juntos, asistieron a la misma iglesia y suscriben las mismas ideas políticas encuentran difícil entender mutuamente los hábitos, traumas y pesares de la otra persona!

John Gray, experto en relaciones, capta esta noción de diferentes culturas con su metáfora de que «los hombres son de Marte y las mujeres de Venus». Sin embargo, la línea divisoria para mí no es meramente un asunto de género, sino también de costumbres, experiencias y valores individuales. La mayoría de las parejas que me encuentro no tiene idea respecto a la comprensión mutua o a comunicarse con eficacia a través de las barreras lingüísticas de sus distintas perspectivas. Como si no fuera lo bastante difícil para dos géneros diferentes comprenderse el uno al otro, añádanse a la mezcla los rasgos únicos de dos familias diferentes y ¡puedes ver cómo las ideas de Brady Bunch que tenemos terminan convirtiéndose en los Hatfield y los McCoys!*

DESACUERDOS

En muchas relaciones te encontrarás emparejado con alguien que es completamente diferente a ti en muchos niveles. Paula Abdul, jurado del programa *American Idol*, en su popular y exitosísimo vídeo y canción de los años ochenta «Los opuestos se atraen» (*Opposites Attract*) bailaba a través de la pantalla con su amado MC Skat Kat mientras los dos cantaban: «Me gusta un menos, a ella le gusta un más. Uno sube, otro baja. Pero al parecer aterrizamos en un mismo suelo».

---

* Esta expresión, que ha pasado al argot popular en Estados Unidos como una metáfora de insalvables desavenencias, se refiere a un célebre conflicto sangriento entre dos poderosas familias rivales establecidas en la vecindad del río Tug Fork, en la frontera entre Kentucky y West Virginia, en el siglo XIX. (N. del T.)

Aunque con frecuencia andamos en busca de una versión femenina, o masculina, de nosotros mismos, por lo general terminamos con alguien que se parece a nosotros tanto como el agua al vodka. Ambas bebidas son claras y húmedas, pero las similitudes terminan ahí. Lo que hace a la vida interesante, lo que hace a una conversación estimulante, es la persona con diferentes puntos de vista. Los que necesitan que otros piensen y actúen exactamente de la manera en que ellos lo hacen con frecuencia enmascaran inseguridades, y tienen una profunda necesidad de ver confirmadas sus acciones y puntos de vista en la conducta e ideas de los demás. Se producen desacuerdos en cualquier relación donde participa más de una persona, es inevitable. Todos somos individuos únicos, tenemos diferentes antecedentes y experiencias, y no es probable que siempre coincidamos con amigos, compañeros de trabajo y especialmente con nuestros compañeros sentimentales en todo.

Sin embargo, la manera en que abordemos estos desacuerdos puede determinar si nuestra relación o matrimonio puede llegar hasta la meta. Discutir limpiamente, abriéndose a las ideas de los demás y a nuevas maneras de hacer las cosas puede ayudar a expandir tu conciencia. Y quién sabe si al final hasta puedas llegar a convenir en que discrepas, y eso es lo ideal. Lo importante es que cada uno de ustedes respete las ideas y experiencias de su pareja, y busque crear un ambiente en que los dos se sientan libres para expresar sus sentimientos y para ser quienes realmente son —sin temor a ser juzgados o condenados. Esto es lo que funciona en la creación de un vínculo fuerte y duradero.

En la ceremonia del matrimonio, el oficiante dice: «Ahora los declaro marido y mujer». ¿Pero no resulta cómico que algo tan importante pueda decirse tan rápidamente y luego tome los próximos veinte años para llegar a materializarse a plena capacidad? Cuando el Todopoderoso llevó a cabo la primera unión entre Adán y Eva, Dios les encargó que fueran fructíferos, que se multiplicaran, que llenaran la tierra y que la sometieran. Pese a este mandato a multiplicarse, hay demasiados matrimonios en la actualidad que, en lugar de eso, terminan divididos. En este capítulo me gustaría explorar los medios en que podemos fundar la «Constitución» de una sólida unión en lugar de experimentar una guerra civil conyugal.

Luna de miel de un año

«Cuando alguno fuere recién casado, no saldrá a la guerra, ni en ninguna cosa se ocupará; libre estará en su casa por un año, para alegrar a la mujer que tomó» (Deuteronomio 24:5 VRV). En los tiempos bíblicos, la expectativa incluía exención de servicio militar, de participar en los negocios y de las tensiones de la vida. Durante un año, la meta era «alegrarse» mutuamente antes de volver a las exigencias de la vida normal.

¡Ahora eso sólo es la luna de miel de algunos! ¿Qué impacto tendría en nuestros matrimonios si pudiéramos obedecer el designio de Dios y dedicar el primer año a conocernos mutuamente y aprender acerca de la vida en común? ¡Imagínate cuánto más fuerte podría ser tu amor si no hubieras tenido que trabajar el primer año, sin facturas que pagar, sin responsabilidades ni exigencias, solo amor, vida y libertad!

Tal vez esto es idealista, pero la verdad del asunto es que andamos tan aprisa que no tenemos tiempo de afincar nuestros vínculos. En gran medida es como plantar un arbolito; si le dan la oportunidad de afincar sus raíces, cuando vengan las tormentas no lo quebrarán.

Al igual que los esclavos ancestrales que no dudaban

en dedicar los primeros años de su cautiverio a encontrar un medio de entenderse unos con otros en tanto evitaban el látigo del amo y la violencia asociada con el tenebroso pasado de nuestra nación, las parejas que se casan en la actualidad deben enfrentarse a los cálculos económicos, a los retos de carreras dobles y a los peligros de convertirse en padres mientras disponen de poco tiempo juntos.

Para los recién casados, este último asunto, el tiempo de estar juntos, puede ser particularmente desalentador. Después de pasar mucho tiempo ignorando el reloj mientras noviaban, flirteaban y se miraban a los ojos, ¡de repente deben encontrar un modo de incluir su romance en los espacios de media hora de su agenda electrónica de Microsoft! La mayoría de las parejas debe desempeñar trabajos que les exigen pasar la mayor parte del tiempo que están despiertos lejos de esa persona extraña con quien se han casado. Vuelven a casa en medio del tránsito que les devora aproximadamente otra hora y luego tienen que dedicarle tiempo a los hijos que no esperaban tener tan pronto. Pueden terminar con dos horas de vigilia por noche para dedicárselas a las facturas, a la Asociación de Padres y Maestros, a las reuniones de la iglesia, al comité de la fraternidad femenina y a todas las otras agrupaciones que esperan robar un pedacito de su tiempo. Ellos, entonces, deben hacer todo eso, dedicar tiempo importante a conversar, hacer sus ejercicios, hacer los almuerzos del trabajo y luego hacer el amor antes de disfrutar de ocho horas de sueño. ¡No es solo desalentador sino prácticamente imposible en nuestra cultura del siglo XXI!

La Biblia dice con razón que un hombre debe vivir con una mujer sabiamente (1 Pedro 3:7). ¿Qué debemos saber, entonces, el uno del otro que nos ayude a convivir y a ayudarnos en el empeño de no separarnos? Tómense el tiempo de conocerse uno al otro ese primer año.

Remen juntos

Y al igual que el crecimiento de un árbol robusto en medio de estaciones siempre cambiantes, lleva la vida entera captar el ritmo correcto entre dos persona. No se trata de «amor» sino de encontrar lo «normal». Cada uno de nosotros aporta a nuestras relaciones una idea diferente de la normalidad. Lo he visto una y otra vez. Ambas partes tienden a pensar que sus ideas son las correctas. Están remando en el mismo bote, pero a menudo en direcciones contrarias.

Entramos en nuestras relaciones con un bagaje, seamos conscientes de ello o no. Nuestras historias, experiencias y personalidades únicas llevan una carga que incluye todas las áreas de nuestra vida. ¿Cómo administramos la casa? ¿Qué tipo de muebles compramos? ¿Qué comemos y cuándo comemos juntos? ¿Cuándo hacemos el amor? ¿Cuán a menudo? ¿Qué espera cada uno de ustedes en la cama? ¿Cómo asumimos la paternidad? ¿Cuándo debemos disciplinar a los hijos y cómo hacerlo?

Por lo general tenemos diferentes tradiciones e ideas encontradas. Porque no venimos de la misma tribu, experimentamos inevitablemente un choque cultural. El ministro dice unas cuantas palabras mágicas y *¡cataplum!*: estamos en el mismo bote. El único problema es que no sabemos remar juntos y con frecuencia tampoco sabemos comunicarnos entre nosotros. Éste siempre ha sido el caso, pero en la actualidad, cuando cada miembro de la pareja tiene las mismas responsabilidades, amén de la falta de tiempo de calidad, ¡no tenemos la oportunidad de aprender a remar juntos!

Por supuesto, algunas personas reman juntas más fácilmente que otras. Pero ninguno de nosotros lo dominamos sin que hayamos enfrentado algún peligro. Hoy en día mucha gente casada se comporta como los esclavos que se lanzaban del barco antes de que atracara. Imagínate el temor y la ansiedad que les hacía elegir el suicidio antes que la esclavitud. No eran muy buenas las opciones en cualquier caso. Algunas personas se sienten atrapadas en sus relaciones. No saben cómo hacerlas funcionar ni cómo salir de ellas. No pueden vivir sin sus cónyuges ni pueden vivir con ellos.

Se autodestruyen, y en tanto el resto de nosotros cena, resuenan las noticias de maridos que asesinan a sus mujeres, de triángulos amorosos suicidas y de madres que matan a sus hijos y se matan ellas. ¿Qué cargas deben llevar esas almas que recurren a medidas tan horrendas y extremas para escaparse de sus relaciones y responsabilidades? ¿O qué pasa en los hogares afectados y en los corazones de aquellos que viven bajo el látigo brutal de la violencia doméstica? El abuso ha ultrajado a muchas familias, a quienes ha marcado de por vida, si no las ha destruido por completo. El impacto de las relaciones disfuncionales hace añicos la ventana a través de la cual nos asomamos al mundo.

Del mismo modo, aunque mucho menos letales, encontramos a los que escogen saltar al doloroso abismo del divorcio o de la desgracia. Las reacciones son diferentes, pero los síntomas son semejantes mientras aumenta la presión entre los que viven en hacinados espacios emocionales, como los esclavos en las sentinas de los barcos negreros. Sí, compartimos el espacio con personas que amamos, pero muchas veces la edad, el género y la personalidad dificultan el compartir de manera efectiva. La esposa puede tener una agenda fundamental para el lugar que llaman hogar, mientras el marido tiene otra. Añades niños y una pareja de mascotas a la mezcla y suena como la torre de Babel, ¡cada uno balbuceando en una lengua diferente!

Si hablas de personas que se lanzan del barco, no necesitas volver a la travesía de africanos esclavos para encontrarlos. Los veo en mi oficina todo el tiempo. La mayoría se lanzan del barco porque los golpean muchas cosas al mismo tiempo. Se lanzan porque temen que el futuro no les depare ninguna novedad, ningún alivio, ninguna esperanza de felicidad ni ninguna sensación de crecimiento. Se sienten hacinados en barracas, temerosos de la oscuridad en sus almas agobiadas, y quieren escapar. ¡Sienten que no les queda ninguna otra salida más que abandonar la relación como si no les recordara más que otra zona de fracaso!

Sí, algunas personas siguen saltando del barco en nuestro contexto contemporáneo. Pero otros llegan a ser como esos cautivos que eran empujados por la borda porque eran demasiado discutidores, rebeldes o no aptos para la esclavitud. Los traficantes de esclavos no creían que fueran físicamente lo bastante sanos o emocionalmente adiestrables para sacarles partido en una subasta. Para seguir con la metáfora, debo señalar que algunas personas no se rinden: sus cónyuges los empujan. Tal vez lo hacen porque perciben que el cónyuge que eligieron no es material para el matrimonio o que no puede ser adecuadamente domesticado.

PERDÓN

Todos cometemos errores. Como seres humanos, todos somos falibles. La perfección solo existe en Dios nuestro salvador. Recuerda las palabras de Jesús: «Padre, perdónalos; porque no saben lo que hacen» (Lucas 23:34, VRV). Nunca se han dicho palabras más ciertas ni más significativas, y hay pocos conceptos más importantes que recordar en una unión larga y duradera. Si bien es perfectamente normal sentir ira, es una reacción humana y natural al sentirse objeto de una injusticia o de una falta de respeto, hay una diferencia entre una ira sana y la emoción cáustica de la amargura.

Las rencillas se propagan en un matrimonio o en una relación como el cáncer que invade nuestras células sanas, atacando órganos a gran velocidad. La Dra. Angelou dijo en un episodio reciente del programa *Iconoclast* del canal de televisión Sundance que «...[la amargura] se alimenta de quien la alberga. No le hace nada al objeto del desagrado». En este caso, el anfitrión es el matrimonio, y el perdón es la medicina y la cura.

Siempre puedes confiar en el perdón de Dios, no importa lo que hayas hecho. Cuando estés tentado a no perdonar, recuerda el momento en que necesitaste ser perdonado y reconsidera esa actitud. Trata al amado o amada con el amor, el respeto y el perdón y misericordia con que querrías que te tratasen. Es la regla de oro: «Y como queréis que hagan los hombres con vosotros, así también haced vosotros con ellos» (Lucas 6:31, VRV). Ofrendar el perdón que deseas recibir es un buen camino para garantizar que tu matrimonio se mantenga sano y libre de la enfermedad de la amargura.

Enmiendas

Nuestros próceres fundadores sabían que la Constitución necesitaba ser un documento vivo que se ajustara a un mundo cambiante. Es sabia la persona que deja espacio para una iluminación ulterior. Si pierdes tu voluntad de cambiar, has perdido tu voluntad de sobrevivir. Esto incluye humildad y capacidad de reconocer errores y de pedir perdón.

Antes de casarte, crea en ti una apertura para el cambio y un entendimiento de que será necesario ajustar muchas cosas para lo que han de enfrentar juntos. Haz de esta actitud tu constitución para saber cómo has de funcionar en tu nuevo país de unidad. Si no creas esa constitución flexible, puede resultar aún más difícil mantener la relación a flote.

Hace poco, hablaba con un joven a quien una vez le había rogado que no se separara de su esposa. Sin embargo, él creyó que era necesario hacerlo. Yo lo había aconsejado durante un tiempo y sabía que estaba pasando por el estrés de la crisis de los cuarenta, sumado a la decepción con la búsqueda de una nueva carrera que no había estado a la altura de sus expectativas. Al ponerme al día con su situación, me explicó que había estado viviendo solo por los últimos tres años, pero que recientemente había empezado a ver nuevamente a su esposa. Me dijo: «Temo regresar a mi casa, con mi mujer, aunque ella quiere que regrese. Las cosas no eran tan buenas como yo creía, pero no sé si puedo regresar al modo en que estaban. Supongo que temo que me llegue a pesar».

Le sugerí que salieran por un tiempo mientras reconstruían la relación y reparaban el daño hecho. Básicamente, ¡les tracé un plan para que volvieran al bote! A mí me resultaba obvio que él no era feliz y que sabía que había cometido un error. Pero, ¿cómo establece uno lo que era aceptable en un momento, pero que ya no existe?

Lo creas o no, es más fácil saltar del bote que regresar a él. Él creía, en el momento de irse, que tenía la razón; sentía que no tenía más opción que escapar de su exigente esposa. Pero ahora echa de menos a la misma mujer que una vez aborrecía. Él debe enmendar algunas cosas que dijo e hizo, ahora que se da cuenta de que fueron injustas.

Antes de dividir, sepárate, de otra manera perderás lo que tienes, cerciórate de que planeas detenidamente. Muchas veces en una relación tomamos un montón de decisiones y ponemos en práctica una cierta metodología que se ajusta a una etapa de nuestras vidas y no al presente. Es en estas circunstancias que debemos trabajar juntos como un equipo para calcular qué enmiendas deben hacerse a fin de darle cabida al crecimiento, al cambio y al desarrollo de nuevos tiempos y nuevos problemas.

No tienes que destruir toda tu constitución sólo porque surjan nuevas necesidades. Si estás dispuesto a enmendarla y crecer, ¡eso puede marcar toda una nueva era!

No tomes decisiones permanentes sobre circunstancias temporales.

La separación no es tan permanente como un divorcio, pero el riesgo es muy peligroso. Muchas son las parejas que dividen algunos valores, reparten los bienes y dicen «necesito más espacio». Debes tener cuidado con que al reclamar tu espacio no cometas una payasada y le enseñes a tu cónyuge cómo vivir sin ti. A veces lo que percibimos como necesidad de espacio es en realidad una necesidad de intimidad, de comunicación directa: tanto de pedir como de recibir, y también de cambio.

Tenemos que respetar mutuamente lo que tenemos aunque entremos en una situación de incomodidad y pesar. ¡Cuidado con cerrarle las puertas al amor sólo porque chirríen un poco y tengan un agujero en la malla! Yo he visto personas cerrar una puerta que no pudieron reabrir. ¿Qué haces entonces cuando tu temporada de frustración termina y la otra persona ya no está porque tu necesitabas tener tu preciado espacio?

Muy semejante al período de la lucha por los derechos civiles, por los cuales los hijos e hijas de ex esclavos volvieron a luchar, esta vez no por la libertad sino por respeto, algunas parejas pasan por un conflicto sólo para enfrentarse a otro. Muchas parejas experimentan una temporada en la que deben recalibrar su relación para cerciorarse de que las decisiones que tomaron en una etapa de sus vidas se ajustan ahora al desarrollo y la madurez del presente.

Le dije al hermano que saliera con su ex mujer con la esperanza de que podrían conversar y enmendar las reglas de su relación, hacerla aún más fuerte basada en el respeto y la sabiduría de que antes carecieron.

EXPECTATIVAS

Todos entramos en el matrimonio con ciertas expectativas. Vemos programas de televisión con parejas «perfectas», siempre felices, que nunca tienen un conflicto que no se resuelva o que se presente en un paquete prolijo y ordenado dentro de los confines de una serie de 30 minutos, un drama de dos horas en el programa televisivo de mujeres, los domingos por la tarde de Lifetime, o en las 300 páginas de una novela popular. Pero recuerda que éstas son formas de entretenimiento; son ficciones... Y lo que no te dicen es que si bien los finales felices son posibles, exigen una gran cantidad de esfuerzo para alcanzarlos.

En el primer renglón de su popularísimo libro *El camino menos transitado* (*The Road Less Traveled*), considerado a menudo como uno de los más notables manuales de auto-ayuda, M. Scott Peck escribió «La vida es dura...».

Si bien el matrimonio y la vida en común pueden contarse entre las alegrías más grandes de la vida, también pueden enfrentarnos a grandes obstáculos y ser muy difíciles. Aceptar ese hecho, sumado a una voluntad de ser flexibles y a liberar la necesidad de rectificar y vencer, te ayudará a que fructifique una relación más estable y duradera.

Correcciones a mitad de camino

No tienes que ser una persona mezquina para convertirte en un consumado egocéntrico que carece de la suficiente elasticidad para aceptar errores pasados. La mayoría de nosotros encuentra bastante fácil justificar lo que queremos y lo que hacemos en consecuencia. Sin embargo, en este proceso también debemos crear una oportunidad de reconstruir la relación mediante el sincero arrepentimiento y la franca confesión. Frecuentemente, la personalidad más fuerte puede acomodar la relación a su medida sin comprender cómo su egoísmo le falta el respeto a la otra persona. Si esto ocurre en un matrimonio, debe hacerse un esfuerzo consciente para restablecerle la equidad y la libertad al otro cónyuge. Rara vez he visto a alguien que pase toda su vida feliz siendo oprimida por otro. Tal vez es una exageración llamarlo un movimiento por los derechos civiles conyugales, pero permíteme preguntarte, ¿se han dado ustedes mutuamente igualdad de derechos o está el matrimonio injustamente torcido en la dirección de uno de ustedes a expensas del otro?

Con frecuencia, en medio de la crisis de la mediana edad para los hombres y la menopausia para las mujeres, el nido vacío por la partida de los hijos y la libertad económica debido a las hipotecas saldadas, la pareja tiene la ardua tarea de enmendar su constitución marital para adaptarse a quienes se han convertido, no lo que fueron hace veinte años.

Si hay una sola cualidad que redime nuestra historia nacional, es el hecho de que finalmente tendemos a corregir las inequidades o a intentar hacerlo. Si no hubiéramos hecho correcciones a mitad de camino, no habríamos sobrevivido. Abraham Lincoln supo esto respecto a la esclavitud. El presidente Johnson más tarde lo entendió respecto a los derechos civiles. Una democracia en crecimiento significa que tuvimos que madurar lo suficiente para admitir que nos habíamos equivocado o arriesgar nuestra propia existencia. Esas antiguas batallas se están desvaneciendo y otras nuevas surgen en nuestra nación: calentamiento global, inmigración, servicios de salud, terrorismo y economía. Pero lo que más importa es que tenemos la voluntad de sobrevivir, la disciplina de avanzar con rapidez y la humildad de corregir nuestros inevitables errores sobre la marcha. Si esto es posible con las naciones, también es cierto con nuestros matrimonios.

No duraremos porque nunca nos hayamos equivocado. Duraremos porque cuando cometemos una equivocación encontramos la invencible voluntad de corregirla y la gracia para soportar lo que cuesta sobrevivirla todos juntos, indivisibles con libertad y justicia para todos los que amamos. Al igual que nuestra grande y defectuosa nación, nuestras familias nunca son perfectas, pero eso no significa que mediante una conversación sincera y un refinado respeto no podamos encontrar un modo de salvar las aguas tenebrosas y los tumultuosos océanos hasta las estables costas del amor y la vida.

Libera tu relación de los grilletes de las falsas expectativas y de las perspectivas limitadas. Reconoce que tú y la persona que amas provienen de naciones individuales con las que deben negociar nuevas fronteras, nuevos límites y nuevas políticas. Nuestros votos conyugales tienen el poder de producir una increíble emancipación de nuestra soledad, nuestro egoísmo y nuestro aislamiento.

Sin embargo, el viaje hacia la definitiva plenitud tiene lugar todos los días mientras remas y remas para encontrar el ritmo juntos. Antes de casarte, aborda la diversidad de puntos de vista, de culturas, de familia y de opiniones que han de combinarse cuando estén juntos en el bote. No puede haber una navegación apacible si no estás dispuesto a escuchar, a liberar y prodigarle a la otra persona la libertad del amor incondicional.

capítulo 12

Antes de arriesgarte

Vivir es elegir. Pero para elegir bien, debes saber quién eres y lo que defiendes, dónde quieres ir y por qué quieres llegar allí.

—*Kofi Annan*

Andaba atrasado ese día como me ocurre a menudo cuando intento meter en veinticuatro horas más de lo posible. Pero no importaba cuán llena estuviera mi agenda, no me iba a perder oír a mi hijo, entonces de ocho años, hablar en la graduación del Campamento Empresarial de Jóvenes de nuestra iglesia —un evento concebido para entrenar a niños de seis a doce años a que sean empresarios. Sé que suena un poquito prematuro, pero las opciones en los barrios urbanos comienzan temprano y pensamos que podíamos orientar a los chicos hacia una visión de éxito antes de que los vendedores de drogas y los pervertidos tuvieran una oportunidad; entonces podríamos revertir las estadísticas y sentar una pauta.

Mi hijo había estado practicando su mensaje por toda la casa durante varios días. Debido a que él había crecido viéndome hablar, se sentía muy entusiasmado de tener esta oportunidad. Era sólo un evento infantil, en el que la mayoría de los asistentes eran padres, pero para él era una arena olímpica, así que yo tenía que estar allí. Al entrar en el auditorio vi a mi esposa en un rincón que por señas me señalaba a nuestro hijo que parecía un luchador que se preparaba para entrar en el cuadrilátero.

Desde el momento en que lo vi supe que estaba un poco nervioso. Mi esposa había insistido en que practicara solo y él había pasado la mayor parte de la mañana en el pequeño salón de espera. Con mi voz más despreocupada, le dije: «Hola, Dexter. ¿Cómo estás?».

Él me miró con una ligerísima marca de sudor en la frente y me dijo: «Estoy bien, Papi».

«¡Estupendo!», le dije fingiendo que no notaba que él parecía estar a punto de orinarse en los pantalones. Salimos juntos del salón de espera para alejarnos del barullo, y me senté en silencio para dejarlo que se preparara mentalmente, aunque sentía que él quería preguntarme algo.

Finalmente me dijo: «Papá, ¿siempre te pones nervioso cuando vas a hablar?».

Me sonreí y le aseguré que sí. Lo vi un poco aliviado. Él no había aprendido aún que lo más difícil de hacer algo por primera vez es entender lo que es parte del proceso normal y lo que es un enorme letrero que te grita: «¡Estás a punto de hacer un GRAN ridículo!».

Entonces me dijo: «¿Y qué haces?».

Le contesté: «Hijo, sencillamente oro y pongo lo mejor de mí. Armado con toda mi preparación y mis oraciones, ¡voy y lo hago!».

«Bien, tal vez deberíamos orar», me dijo. Así que entramos en un pequeño cubículo, justo a un paso de la puerta de la nueva experiencia, y él y yo oramos. Me quedé conmovido del privilegio que significó experimentar ese momento con él.

Mientras él hacía una magnífica presentación, yo tenía más lágrimas en mis ojos (¡sí, soy un padre parcial y orgulloso!) que una jovencita que cortara cebollas por primera vez. Viéndolo moverse por el escenario hablando como un profesional, me preguntaba: «¿Es éste el niñito que estaba a punto de orinarse en la sala hace un momento?». Por supuesto que sí, pero tal es la naturaleza de trasponer un nuevo umbral en el regocijo de una nueva experiencia.

Al igual que mi hijo Dexter, somos muchos los que nos enfrentamos a nuevas experiencias con algún grado de angustia. Pero yo digo, «siente miedo y hazlo de todos modos». Aunque no se trata de un dicho original, funciona para mí. Mientras abordamos algunas cosas prácticas acerca de relaciones y matrimonio que puedan parecer simples a los profesionales, quiero alentar a quienes son novatos en la experiencia. Mientras aguardas en el cubículo de tu vida, como Dexter, en el intento de encontrar el valor para hacer algo que nunca antes has hecho, quiero dedicar unos pocos momentos contigo detrás del escenario, tal como hice con él, preparándote y haciéndote entender que hay una ansiedad normal que ocurre durante los últimos momentos antes de saltar a cualquier área nueva de tu vida, el incómodo momento al que de aquí en adelante me referiré como el borde.

El borde

Para muchas personas, la noción de vivir en el borde refleja la sensación que me da al pararme en el borde de un techo.

Los lugares altos me hacen sentir en extremo incómodo, particularmente el estar de pie en el borde. No tengo tanta aversión a subir al techo como a pararme en el borde. El trayecto hacia la toma de una decisión con frecuencia puede ser muy emocionante y plena de por sí. Pero cuando llegas a ese momento de vida o muerte inmediatamente antes del instante de halar el gatillo y salir disparado a una nueva experiencia, no son mariposas las que te aletean en el estómago, sino nadar en un mar con todos los tiburones de tus temores, errores y fracasos.

A menudo me he preguntado cuántas veces el Dr. King tuvo que ir al baño antes de pronunciar su famoso discurso en Washington. En serio, me pregunto cuántas veces. Con frecuencia privamos a los grandes personajes del derecho a tener sentimientos humanos de miedo e inseguridad, pero al hacer esto, los elevamos a un nivel que nos impide duplicar su obra. Si creemos que son de algún modo gente con dotes sobrehumanas con alguna singularidad, entonces estamos sutilmente diciendo que nunca podremos hacer nada excepcional debido a nuestra normalidad.

Recientemente me pidieron que asistiera a una reunión con algunos de los más altos funcionarios de NBC y MSNBC. Esta reunión que tuvo mucha publicidad duró todo un día y me quedé asombrado de cuántos de los altos ejecutivos de estas empresas le dedicaron gran parte de su valioso tiempo. Nos hicieron varias preguntas acerca de cómo hacer lo que hacemos y por qué algunas personas no podían entender gran cosa de las comunidades negras en las que trabajamos. Ellos querían oír de nuestras experiencias y de nuestros matices peculiares y saber cómo sus medios noticiosos podrían incluir de manera más efectiva los aspectos de fe y familia, cultura y comunidad.

El «Día del diálogo», como se le llamó, tuvo lugar con la junta editorial de la compañía e incluyó a Brian Williams, el estimado presentador que encabeza la prestigiosa división noticiosa de la cadena; Steve Capus, el presidente de NBC y muchas otras personas muy influyentes. Durante la reunión, una de las muchas cosas que se discutieron, además de nuestros programas, iniciativas y necesidades comunitarias, fue el hecho de que a la mayoría de los clérigos negros les piden con frecuencia que intervengan en asuntos y que realicen tareas que a la mayoría de sus colegas no negros no les piden. No es poco común que uno de los miembros de mi congregación me pida que revise el contrato del cierre de una casa. Yo no soy experto en asuntos legales, pero puesto que ellos confían en mí, me encuentro revisando muchos asuntos que a otros líderes espirituales no se les pediría que supieran. En la mayoría de otras culturas, los expertos que se concentran en una sola cosa son más aptos para aconsejar a miembros de su propio grupo cultural. Mientras compartía esta observación con los funcionarios de NBC, parecían fascinados al enterarse de que teníamos clases de todo, desde reducción de deudas e iniciativa empresarial hasta de etiqueta social. En mi cultura, vean ustedes, la iglesia es una parte importante de la comunidad y con frecuencia el catalizador del cambio. Las iglesias incubaron gran parte del progreso de los negros, desde los derechos civiles hasta las primeras congregaciones para personas de color anteriores a la integración.

Nuestros deberes como clérigos han incluido el hacer una boda e inmediatamente después ir a un juicio a ayudar a una madre a obtener la custodia de sus hijos en un proceso legal. El que un pastor concurra al cierre de la compra de una casa sólo para proporcionar apoyo moral no es inusual para muchos de nosotros. He orado en numerosos cierres de casas, he revisado documentos de planificación patrimonial e intervenido en la redacción de testamentos vitales, no como abogado, sino sólo como un aliado de confianza que se ocupa de su feligrés.

A partir de esas experiencias, he visto a muchas personas en los momentos de tensión ante una plétora de nuevos retos. Puedo contarte de las manos sudorosas de un futuro esposo que me espera en el fondo de la iglesia para recitar sus votos. Puedo contarte de una de las propietarias beneficiadas por Hábitat para la Humanidad a punto de ofrecer una recepción para su nueva casa o de un padre que se graduó con estudiantes a quienes les doblaba la edad mientras tenía un empleo de jornada completa. He trabajado con dramaturgos detrás de la escena y con actores fuera del escenario. He trabajado con atletas antes de un partido importante y con entrenadores después de un pequeño revés.

Todos los preparativos del mundo no te quitan la sensación de estar en el borde. Esta sensación excitante y frustrante, nerviosa y energizante es a menudo parte de enfrentar alguna tarea nueva y sobrecogedora. Se trata del instinto del sistema nervioso humano de luchar y escapar, todo a la vez. No importa cuánto asciendas en la vida, algunos eventos siempre te contraerán el estómago y te secarán la garganta.

No es tanto la tarea lo que intimida cuanto la novedad de la tarea lo que te debilita el pulso. ¡En cualquier momento la vida nos saca de nuestro cómodo sitio en medio de las cosas familiares y nos pide que vayamos al borde —o más allá— de nuestra norma, donde nos encontramos solos en un cubículo sintiéndonos como un niño de ocho años a punto de pronunciar su primer discurso!

Algunos de nosotros evitaríamos incluso hacer el cambio o enfrentar el borde si pudiéramos, pero Dios tiene un modo de ponernos en un lugar donde no tenemos más opción que movernos del centro seguro hasta el borde incierto de una nueva experiencia. En las sensaciones de este vértigo excitante y aterrador, que nos revuelve las entrañas y nos pone el alma en vilo, aprendemos el valor de la fe y el combustible de la oración. No activamos ninguno de los dos de manera tan vehemente cuando nos enfrentamos a lo familiar como cuando nos enfrentamos a lo incierto.

Es nuestro respeto por la gravedad de la decisión lo que nos hace sentir inquietos e indecisos, devotos y cuidadosos. Es la ansiedad de los recién casados al comprar su primera casa, o la preocupación de la joven novia la noche antes de la boda. Me refiero al pánico de una madre primeriza que se pregunta: «¿Tengo lo que hay que tener para traer un hijo a este mundo?».

Me he sentado en el vestidor con atletas bien entrenados que ganan millones de dólares por jugar su deporte. ¡En los momentos antes de salir al campo de juego, la tensión en el cuarto es densa y excitante! Y si no fuera así, perderían con mayor frecuencia. El tomar los riesgos en serio a menudo produce cierto grado de ansiedad por sí solo. El único modo en que uno puede evitar estas sensaciones desagradables y estresantes es jugar siempre al seguro apegándose a lo que resulta fácil y familiar. Pero cuán tediosa y achantada puede ser la vida cuando uno nunca se aventura más allá de donde ha comenzado.

Conocí a un hombre hace unas cuantas semanas, mientras estaba en Tobago, que me dijo que tenía cuarenta y tres años y que nunca, en toda su vida, había salido de la isla. Me quedé sin palabras mientras me preguntaba cómo alguien podría contentarse con vivir en una isla de 26 millas de largo por seis millas de ancho durante cuarenta y tantos años y nunca haber ido más allá de sus límites. ¡Pero conozco personas que viven en Ft. Worth que nunca han ido al centro de Dallas aunque sólo está a unas pocas millas de distancia! ¿Puedes imaginar que hay personas que viven en Nueva York que nunca han estado en una obra de

Broadway —no porque no puedan costearla, sino porque
¡nunca contemplaron el trascender su rutina!? Supongo
que yo no soy una de esas personas que se quedan quietas.

A veces tienes que ser empujado por el borde o nunca
irás más allá de donde has nacido. Las relaciones hacen eso.
El matrimonio hace eso. Para muchos de nosotros quedarnos donde empezamos es morir sin desarrollo. Sin embargo, muchos de nosotros nunca hubiéramos corrido el
riesgo y nunca hubiéramos descubierto nuevas dimensiones a nuestras identidades e intereses si las circunstancias
no nos hubieran obligado a la acción. Nuestros empleos
nos obligaron a movernos. La promoción te obligó a aprender un nuevo idioma. Tu nueva tarea te enseñó a trabajar
con personas que tenían una apariencia diferente a la tuya,
o que adoraban de manera diferente o que se distinguían
de ti de algún modo. Simplemente te empujaban hacia lo
que se convertía en una experiencia nueva y extraordinaria
de tu vida. Creo que Dios nos empuja cada tanto a esas maravillosas posibilidades que nunca aceptaríamos si la decisión fuese enteramente nuestra. Si bien cualquier relación
comprometida, especialmente el matrimonio, tiene sus
obstáculos, una de sus bendiciones es que nos lleva hasta
el borde.

Todo revuelto

[11] «Como el águila que agita el nido,
y revolotea sobre sus polluelos,
que despliega su plumaje,
y los lleva sobre sus alas.
[12] «Sólo el SEÑOR lo guiaba;
ningún dios extraño iba con él.
[13] «Lo hizo cabalgar sobre las alturas de la tierra,
y lo alimentó con el fruto de los campos,

Lo nutrió con miel y aceite
que hizo brotar de la roca».
—Deuteronomio 32:11–13. NVI

El autor del Deuteronomio dice que Dios sacude nuestras vidas como un águila que agita su nido. Tal vez tú has visto *Animal Planet* más que yo, pero permíteme compartir contigo lo que aprendí sobre la manera en que las águilas madres aceleran la maduración de sus hijos. Ellas reacondicionan el nido, el pequeño refugio que han construido para la temprana crianza de su prole, de manera que resulte lo más incómodo posible. ¿Por qué debería una madre tratar a sus hijos de ese modo? Ella no quiere un nido lleno de aves disfuncionales que no puedan ir más allá de donde empezaron. Sabe que si sus criaturas se quedan en el nido, no solo dejarán de alcanzar la plenitud de sus posibilidades, sino que también resultarán fácil presa de otras aves rapaces mayores.

Imagínate que eres un aguilucho que ha sobrevivido con solo abrir la boca siempre que oyes a la mamá águila que se acerca con alimento fresco. No tienes preocupaciones, ni necesidades insatisfechas, nada en qué pensar, ninguna razón para volar. Tal vez creas que tus alas podrían ser solo decorativas. Luego, un buen día tu madre empieza a sacar las ramitas que enterró en el nido haciéndolo incómodo para que ya no puedas descansar en él.

De repente, tu cómodo rinconcito se ha llenado de objetos punzantes que te dificultan descansar donde una vez lo hacías. Ahora estás sentado sobre palos, raíces y espinas y te das cuenta de que debes ir pensando en trasponer las fronteras de la vida familiar y saltar sobre el borde hacia una nueva experiencia. Esto es lo que significa «revolver el nido», ¡significa que ya no puedes encontrar asiento en él! Asimismo, nuestro Dios no quiere que nos quedemos donde empezamos sino que vayamos más allá para explorar y experimentar todo lo que fue creado. El matrimonio puede sacudir el nido. Un nuevo empleo, una nueva casa para el que es propietario por primera vez, es una experiencia que sacude el nido. El nacimiento de un hijo, una mudanza, un cambio de carrera, una disminución, una ampliación, un nido vacío —todas estas palabras contemporáneas que usamos no son más que modernos coloquialismos para momentos en que nos han dado una buena sacudida de nido en nuestra vida.

¿Has pasado por una de ésas en alguna ocasión? Yo he tenido muchas y espero que de vez en cuando ocurra un cambio... ¡y yo salga del nido y salte al aire, revoloteando con alas que nunca antes he usado y la sensación de la vejiga llena y una vida de oración mucho mayor! En efecto, al mirar hacia atrás, descubro cada tanto una sacudida cuando todo parecía afianzado y cómodo. De repente la rutina familiar se torna filosa y punzante con esa temida palabra: ¡cambio!

Me siento honrado de haber conocido a Katie Couric cuando ella estaba saliendo de su exitoso programa matutino para pasar a un noticiero nocturno. Conocí a Michael Irvin no mucho antes de que terminara su carrera en el fútbol americano de la NFL y se hiciera una vida nueva más allá del campo de juego. Observé cómo Steve Harvey pasaba de ser un actor de comedia en la televisión a dirigir un programa radial. Toda persona entusiasta digna de respeto tendrá algo que la sacuda y la lleve a explorar nuevas cosas, aunque se trate de un profesional en lo que hacía antes.

Fe en la acción

Al igual que mi hijo Dexter, puedes experimentar temor como un factor entre tú y lo que la vida, especialmente el matrimonio, te reserva después. Pero si recuerdas que a las águilas las sacan del nido las incomodidades que les han puesto de manera que puedan volar por primera vez, podrías trasponer el borde con un poco menos de temor y mucha más fe.

Las águilas aprenden a volar al verse obligadas a poner su fe en acción. Muchas personas vienen a mí con un plan para iniciar un negocio que parece muy sano, modesto y alcanzable. Con frecuencia desafío a estos empresarios al preguntarles: «¿Eso es todo lo que quieres? ¿Qué harás dentro de tres años cuando hayas alcanzado este nivel de éxito?». Los aliento a fijarse metas tan altas que no puedan alcanzarlas por sí solos. Ponte metas matrimoniales altas. ¡Deja que Dios te obligue a volar!

«Pero, obispo Jakes, ¿y si fracaso?», podrías decirme. «He intentado volar y me he caído al suelo unas cuantas veces».

Si volvemos a los aguiluchos, veremos que ellos están bastante cerca de fracasar. Agitan las alas y revolotean y, ciertamente, se caen, pero la madre siempre está lo bastante cerca para volverlos a agarrar. La caída es parte inherente del vuelo. Es la sensación de la caída lo que les enseña a volar.

Al principio puedes sentirte vulnerable y atemorizado y deseas regresar al punto de partida. Pero sigue volando, no estás en el aire por tu propio esfuerzo. El Señor está contigo, y aunque te caigas a ciegas y cometas errores y hagas el cierre de una propiedad por primera vez o entres en una compañía donde tienes que nadar con tiburones, no temas. Es aquí donde tu fe crece exponencialmente. Es en el viento cuando vuelas y caes que Dios tiene un modo de ampararte y luego de soltarte para que pruebes otra vez.

Incluso si éste es tu segundo intento, no te rindas. Aun si crees que tu primer matrimonio fue un fracaso, o tu primera casa la perdiste en una ejecución hipotecaria, o tu primer negocio se fue a pique, eso no significa que nunca debas probar otra vez.

La Escritura nos dice que seremos derribados, pero no destruidos (2 Corintios 4:9), lo cual refuerza la verdad de que podemos caer, pero no fracasar. En verdad, sólo porque sientas que caes no significa que has fracasado. Hay una segunda oportunidad y una tercera que es inherente al proceso de enseñar a volar a las águilas.

Los pollos no necesitan estas repetidas oportunidades para volar porque nunca se van a levantar más de seis pies por encima del suelo donde nacieron. Pero si eres un águila, no estás hecho para jugar al seguro. ¡El cielo es el límite!

Según entramos en los últimos capítulos, quiero compartir contigo algunos consejos prácticos y algunos puntos pragmáticos que pueden ampliar tu vida y permitirte volar hasta la próxima etapa de toma de decisiones.

Dexter pronunció su discurso ese día y yo derramé lágrimas mientras lo veía lanzarse a su primer vuelo hacia lo que sólo Dios y el tiempo dirán. Sencillamente me sentía feliz al ver el avión despegar, al aguilucho volar y a mi hijo avanzar hacia su destino. Con sus nervios en temblores y los brazos agitados, él encontró su voz y provocó una ovación de pie al término de su mensaje. Al irnos ese día, me dijo lo que tú debes decirle a tu Padre Celestial: «¿Papi, qué sigue?».

Es hora de arriesgarse, y yo estoy aquí para ayudarte, ¡antes de hacerlo!

capítulo 13

Antes de comprar una casa

Una casa es un hogar cuando alberga el cuerpo
y consuela el alma.

—*Phillip Moffitt*

La sensación de estar en un lugar al que perteneces, una
sensación satisfactoria que la mayoría de nosotros asocia con estar en casa, en nuestro ambiente, es una de las razones más convincentes para decidirse a comprar una casa.
La mayoría de nosotros quiere algo más que un lugar al que
regresar después del trabajo, a comer y a dormir. Queremos
una morada que ofrezca algo más que la protección básica
de los elementos: queremos comodidad, conveniencia y un
estilo que diga algo sobre quiénes somos. Nos gustaría tener un retiro, un lugar seguro, un santuario que nos permita recuperarnos de los golpes de la vida más allá de sus
puertas. Queremos un lugar que sintamos como un hogar

para nuestra familia y en el que nuestros amigos y huéspedes se sientan acogidos.

Estas características se reúnen de muchas maneras: la actitud de las personas que viven allí, el sentido de gusto y de estilo que tú le imprimas a tu decoración y los recuerdos importantes, las reliquias veneradas y los accesorios artísticos que escojas para realzar el ambiente. El orgullo de propietario te permite pintar el comedor de rojo, aumentar el volumen de tu sistema de sonido y colgar lo que quieras, en el lugar que quieras, de tus paredes. La verdad es que el dinero compra una casa, pero sólo el amor te da un hogar.

De hecho, una de las mayores experiencias que cualquier pareja puede compartir es la creación de un hogar. Ya sea un estudio en un edificio de apartamentos o una mansión hecha de encargo, un hogar que compartes tiene una vida propia. Se convierte en albergue, en puerto seguro de las azotadoras tormentas del trabajo, de las preocupaciones y del mundo. Puedes tener diferentes gustos y necesidades, varios tipos de muebles y varios juguetes de niños esparcidos por la casa, pero un hogar viene junto con el amor que compartes dentro de sus paredes. La elección de un hogar es decisión importante para la relación. Con frecuencia la prioridad de las personas que empiezan nuevas relaciones y matrimonios es comprar una casa o ahorrar y planear para hacerlo.

Cuando contemplas la compra de una casa, debes fijarte en todos los aspectos prácticos del proceso de compra. Además de querer encontrar el espacio vital que te convenga, debes ser también más objetivo y encontrar una casa que sea estructuralmente sólida, económicamente al alcance de tus medios y, desde el punto de vista fiscal, sana como inversión.

Para la gran mayoría de nosotros, nuestros hogares siguen siendo nuestros mayores gastos y nuestro más valioso bien. Incluso durante el reciente descenso del mercado inmobiliario, poner tu dinero en una propiedad sigue siendo una de las inversiones más seguras y más lucrativas. Si bien las acciones de alto riesgo y los bonos pueden proporcionarte grandes sumas a corto plazo, la propiedad de una casa te permite disfrutar de tu inversión mientras acrecienta su valor y produce capital sobre la propiedad.

Tal como yo lo veo, comprar una casa te permite disfrutar de tu jubilación ahora mismo —no en algún momento hipotético del futuro cuando te jubiles, o tus acciones aumenten o tus bonos maduren. Año tras año aumentas el capital sobre la propiedad, al tiempo que vives en un bello hogar que satisface tus necesidades y las de tu familia. Luego en algún momento del futuro, acaso cuando los hijos se vayan y quieras mudarte a otra localidad, cuentas con un gran activo que te proporciona un magnífico ingreso de una sola vez. Puedes reinvertir esta ganancia en otra propiedad más valiosa, y seguir aumentando tu activo.

Recientemente le oí decir a mucha gente que, puesto que la economía está lenta y el mercado inmobiliario ha declinado, ellos no pueden darse el lujo de comprar una casa. Pero, con las tasas de interés bajas y tantas casas en el mercado, los compradores pueden aprovechar algunas oportunidades estratégicas que no prevalecen cuando el mercado de bienes raíces se encuentra floreciente.

CONSEJOS BÁSICOS PARA COMPRAR UNA CASA

Si no tienes ninguna experiencia en comprar bienes raíces, debes comenzar haciendo tu tarea. La mayoría de las comunidades ofrece programas y seminarios, para los que compran casas por primera vez, en la biblioteca local o en la universidad (*community college*). Busca en Internet una fuente confiable de información tal como la Oficina de

Vivienda y Desarrollo Urbano de Estados Unidos (HUD, por su sigla en inglés). Aquí aprenderás paso a paso exactamente lo que debes hacer para salir a comprar tu primera casa.

Pregúntales a amigos y miembros de la familia que hayan comprado casas sobre sus experiencias, qué errores cometieron y qué aprendieron en el proceso de manera que tú puedas evitar el mismo destino. Pídeles que te recomienden agentes de bienes raíces, corredores de hipotecas y otros profesionales que puedan trabajar contigo para garantizar una hipoteca que puedas costear.

Comprar una casa no es el lugar para tratar de competir con los vecinos. La decisión de invertir en un hogar debe tener un fundamento lógico.

Sin embargo, tal como te he alentado a considerar todo a través de este libro, varias áreas deben evaluarse antes de comprar tu primera casa. Echémosle un vistazo a diez aspectos que te ayudarán a tomar las mejores decisiones tocantes a selección, oportunidad y financiación de un nuevo hogar.

Motivos

Puesto que tener tu casa propia es considerado con frecuencia parte del sueño americano, la mayoría de las personas no suelen analizar sus motivos al comienzo del proceso de comprarse una casa. Asumen que es lo que se supone que hagan porque es lo que sus padres y abuelos hicieron, o quisieron hacer. A menudo es la primera decisión que toman las parejas después de que deciden comprometerse o tan pronto se casan. Si eres exitoso y comienzas una familia y prosperas, entonces, por supuesto, ¿debes comprarte una casa?

En una oficina virtual, y un mundo laboral de horario flexible, el vivir cerca del trabajo ya no es una necesidad. Hoy más que nunca abundan las opciones respecto a dónde vive la gente y cómo adapta su estilo de vida a su ambiente. No tienes que comprarte una casa para crear un hogar. Cierto, necesitarás vivir en alguna parte. Pero dependiendo del tamaño de tu familia, tus intereses, el horario de viaje al trabajo y los entretenimientos que te guste practicar, puedes encontrar un condominio, un apartamento de cooperativa, una casa unifamiliar de módulos (*town home*), o una casa móvil que se ajuste más a tus necesidades.

Tal vez quieras demostrarle a otros cuán exitoso eres comprándote la gran casa de los suburbios o del centro de la ciudad, donde los ricos exhiben sus viviendas como trofeos. Una casa sería la manera de proclamar «lo he logrado». Sin embargo, ningún símbolo de prestigio puede compensar jamás un saludable sentido de dignidad personal. Si sólo compras una casa para alardearles de tu éxito a otros, no estarás satisfecho con la casa que compres. Siempre estarás buscando un constructor más caro, el próximo barrio de moda y la última tendencia del diseño.

Escoge un hogar por dos razones fundamentales y no las pierdas de vista: (1) como una morada cómoda para las necesidades tuyas y de tu familia, y (2) como tu más importante inversión financiera. Estas dos razones deben obrar mancomunadamente a fin de que sea una compra sólida de la que no te arrepentirás. Si te concentras en cualquiera de estos aspectos con exclusión del otro, te arriesgas a transarte por una propiedad que al final resultará deficiente. Cuando tomas decisiones atinadas respecto a tus relaciones, resulta más fácil tomar otras decisiones con tino, tales como dónde vivir y cómo disfrutar la vida que hacen juntos.

Mercado

El mercado de bienes raíces, como cualquier producto paradigmático, se basa en la ley de la oferta y la demanda sin importar si el mercado está en baja. En otras palabras, si hay más propiedades disponibles que compradores para adquirirlas, entonces es obviamente un mercado del comprador, con más poder para el posible comprador de negociar con el vendedor. Si las propiedades deseables parecen escasas, entonces los vendedores pueden pedir una suma exorbitante de dinero a los numerosos compradores que están ansiosos por adquirir sus propiedades.

Como he mencionado, el reciente clima económico de nuestro país y la proliferación de propiedades disponibles en virtualmente todos los mercados, ha creado un excepcional mercado para el comprador. Si has estado contemplando la compra de una nueva casa, encontrarás muchas y numerosas entidades crediticias ansiosas de hacer negocios contigo, suponiendo que tengas un sólido historial de crédito.

Investiga tanto como sea posible acerca de las condiciones específicas del mercado local en la zona en que esperas comprar. No confíes solamente en tu agente de bienes raíces, no importa cuán amistoso pueda ser o por cuánto tiempo lo conoces. En muchos sentidos, comprar una casa es como buscar un médico cuando necesitas una operación. Tendrás que confiar en la experiencia del agente tal como harías con la de un médico, pero tu compra sigue estando en juego.

Aduéñate del proceso mucho antes de firmar el pagaré de la hipoteca o la escritura. Conoce tus opciones. Estudia las propiedades comparables en la zona que deseas y habla con propietarios y gerentes de propiedad de ser posible. Trata de determinar los intangibles, tales como la actitud del barrio —abierto, propenso a hacer «piñas», amistoso, distante, étnico, racista, elitista— antes de traer el camión de mudanza.

Ubicación

Independientemente del tipo de mercado o de la economía nacional, la regla fundamental de los bienes raíces —ubicación, ubicación, ubicación— sigue siendo cierta. Cuando evalúes las potenciales propiedades, debes considerar la ubicación tanto en el nivel general como en el de los mínimos detalles. Personalmente, ¿ofrece esta casa un acceso conveniente a los otros importantes —diarios y semanales— destinos de tu vida: tu oficina así como la de tu cónyuge, la escuela de los chicos, tu iglesia, al igual que tiendas y restaurantes.

Una vez que tu potencial propiedad haya pasado esta prueba, debes considerar la ubicación en el contexto más grande del mercado general de la zona. La Oficina Federal de Supervisión de las Empresas de Vivienda (OFHEO, por su sigla en inglés) lleva cuenta, por región y área metropolitana, de las ventas y valores de casas de una sola familia en todo el país. Puedes tener acceso a su página web en www.ofheo.gov y encontrar allí el último informe sobre el valor de las casas en tu zona que se actualiza cada trimestre. El sitio ofrece muchos otros beneficios instructivos, entre ellos una calculadora de hipotecas y la última tasa de hipotecas de primera.

La ubicación puede hacer o deshacer la compra de una casa, así que piensa cuidadosamente antes de cerrar un trato o comprometerte sólo porque el precio está bien. Si no puedes sentarte en tu patio y disfrutar una conversación con tu cónyuge porque el ruido del tránsito te lo impide, eso es un problema. ¿Está cerca de un aeropuerto? ¿Demasiado

cerca? ¿Cerca de la planta local de tratamiento de aguas negras? ¿Cuán lejos está el parque o el espacio abierto más cercano? Si bien los barrios, urbanos o suburbanos, pueblos
pequeños o grandes ciudades, fluctúan en popularidad,
algunas características de la ubicación siempre serán puntos favorables de venta. Éstos incluyen acceso a carreteras
y autopistas interestatales, proximidad a sitios de interés
natural, tales como agua o montañas, y la belleza del lugar
en sí, incluidas sus vistas y orientación.

    ¿Cuán directa es la luz del sol que recibe la casa? ¿Cuán-
tas ventanas dan al este? ¿Cuál es el ángulo y la inclinación
de la entrada de autos? ¿Recibirán la nieve y el hielo suficiente luz solar para que se derritan en invierno? ¿Está la
casa situada en un valle o en una cuesta de manera que las
inundaciones podrían ser un problema?

    Si bien tales preguntas pueden parecer tediosas y frí-
volas, tú no quieres responderlas después de los hechos,
cuando tu auto esté en el garaje porque la senda no se des-
congela o cuando las lluvias de primavera te hayan inundado el sótano.

Financiación

La desaparición de numerosas hipotecas de segunda clase y
de entidades crediticias predatorias no significa que puedas
confiarte y tomar al primer prestador aparentemente ho-
norable que se aparezca. Conoce tu calificación de crédito
—una copia se puede obtener por Internet de cualquiera de
las principales compañías que informan del crédito, tales
como Equifax— antes de solicitar una hipoteca. Esta información es algo que debes verificar regularmente, muchos
expertos dicen que todos los meses o por lo menos trimes-
tralmente, para garantizar exactitud, corregir cualquier información errónea y actualizar tu historial de pagos.

En definitiva, tu calificación de crédito determinará la tasa de interés a la cual puedes aspirar. Cuanto mayor sea tu calificación, mejor será la tasa de interés que te ofrezcan diferentes prestadores. Obviamente que quieres hacer todo lo que puedas por mantener el prestigio de tu clasificación crediticia. Esto significa cerciorarte de que las viejas cuentas de tarjetas de crédito que has cerrado aparezcan de este modo en el informe. También quieres cerciorarte de que cualesquier errores factuales o incongruencias se subsanen.

Aun en nuestra época mecanizada y tecnológicamente avanzada, ocurren errores, y no quieres ser la víctima del fallo de una computadora que podría costarte un punto porcentual en la mesa del cierre.

Una vez que hayas verificado y arreglado tu informe de crédito, querrás obtener una aprobación previa de parte de la entidad a quien le has solicitado el préstamo hipotecario. La aprobación previa no es lo mismo que la precalificación aunque muchas personas usan ambos términos como sinónimos. El estar precalificado significa, por lo general, que tu agente de bienes raíces u otro experto ha calculado una relación entre ingresos y deudas que resulta aceptable, la mayoría de las entidades crediticias quieren que esté entre el 29 por ciento y el 33 por ciento.

Por otra parte, el contar con una aprobación previa significa que una determinada entidad crediticia ha examinado cuidadosamente tu informe de crédito, la relación de ingresos y deuda y el dinero del pago inicial, y ha verificado cuánto está dispuesta a prestarte su institución para la compra de una casa. Luego de que tengas esta aprobación previa, los vendedores y sus agentes te favorecerán frente a otros compradores no aprobados que compitan contigo.

Puesto que la financiación puede convertirse en una fórmula multifacética, yo especialmente recomiendo que busques a un experto que conozca a una fuente confiable. Muchos libros sobre el mercado son excelentes también. He invitado a numerosos expertos, entre ellos a Suze Orman, a conversar sobre sólidos principios financieros en MegaFest y en nuestra conferencia llamada Entrenamiento para el Éxito Económico Negro (BEST por su sigla en inglés). Los libros de Suze, Dave Ramsey, David Bach y otros ofrecen una cobertura completa de esta compleja ecuación.

Calcula cuánto debes gastar en mejoras. Si la casa requiere nuevas alfombras, pintura o nuevos muebles, entonces debes incluir estos gastos en tu presupuesto. Las agrupaciones de pacto de vecinos y las organizaciones de propietarios también puede cobrar una cuota que puede añadirle varios cientos de dólares al mes al precio de una casa. En último término, es tu dinero y quieres invertirlo con prudencia. El tiempo adicional, la molestia y el tedio de hacer tu tarea financiera, marca con frecuencia la diferencia entre un propietario satisfecho y el arrepentimiento de un comprador.

Impuestos

La propiedad de una casa constituye una de las mejores inversiones porque te permite deducir tus intereses hipotecarios, el mayor componente de la mayoría de los pagos de viviendas, en tu declaración anual de impuestos. Los impuestos sobre la propiedad son también deducibles para tu residencia principal o para una casa de recreo.

Si has vivido en tu casa al menos durante dos de los últimos cinco años, puedes ganar dinero al vender esa casa sin pagar impuestos sobre ganancias de capital. Los individuos pueden excluir hasta $250.000 y las parejas hasta $500.000 de ganancias durante dos años. Teóricamente, puedes vender tu casa cada dos años y guardarte la ganancia sin tener que pagar impuestos por ella. Ante de calcular tu margen de ganancias, cerciórate de preguntarle a un profesional en materia de impuestos acerca de las leyes y limitaciones de tu estado sobre el particular.

Aun si sobrepasas el margen de ganancia exento en la venta de tu casa, tu ganancia se considerará un activo de capital y recibirá un tratamiento fiscal preferencial. Esto significa que tu ganancia será gravada de manera más favorable que otros tipos de activos tales como acciones mercantiles u objetos de colección como obras de arte. Una vez más, vemos que el camino a la propiedad de una casa puede proteger tu inversión virtualmente más que todos los otros bienes.

Selección

Una vez que has sido previamente aprobado y que has pensado en el tipo de préstamo que mejor se ajusta a tus necesidades, entonces ya estás listo para lo que la mayoría de las personas considera la mejor parte: la selección real de tu casa. La mayoría de los agentes de bienes raíces te dirá que el escoger tu casa consiste en sacrificar una cosa por otra: al escoger las cosas que no son negociables así como aquellas sin las cuales puedes vivir. Puedes decidir que un hermoso paisaje rural cerca del agua vale la pena la hora de viaje desde tu oficina. O puedes valorar la conveniencia de estar a cinco minutos de la escuela de tus hijos más que el tamaño de tu patio.

Sé realista acerca de lo que tú y tu familia realmente necesitan en un plano del piso. Si te gusta ver películas juntos, pero rara vez tienes una cena formal, luego el tener una sala de cine en casa puede ser más deseable que un gran comedor. Si no sabes diferenciar el carburador del radiador, entonces puede que no necesites un gran garaje con banco de mecánico. Para las familias con hijos pequeños, un salón para que jueguen puede ser más vital para su salud mental que una amplia alcoba.

Ya te valgas de un agente de bienes raíces o no, gran parte del proceso de selección puede hacerse ahora en Internet. Querrás ver páginas web de inmuebles que ofrecen listas de propiedades, lo mismo vendidas por agentes que por los propios dueños. Las propiedades que otros podrían pasar por alto pueden también brindarte algunas oportunidades únicas. Las ejecuciones hipotecarias y las ventas al descubierto (oportunidades de comprar rápidamente de bancos y otras instituciones crediticias) exigen una convergencia de oportunidad pero pueden ofrecer tratos sorprendentes sobre casas que valen la pena.

Visión

Permíteme ofrecerte dos consejos que suenan contradictorios, pero que realmente funcionan juntos en facilitarte la elección de tu nueva casa. Primero, intenta ver más allá de la apariencia superficial de los muebles, el estilo de decorado y el gusto del vendedor, e imagínate cómo tu propio sentido del diseño puede transformar el espacio. Usa tu imaginación para pintar los cuartos de tus colores preferidos. Transforma habitaciones, derriba paredes, añade molduras, arrana el papel de las paredes. Un diamante en bruto puede ser cortado, pulido y convertido en un espléndido brillante.

Segundo, no ignores la primera impresión. Puede que necesites cuestionarla, pero con frecuencia nuestra reacción instantánea, o de «parpadeo», para citar al popular autor Malcolm Gladwell, ante una propiedad, es de pasmosa exactitud, sin análisis. Si inmediatamente te sientes incómodo al entrar en la casa, ninguna cantidad de nuevos electrodomésticos ni de pisos de madera podrán sobreponerse a eso. Sin embargo, no debes idealizar la realidad de las remodelaciones sólo porque te sientas bien en la casa. Una casa que necesite nueva plomería, una reparación en el techo o una actualización en la cocina exigirá más que energía positiva para convertirse en una inversión sólida.

Trata de encontrar un equilibrio entre tu visión de lo que esta casa puede ser y la realidad de lo que es al presente. Mudarte puede ser un proceso tan extenuante que la mayoría de las personas no quiere tener que hacer grandes remodelaciones durante su primer año de residencia. Tú querrás hacer algunos cambios para sentir que la casa es verdaderamente tuya. Estas mejoras probablemente aumenten también su valor, de manera que recuperarás el dinero cuando decidas vender. La remodelación de baños y cocinas siempre le añaden un considerable valor. Sin embargo, no escojas una casa a la que DEBAS hacerle mejoras inmediatamente a menos que entres en ella muy consciente de esta realidad.

Oportunidad

Algunos aspectos de la oportunidad están fuera del control de cualquiera cuando andas en busca de una casa. No puedes controlar el inventario disponible ni el calendario del vendedor. Pero puedes estar consciente de tus propias necesidades de oportunidad y de los lugares donde más se necesita de flexibilidad. Si tienes que esperar hasta que termine el curso escolar antes de mudar a tu familia al otro extremo del país, no te fijes entonces en las ventas al descubierto (oportunidades de compras rápidas de bancos y otras instituciones crediticias) a menos que tengas una solución creativa para el intervalo. Si necesitas reducirte inmediatamente debido a una pérdida financiera, entonces no podrías darte el lujo de esperar por la casa perfecta.

A veces puedes funcionar fuera de horarios con tu vendedor que se ajustará a tus necesidades. Ya sea que te alquilen la casa después del cierre hasta que se muden, o que alquiles la tuya antes de la compra; permanece flexible, da a conocer tus necesidades con claridad y trabaja creativamente en soluciones en que ambas partes resulten ganadoras. También necesitas darle tiempo a que la inspección de la casa concluya —y nunca debes comprar una propiedad sin esta inspección— así como la tasación oficial que la entidad crediticia exigirá como verificación del valor colateral de la propiedad.

Finalmente, cuando pienses en lo decisiva que puede ser la oportunidad para encontrar la casa adecuada, te animo a que evites lo que mi esposa llama el «síndrome del vestido perfecto». Ella me dice que, al igual que montones de señoras, suele ir a comprarse un vestido para una ocasión especial. A veces encuentra el vestido perfecto —el color, el estilo y la talla correctos— en la primera tienda a la que va. ¿Lo compra? ¡Por supuesto que no! Necesita visitar media docena de otras tiendas y probarse varias docenas de vestidos antes de volver a la primera tienda a comprarse el vestido perfecto.

Y las mujeres no están solas —conozco a varios caballeros que compran trajes, camisas y zapatos de la misma manera. En nuestra cultura amiga del consumidor, con tantas opciones que se ofrecen, es difícil comprometerse con una compra aunque uno encuentre exactamente lo que quiere. Temes que una mejor opción, la que uno no podría imaginar, pueda encontrarse al doblar la esquina. Mi experiencia con casas me dice que, en ese terreno, suele aplicarse el mismo principio. Sin embargo, no soy el único que perdió la oportunidad de comprar esa casa estupenda porque

empleó demasiado tiempo en la búsqueda. Si encuentras
la casa que sabes que te viene bien, entonces no sigas buscando. No esperes. Haz una oferta y disfruta de la satisfacción de encontrar lo que querías.

Cierre

Antes de sentarte a la mesa para el cierre de la compra de
tu nueva casa, poniendo tu firma más veces de lo que pensabas fuera humanamente posible en docenas de series de
documentos, abrumado por la cantidad de dinero que vas
a tener que pagar durante los próximos treinta años, debes estar seguro de que has indagado y has obtenido tantas opciones de compra como fuera posible. Cerciórate de
hacer el último recorrido a través de la propiedad para garantizar que todo está funcionando bien y se encuentra en
buenas condiciones. Cosas tales como las garantías de los
electrodomésticos, las reparaciones de los techos, compra
de crédito para la nueva alfombra y reparación del sistema
de aspersores deben comprobarse antes de ese momento en
que te sientes con la pluma en la mano.

Si no ves con claridad las opciones de compra, o si las
condiciones de tu préstamo han sido alteradas en cualquier
sentido, no dudes de tomarte el tiempo que sea necesario
para revisar los cambios antes de firmarlos. No permitas
que los funcionarios de la entidad crediticia, los agentes de
bienes raíces —incluido el tuyo— el vendedor o incluso tu
cónyuge te presionen a firmar algo con lo que no te sientes
cómodo. Si bien es irrazonable esperar a leer hasta la última palabra de esos voluminosos legajos, debes al menos
tener una idea de lo que estás aceptando. Repito, no dudes
en buscar consejo de un asesor o experto recomendado.

Finalmente, disfruta la satisfacción de entrar en posesión de tu nueva casa. Celebra tu compra finalizando los

planes para la mudanza y planeando una fiesta en tu nueva morada para bendecir el espacio. Antes de comprar una casa, date tiempo suficiente para investigar, instruirte y concluir todos los procesos necesarios de manera que nunca te arrepientas de esta increíble inversión en la calidad de tu vida y en la cantidad de tus futuros dividendos.

Nuestros hogares nos proporcionan una base estable desde la cual podemos amar, desarrollarnos y formar una familia. Nos brindan albergue de las tormentas de la vida y nos proporcionan seguridad y confort. Comprar una casa es una enorme inversión. Cuando tengas planes de comprar una casa, tienes muchas más probabilidades de convertirla en tu hogar si primero piensas en tus relaciones, incluidas las necesidades físicas y emocionales de tu familia, antes de hacerlo.

capítulo 14

Antes de tener hijos

Tomar la decisión de tener un hijo es importante. Es decidir para siempre que tu corazón ande por ahí fuera de tu cuerpo.

—*Elizabeth Stone*

Mientras se aceleran los preparativos para la boda de mi hija, me encontré recientemente abrumado por otro momento cargado de emoción. De repente, la niñita de coletas que jugaba a vestirse en el armario de su madre llevaba puesto unos zapatos de salón que ahora sí le servían y un despampanante vestido blanco que en verdad era digno de una princesa. Mi hija se paró delante de mí como una hermosa novia en su traje de bodas.

Nunca había imaginado tal escena cuando mi esposa y yo previmos su llegada hace dos décadas. Nada me probaba que había un Dios como ver a mi esposa dar a luz una niña, un momento increíblemente sagrado de irresistible alegría y bendición divina. Imaginar que de nuestro momento de intimidad sexual saliera esta persona con ojos, labios, dedos, personalidad y hoyuelos en la cara. Contemplando los ojos de nuestra bebé, sosteniéndola en mis brazos, quedé boquiabierto de la emoción. He aquí un pedazo viviente de mí, con mi ADN infinitamente infundido en ella. El nacimiento de un niño le da aun a la persona más secular una vida eterna, en la medida en que tú vives a través de las vidas, rasgos y contribuciones de tus hijos.

El proceso de decisión de tener hijos puede ser un tiempo extraordinariamente emocionante, con libros sobre la paternidad esparcidos por la casa, conversaciones con hermanas que han dado a luz a tus sobrinas y sobrinos, y catálogos de productos para bebés.

Es virtualmente imposible tomar en cuenta todos los hitos, milagros y percances que ocurrirán en tus relaciones con tus hijos. Pero deben abordarse ciertas consideraciones mucho antes de que entres en la oficina del médico para ver los sonogramas o que estés en la sala de maternidad sosteniendo un bultito de vida que respira. Si no sabes en lo que te estás metiendo con el nacimiento de un hijo, las consecuencias pueden ser intencionalmente dolorosas para ambos.

Podemos ver el devastador impacto en las vidas de niños que experimentan abandono, abuso o adicción porque sus padres están demasiado necesitados y absortos en sí mismos como para cuidarlos. En la actualidad, más de un millón y medio de niños adolescentes se encuentran sin hogar y viviendo en las calles de las ciudades de nuestro país. Según la Academia Americana de Psiquiatría Infantil y del Adolescente, cada año ocurren cerca de 100.000 casos de abuso sexual de menores, y éstos son solo los que se denuncian. Ninguno de nosotros elegiría tener niños para que se convirtieran en otra cifra que se agregara a los totales de esas descorazonadoras estadísticas.

En tanto la preparación emocional, física y psicológica no puede garantizar la existencia de familias perfectas, puede facilitar el manejo de las exigencias de la paternidad.

ANÍMENSE, PADRES

Pocos padres intentan ignorar, descuidar o hacer daño a sus hijos. Todos hacemos lo mejor que podemos, a sabiendas de que les fallaremos, los decepcionaremos y los heriremos a pesar de nuestras buenas intenciones.

No se necesita licencia

Antes de tener hijos, debes pensar en las extraordinarias exigencias que eso te impondrá. La enormidad de ser responsable de otro ser humano puede sentirse de manera tan abrumadora que podría paralizarnos en nuestro camino, y no quiero disuadir a nadie de experimentar la jubilosa satisfacción que acompaña a la creación de una familia. Sin embargo, disfrutarás la experiencia mucho más plenamente y tendrás una relación mucho más saludable con tus hijos si examinas los requisitos antes de emprender esa tarea.

No se exige ninguna licencia ni entrenamiento para tener hijos. Desde que viajan en asiento de seguridad del auto hasta que lo conducen, nuestros hijos están con nosotros por el resto de nuestras vidas. Los bebés se convierten en infantes y estos en preescolares, en niños, en prepúberes, en adolescentes, en jóvenes adultos y en hombres y mujeres hechos y derechos. Debes estar dispuesto a recorrer todo ese camino. Ellos no siempre van a llevar los primorosos vestiditos con las botitas rosadas y los conejitos tejidos que les hagan juego. No siempre se verán tan monos como en sus fotos de bebé. No puedes cambiarlos ni devolverlos por un reembolso (el costo promedio de criar un hijo hasta los dieciocho años es de aproximadamente un cuarto de millón de dólares). ¡Podrías querer intentarlo pero eso no va a ocurrir!

Antes de que tengas hijos debes entender el compromiso con la vida cambiante. No te puedes divorciar de los hijos, no importa cuán dolorosas sean las decisiones que ellos tomen o la manera en que salgan. Si tu hijo es pródigo, carne de presidio, vendedor de crack, adicto a la heroína o desnudista, sigue siendo tu hijo. Todos los días, no solo el Día de las Madres y el Día de los Padres, te harán acordarte de esta vida que trajiste al mundo. Debes tener presente no solo la capacidad de tu cuerpo de desarrollar un bebé en tu vientre, sino la capacidad en tu vida para que esa otra vida se desarrolle como un ser vivo que respire, llore y ría. Saldrá de tu cuerpo en nueve meses, pero nunca saldrá de tu vida. Aun si le tocara morir antes que tú —Dios no lo quiera— su impacto no se verá disminuido por su ausencia.

Antes de tener hijos, debes imaginarte lo peor. Es fácil imaginarse a la adorable criatura de los momentos de Hallmark, cuando salen del hospital, dan sus primeros pasos, dicen sus primeras palabras y tienen su primer día de escuela. Pero piensa también cómo responderás cuando se conviertan en los matones del barrio o los arresten por robar en una tienda mientras aún asisten a la escuela primaria. ¿Qué harás cuando tus hijos adolescentes lleguen a casa borrachos o drogados, con olor a marihuana en el aliento? ¿Cómo te enfrentarás al embarazo imprevisto de una hija adolescente?

Estarás tentado a preguntarte: «¿Dónde me equivoqué?», «¿cómo nos puede haber sucedido esto a nosotros?».

Si no puedes manejar el peso de esa carga, luego debes reconsiderar el por qué quieres ser padre o madre. Llegar a convertirse en padre o madre debe ser una opción deliberada. Si caes en ella por accidente o si la asumes cegado por los momentos nacidos de la ingenuidad, te arriesgas a enviar otro niño desvalido al mundo.

Como has visto en los capítulos anteriores, creo que la relación en que entras debe crear un espacio físico y emocional para tu nueva vida juntos. Si este espacio incluye o no a los hijos es una decisión monumental, que no debe tomarse a la ligera ni dejarla a merced de un inesperado momento de pasión.

Si sabes que quieres ser padre o madre algún día, entonces es una ayuda el que encuentres a alguien que comparta ese anhelo. Mientras tomas decisiones respecto a una potencial paternidad, ten presente que gran parte de éstas se fundamentan en decisiones que has tomado antes. Tú ciertamente puedes escoger ser una madre (o un padre) soltera, pero esa es razón de más para saber en lo que te metes antes de hacerlo.

MOTIVACIONES PARA SER PADRE O MADRE

Con frecuencia oirás a Oprah Winfrey comentar en sus programas de televisión que «criar un hijo es el trabajo más difícil del mundo». ¡Y ella sabe esto sin ser madre! Si estás pensando en tener hijos, es importante que te tomes el tiempo para preguntarte si estás emocional, económica y espiritualmente preparado para hacerlo.

El examinar tus razones para querer tener hijos arrojará una de dos cosas. Revelará que estás listo, que entiendes que el acto de formar una familia será enseguida la tarea más gratificante y más difícil que jamás hayas emprendido.

O te darás cuenta de que tal vez no estás listo ahora para tener hijos, o que acaso nunca llegues a estarlo. No todo el mundo tiene que ser padre o madre.

Nuestras motivaciones para querer tener hijos varían. Algunos de nosotros queremos tener hijos por las razones correctas, porque queremos hacer una unidad familiar y sentimos el deseo de sostener altruistamente a otro ser humano hasta que llegue a ser un adulto maduro y plenamente desarrollado.

Sin embargo, algunos tienen hijos por razones que son menos que deseables, y que probablemente den lugar a sufrimientos para ti y tu hijo inocente. Razones tales como «quiero a alguien que me ame» o «tuve hijos o consentí en tener hijos porque mi pareja los quería» son inmaduras en el mejor de los casos y recetas para el desastre, en el peor.

Si piensas como estos últimos, te recomiendo que te escudriñes profundamente el alma antes de proseguir el camino que te convierta en un progenitor.

No tuyo propio

Uno de los grandes beneficios de tener un hijo es que tu vida ya no te pertenece. Tu hogar ya no es tuyo. Para las mujeres, ni sus propios cuerpos ya son suyos. Tan difícil como puede ser el darle cabida a un niño, tanto real como figuradamente, en todas las dimensiones de tu vida, puede ayudarte a ser menos egocéntrico y más compasivo. Cuando ya no pienses sólo en ti mismo, madurarás de un modo único que no ocurre en ninguna otra relación.

El niño enlaza los aspectos prácticos de la vida cotidiana con el eterno privilegio de ser un instrumento de Dios para traer otra alma a la vida. Debes aprender a abordar estas dos áreas.

Consideremos algunos de estos preparativos, partiendo de los más prácticos. Antes de tener un hijo debes preparar las habitaciones de tu casa para protegerlo de daños. Esto incluye acolchar los bordes afilados de los muebles, especialmente las mesas, quitar los objetos de vidrio o de otros materiales rompibles y ponerles cerrojos a todas las gavetas y armarios. Mejor aún, debes poner fuera de su alcance todos los detergentes, jabones, lociones y cualquier cosa que contenga productos químicos que puedan envenenar a tu bebé.

Tales preparativos para la llegada de tu bebé son solo la punta del témpano de hielo de la paternidad. A partir de esas medidas, ustedes, señoras, deben adiestrarse a un nivel más personal para el cuidado prenatal, que puede exigir un nivel de disciplina y de autosacrificio que nunca habían experimentado cuando sólo tenían en cuenta tu propia vida. Con otro corazón que late ahora dentro de tu cuerpo, deberás renunciar a fumar y a tomar bebidas alcohólicas y harás que tu médico revise cualquier medicamento que puedas estar tomando por el efecto que pueda tener en el embrión que crece en tu interior.

Tendrás que ejercitarte y comer alimentos nutritivos y balanceados. Tendrás que cerciorarte de que ingieres la debida cantidad de vitaminas y minerales, particularmente de ácido fólico, que es esencial para el desarrollo neuronal del bebé. El descanso y la relajación adecuados son esenciales durante el embarazo, especialmente cuando tienes presente las noches de desvelo que te esperan mientras tu recién nacido se aclimata a un horario regular.

Preparar un espacio o un «nido» para el bebé incluirá compras tales como una cama, una mesa para cambiarlo y un adecuado surtido de pañales. Algunos juguetes, ropa y accesorios especiales (¡no te olvides de los chupetes!) también se incluirán en tu lista. Muchas mujeres disfrutan estas actividades preparatorias, que pueden compartir con su marido y otros miembros de la familia para crear un vínculo de ilusión. Sin embargo, no te descorazones si no te interesan tales actividades. No tienes que ser Martha Stewart ni emprender una transformación extrema de tu casa para tener un bebé. Es mucho más importante trabajar desde adentro y prepararte primero tú misma y luego ocuparte del entorno.

PATERNIDAD SIN SER PADRE O MADRE

Ser un buen ejemplo a los niños de nuestra sociedad no es solo tarea de los padres. Todos fuimos niños en su momento. Piensa en el impacto positivo que tuvo en ti el tener un solo adulto en tu vida que se ocupó de ti y que se interesó en ti como persona. Y si no tuviste eso, piensa en el efecto que eso hubiera tenido. No importa quién eres, ni dónde vas, si tienes hijos o no, hay algunos niños que necesitan tu apoyo, tu orientación o una palabra amable de aliento que podría cambiar la dirección de su vida hacia un mejor destino. Si tienes hijos, recuerda que, seas consciente de ello o no, ellos siempre te estarán observando. Lo que dices, cómo actúas, lo que haces en ciertas situaciones es el modelo para la persona que ellos probablemente lleguen a ser. Si no tienes hijos, contempla la posibilidad de ofrecerte de voluntario a una organización infantil, conviértete en un Hermano Mayor (*Big Brother*) o Hermana Mayor (*Big Sister*), ofrécele tu tiempo a un programa extraescolar, a una organización religiosa o acércate a un niño en tu propia familia, una sobrina, un sobrino o un primito. El mundo puede ser un lugar difícil, confuso y solitario para un niño solo. Una relación robusta y alentadora con un adulto puede significar un cambio radical en la persona que han de ser.

Dilema del papá

En tanto las mujeres experimentan un trastorno traumático en sus cuerpos, los hombres pueden experimentar un trauma mayor en la manera en que un niño impacta el matrimonio. Independientemente de cuánto ambos padres quieren un niño y se preparan para su llegada, él o ella cambiará definitivamente la dinámica entre ustedes dos. Estimado papá, no importa cuánta alegría traiga el arribo del niño, un bebé ocupa otro pedacito de tu esposa. Su atención, su foco y su tiempo dejan de estar centrados en ti para ocuparse de este bebé indefenso que los exige las veinticuatro horas del día.

Este cambio suele ocurrir mientras la madre está naturalmente preocupada con su nuevo bultito de alegría mientras el padre se queda para cambiar pañales y preguntándose cuándo podrá volver a disfrutar de intimidad sexual con la mujer con la que se casó. En un momento estás a la espera de una noche con velas, jazz suave y ropa interior provocativa y en el próximo estas a la espera de tomar una siesta, pedir una pizza y lavar la bata de maternidad de tu mujer. ¡Pasas de que ella te frote aceite en la piel a verla frotando masilla en una cartulina! Sus hormonas son una montaña rusa y tu libido solo asciende como una escalera mecánica. Cuando los niños llegan a la edad escolar, ¡ella está exhausta de hornear galletitas para la venta de golosinas para el aula y no quedan galletitas para ti! ¡La vida nunca volverá a ser igual!

Debes ser paciente y darte cuenta de que ella te echa de menos tanto como tú a ella. Puede exigir una gratificación tardía, pero si tu esposa ve cuánto amas al bebé, el producto de ese amor mutuo, entonces te apreciará aún más. Una vez que el bebé se haya ajustado a un horario y ella se haya recuperado físicamente, volverá a mostrarte de nuevo su amor de la forma en que ya te habías acostumbrado.

Además de paciencia, tu estímulo es esencial durante la transición que conlleva tener un nuevo miembro de la familia. La mayoría de las mujeres pierden el peso que han tenido durante el embarazo, pero muchas no. En medio de las fluctuaciones de peso, las estrías en la piel, la lactancia y las arrugas de la falta de sueño, tu mujer puede que ya no se sienta bella. Debes recordarle que la amas, ¡con estrías y todo! Ustedes hicieron un compromiso de amarse en la riqueza y en la pobreza, en la enfermedad y en la salud. ¡Esto incluye las fluctuaciones de peso, los goteos de la lactancia y las patas de gallo de la falta de sueño! La paternidad puede sacar a relucir la belleza interna del padre y de la madre, así como el amor, la compasión y el sacrificio que ambos estén dispuestos a darle a esta nueva vida que han creado juntos.

Finalmente, puedes mostrarle amor a tu mujer siendo tan útil y práctico como sea posible. Ofrécele darle al niño el biberón de las 2 AM. No esperes que te pida que le cambies un pañal. Ocúpate de preparar las comidas o pídelas. Prepárale un masaje o un almuerzo sorpresa con amigas mientras le cuidas el bebé. Mostrándole a tu esposa que estás comprometido a hacer tu parte en la crianza del niño adelantas un gran trecho en el camino de encontrar un nuevo ritmo para tu relación.

Hombre, no esperes hasta que ella te informe de su estado para discutir tus sentimientos hacia la paternidad y, más importante aún, hacia su embarazo. Expón tus temores y preocupaciones. Si te preocupa que las relaciones sexuales se terminen después de que nazcan los niños, manifiesta eso y hagan un plan para hacer un viajecito los dos solos cuando ya el bebé pueda quedarse con la abuela o la tía. Haz de tu participación como el padre del niño y el compañero de tu esposa una decisión deliberada y obvia. Tanto tu esposa como tus hijos sabrán esto y te querrán aún más.

SALDO PATERNO

La parte más difícil de ser padre o madre es darle a tu hijo la suficiente orientación y apoyo para que sea la mejor persona que pueda y luego, cuando llegue el momento oportuno, echarte a un lado y dejarlo salir al mundo y cometer los inevitables errores que todos cometemos mientras aprendemos a ser quienes somos. Queremos proteger a nuestros hijos de dolores y desilusiones, pero la verdad es que el dolor y el desencanto son parte de la vida. Dales a tus hijos las herramientas que necesitan para tener éxito en el mundo, una fe firme y una educación, es tu deber de padre, como lo es el tener el valor de dejarlos que se vayan, que extiendan sus alas y encuentren su camino, contigo allí con los brazos abiertos para brindarles apoyo y continuar alentándolos si tropiezan a lo largo de su ruta.

Orientación de los padres

Las otra consideración importante que debes tener en cuenta antes de tener hijos es que conlleva el compromiso de por vida con su bienestar. Cada vez que uno de mis hijos se ha graduado de secundaria o cuando veo a mi hija en su traje de novia, me siento conmovido y pienso *¡lo hemos logrado!* Esos momentos son hitos que merecen celebrarse. De algún modo ese niño, su madre y yo hemos sobrevivido a las muchas trasnochadas después del toque de queda, a las levantadas temprano para la escuela, a las tareas hechas a último momento. Sobrevivimos a las sirenas, a las frenéticas llamadas por teléfono, a los constantes mensajes de texto y a las compras incesantes.

Mi tentación era creer que de alguna manera una vez que se hubieran graduado o casado ya habían llegado. Antes de felicitarme demasiado a mí mismo, ahora me preocupo por sus empleos y sus matrimonios, sus parejas, sus relaciones y las nuevas familias que están empezando. Aunque tus hijos se conviertan en adultos, siempre habrá algo acerca de ellos que te preocupará.

La familia nunca se acaba. En Génesis 49, vemos que Jacob, en su lecho de muerte, les habló a sus hijos y los bendijo. Incluso en su postrer aliento, estaba preocupado por sus hijos y concibiendo un escenario para el futuro de ellos una vez que él faltara. Cuando Jesús está muriendo en la cruz, su madre está allí sufriendo su agonía. Nuestras responsabilidades por los hijos trascienden la tumba. Cuando traemos una nueva vida a este mundo, creamos un lazo que la muerte no puede romper. Pero antes de atarlo, cerciórate que puedes resistir la tensión que el lazo trae consigo.

Y te prometo que lo halarán, lo estirarán y lo volverán a halar aún más. Pero podemos hacer nuestra parte para que el lazo se mantenga fuerte y no se rompa porque nos hayamos dormido en los laureles. Me he convertido en un invitado frecuente del programa del Dr. Phil y a menudo aconsejamos a padres que se preguntan cómo sus hijos terminaron con un embarazo no planificado o una drogadicción. Ahora bien, como he dicho antes, los padres pueden hacer todo lo mejor que puedan y estas situaciones aún pueden ocurrirle a sus hijos. Sin embargo, a veces debemos cerciorarnos de que estamos haciendo todo lo que podemos para proteger a nuestros hijos de los medios de difusión, de sus iguales y de nuestra cultura.

En uno de los programas del Dr. Phil, descubrimos una escuela intermedia donde los profesores les daban condones a los niños de trece años sin el consentimiento de sus padres. En este mismo programa, una madre permitía que su hija de trece años tuviera relaciones sexuales en su casa. Ella estaba más preocupada en ser la amiga de su hija que en ser su madre. Ahora bien, yo no soy en modo alguno el Ratón Perez y vivo en el mundo real y tengo una familia donde este problema se ha discutido ampliamente, pero siempre que toleremos o promovamos las relaciones sexuales entre niños, nos hemos hundido en un hoyo. Y antes de que pienses que estoy siendo un predicador enfático, déjame asegurarte que esto es acerca de buena paternidad, no de religión.

Antes de tener un hijo, debes haberte enfrentado lo bastante a tus propios problemas y tener la madurez que le permitirá a tu hijo enojarse contigo y a veces llegar a rechazarte.

No importa lo que les enseñemos, nuestros hijos pueden fallar, pero si bajamos nuestras normas, fíjate entonces cuán bajo ellos irán a dar. Si dejamos que niños de doce años participen de actividades de adultos, ¿cuándo se lo consentiremos a los de diez o a los de seis? ¿Cómo podemos luchar para proteger a nuestros hijos de los depredadores sexuales cuando bajamos la cama y los invitamos a meterse en ella?

Algún día dejarás de tener la necesidad de ser el guardián de tus hijos y entonces podrás contarles la intrahistoria y convertirte en su amigo. Pero debes ganarte primero ese derecho a ser su amigo siendo su padre o su madre. Ellos necesitan un padre (o una madre) que fije los límites para protegerlos más de lo que necesitan o quieren a un amigo.

PARTE DEL QUEHACER DE LA PATERNIDAD

Los niños enfrentan un mundo que está lleno de influencias negativas, no importa cuánto intentemos protegerlos, y ellos miran hacia ti y necesitan que actúes como sus brújulas morales y espirituales. En un día cualquiera, tus hijos están bombardeados con anuncios y programas de televisión, películas, música, vídeos, revistas y páginas web llenas de imágenes de sexo, violencia, consumo de drogas y bebidas alcohólicas y materialismo. Gran parte de esto se les presenta lleno de glamour y los alimenta de tal manera que comienzan a sentirse anormales si no tienen el último modelo de teléfono celular a los doce años o la última cartera o zapatos de diseñador a los catorce. El programa de MTV, *Sweet Sixteen* muestra a muchachos y muchachas de dieciséis años, vestidos con ropa de diseñador, y más parecidos a los gamberros y las chiquitas de un vídeo de rap que a simples adolescentes que no son más que alumnos de segundo y tercer año de secundaria. Los personajes suelen ser hijos de multimillonarios o celebridades que planean elaboradas fiestas a veces de millones de dólares. Ya han pasado los tiempos del pastel y el helado y unos cuantos globos en el sótano. Estos chicos reciben Hummers y Maserati's de regalo antes incluso de que tengan licencia de conducir.

Es tu deber como padre contraatacar este tipo de influencias sirviéndoles de ejemplo a tus hijos, enseñándoles que si bien la mayoría de nosotros disfrutamos las posesiones materiales, debemos salir a trabajar y a ahorrar dinero para ellos y que nuestras vidas no están concebidas para girar en torno a la adquisición de posesiones que simbolizan una posición.

Déjenme compartir algo aquí con franqueza. Mi propia hija tuvo un bebé fuera de matrimonio y la apoyamos e hicimos todo por ella excepto condonarle su actuación. Así no fue como la criamos. Ésto no era lo que esperábamos. Ésto no era típico de su conducta o de su carácter. Pero no obstante sucedió. Su madre y yo quedamos devastados y experimentamos toda una gama de emociones: ira, pena, decepción, temor y vergüenza. Pero ella es nuestra hija y la apoyamos al tiempo de darle a conocer nuestros sentimientos. Ahora que ella ha madurado y está a punto de casarse, me sorprendo al ver cómo esta experiencia ha moldeado su vida con una inesperada belleza. Ella muestra una madurez y una paciencia que le será útil con su nuevo marido.

Pese al hecho de que nuestro ideal se rompió, enfrentamos la realidad y ahora tenemos un hermoso nieto. El amor por nuestra hija nunca nos flaqueó ni dejamos de sostener los principios en que ella fue criada. Debemos mantener los ideales de la moral y la conducta bíblicas mientras extendemos la gracia para enfrentarnos con las duras realidades que todos encontramos alguna vez. Nuestra voz no es la única influencia de nuestros hijos. Desde MTV a BET, de iTunes a Myspace, hay una experiencia cultural totalmente diferente que ejerce mil influencias distintas sobre ellos desde todas partes. Nuestro trabajo como padres es mantener esas fuerzas a raya mientras que podamos, preparándolos y fortaleciéndolos para salirles al encuentro de esas presiones y mantenerse firmes.

PARA LLEGAR A SER COMO TU PADRE O TU MADRE

Tu experiencia como niño y tus puntos de vista de la capacidad de tu madre y tu padre de ejercer la paternidad probablemente influirán en la manera en que críes a tus hijos. Si bien la mayoría de nosotros decimos en uno u otro momento «nunca cometeré con mis hijos los errores que cometieron mis padres», más tarde o más temprano te encontrarás de pie en la cocina, con las manos en las caderas, agitando los dedos y repitiendo «si no dejas de hacer eso, te voy a...» para darte cuenta con horror de que en efecto haz hecho lo que temías, ¡te has convertido en tu madre!

Depende de ti el decidir qué tomar y qué dejar atrás de tu experiencia de la niñez. Puedes aprender de los errores de tus padres y emular esos hábitos que crees que fueron buenos. Como madre o padre de tus propios hijos depende de ti transmitir lo bueno y romper el ciclo de los hábitos e ideas perjudiciales que con tanta frecuencia se transmiten a través de generaciones.

Si no puedes aceptar la paternidad como un compromiso de por vida, entonces debes aceptar esa realidad y no pretender otra cosa. No te quedes fascinada por los bebés que ves en sus cochecitos en el centro comercial o en la guardería de la iglesia. No te engañes creyendo que sencillamente «te acostumbrarás» después de que llegue el bebé. ¡Tendrás un trabajo de veinticuatro horas por el resto de tu vida! Un bebé no es un accesorio bonito que podemos exhibir. Tu vida social se alterará o al menos cambiará. Si eres soltera, no todo el mundo quiere salir con alguien que tiene niños. Si eres casada, pasará un tiempo antes de que regresen las noches románticas o antes de que puedas compartir tiempo con otras parejas o con la agrupación comunitaria de tu iglesia. Tener un bebé es como lanzar una hermosa piedra en el apacible estanque de tu vida: repercutirá en todas tus relaciones y se asentará muy por debajo de la superficie.

La paternidad es una de las formas más sorprendentes y maravillosas de haber sido creados a la imagen de Dios. El Padre supremo nos ama a cada uno de nosotros como un hijo o una hija únicos. Si hemos de experimentar el gozo de ser bendecidos con hijos, debemos asociarnos con Dios para cuidar de ellos de la manera más amorosa y total que sea posible. Este proceso comienza mucho antes de que veamos materializarse la tenue línea azul en la prueba casera de maternidad. Tiene lugar ahora. Antes de que tengas hijos, cerciórate de que estás preparada (y preparado) para amar a alguien más poderosamente que nunca antes. Se lo debes a ellos y te lo debes a ti misma. «La corona del anciano son sus nietos; el orgullo de los padres son sus hijos» (Proverbios 17:6, NVI). La decisión de buscar la paternidad (o la maternidad) es una de las decisiones que más radicalmente puede cambiar la vida. Acércate a ella en oración, medita y delibera al respecto y, sobre todo, con sentido del humor, antes de hacerlo.

capítulo 15

Antes de divorciarte

Un divorcio es como una amputación: la sobrevives, pero hay menos de ti.

—*Margaret Atwood*

Si me conoces, entonces sabes lo que aprecio la institución del matrimonio. La mayor parte de este libro es acerca de cómo tener un matrimonio a prueba de divorcio, mediante la toma de importantes decisiones, independientemente de con quién salgas, a qué grupos pertenezcas o dónde vivas. Sin embargo, con índices de divorcio tan altos, como nunca en nuestra cultura, no sería justo si no abordara con honestidad las realidades del divorcio y las cosas que debes tener en cuenta antes de romper el vínculo que alguna vez creíste para toda la vida.

El divorcio se ha convertido en algo tan común en nuestra cultura como los restaurantes de servicio rápido y tan ubicuo como un jingle publicitario de la radio que nos recuerda que tú puedes salirte con la tuya. En estos tiempos ya no nos asombra que alguien ande por su tercer, cuarto o incluso quinto matrimonio antes de cumplir los treinta años. Ya no nos sorprende que un matrimonio dure sólo unos pocos meses o incluso semanas. Y no son solo los actores, las celebridades y los atletas profesionales de los que leemos en las revistas de chismes. Se trata de nuestros compañeros de trabajo en la oficina, de nuestros amigos en la iglesia y de los miembros de nuestra propia familia en el barrio.

Muchas parejas aún se me acercan en busca de consejos, pero me resulta claro a partir de lo que he visto que muchas ya han tomado una decisión. Quieren venir a mi oficina impulsados por el intento de justificar lo que ya han decidido. Otros al parecer intentan usar la sesión de consejería como un ensayo con vestuario de la vista de divorcio. A partir de sus actitudes y acciones, resulta claro que ven su matrimonio como un vestido que se prueba, se arregla y se ajusta, se usa por una temporada y luego se descarta por el próximo vestido de la pasarela.

No puedo abordar el tema del matrimonio y el oscuro eclipse del divorcio sin primero hacerles saber de dónde vengo. Mis abuelos maternos tuvieron quince hijos (sí ¡quince!) y permanecieron juntos y casados por más de cincuenta años. Su unión terminó solo cuando mi abuelo bajó a la tumba. Mi abuela materna se casó tres veces, cada una de las cuales terminó con la muerte de su marido.

Si bien mis propios padres se divorciaron más tarde, yo crecí como un hijo con dos padres en casa, que me inculcaron ambos que el matrimonio era sagrado. Llevo más de veinticinco años casado con la misma mujer, la madre de mis hijos. Aunque hemos tenido nuestros altibajos, la palabra divorcio nunca se ha mencionado. Tendemos a tratarla como otras personas tratan a palabras que han erradicado de su vocabulario. Usar la palabra «divorcio» para amenazar, manipular y convencer a un cónyuge a hacer lo que queremos que haga nunca es saludable para una unión sana y satisfactoria. Si la amenaza del divorcio se esgrime continuamente entre dos personas como los jugadores de póker en sus pujas antes de jugar, alguien terminará por responder al alarde del otro y terminará el matrimonio.

EL DIVORCIO COMO ARMA

Proferir la palabra divorcio como una amenaza común en una discusión o un desacuerdo es el equivalente a un chantaje emocional. Si tu deseo es hacer que tu pareja se sienta vulnerable e irrespetada entonces hazlo. Pero si ésa no es tu intención, y el divorcio no es realmente lo que quieres, sino comprensión y compasión, reconsidera tus tácticas y esfuérzate en aprender a comunicarte eficazmente.

Sí, el divorcio es un lugar común en nuestra cultura actual, y yo no estoy condenándolo ni respaldándolo. A veces es necesario a fin de salvar el bienestar mental, físico o emocional de un individuo. Con frecuencia es innecesario y se convierte en una manera perezosa de escapar de una temporada tormentosa que solo atronará y azotará más fragorosamente a tu alrededor cuando de repente estés solo. El divorcio nunca es fácil y nunca debe verse como fácil. Permíteme ofrecer algún alimento intelectual para los que están hambrientos de cambiar sus actuales relaciones. Tú puedes llegar a divorciarte —no estoy aquí para hablarte necesariamente de eso, solo para ayudarte a tomar la mejor decisión. Sigue leyendo y estarás mucho más informado del costo, antes de hacerlo.

Duros de corazón

A partir de mis experiencias personales, familiares y profesionales respecto al matrimonio, puedes ver que nunca trivializo el divorcio. Como empresario y como ministro que discute muchos temas —economía, relaciones, negocios, liderazgo— todos mis procesos intelectuales están influidos por mi comprensión de la Escritura. Si mis propias experiencias no me hubieran enseñado a respetar el matrimonio, mi comprensión de la Palabra de Dios seguramente lo habría hecho.

«"Yo aborrezco el divorcio", dice el Señor, Dios de Israel» (Malaquías 2:16, NVI), haciendo clara y sencilla la perspectiva de Dios sobre el tema. Del mismo modo, Jesús dice «Se ha dicho: "el que repudia a su esposa debe darle un certificado de divorcio". Pero yo les digo que, excepto en caso de infidelidad conyugal, todo el que se divorcia de su esposa, la induce a cometer adulterio, y el que se casa con la divorciada comete adulterio también» (Mateo 5:31–32, NVI).

Resulta claro a partir de estos textos de la Escritura que nuestro Creador no quería que entráramos en un voto tan sagrado y dejáramos la puerta abierta para una conveniente estrategia de salida cuando el calor se hiciera muy intenso en la cocina conyugal. Pero antes de que grabemos en piedra un compromiso firme e irrevocable, debemos también considerar las palabras de Jesús en Mateo 19:8 (VRV): «Por la dureza de vuestro corazón Moisés os permitió repudiar a vuestras mujeres; mas al principio no fue así». Su aseveración parece implicar que hubiera excepciones creadas por las circunstancias derivadas de la dureza del corazón de las personas. Y si alguna vez vivimos en una época en que se ha endurecido el corazón de la gente es ahora.

Pero debemos tener presente que solo porque Jesús dice que la infidelidad fundamenta el divorcio no significa que lo imponga necesariamente. Es semejante a ser detenido en la carretera interestatal por exceso de velocidad. Un agente de policía tiene razones para ponernos una multa puesto que íbamos por encima del límite de velocidad y sería justo al hacerlo, pero en su misericordia puede darnos una nota de amonestación o nada en absoluto. Nuestra naturaleza humana ha de vivir a partir del doble rasero que mantenemos: buscamos justicia cuando estamos heridos, pero queremos gracia cuando infligimos las heridas. En lo que a nuestro matrimonio concierne, no debemos apresurarnos a juzgar si la misericordia puede restaurar la relación.

Sin embargo, hay situaciones que apuntan al divorcio como una solución. Otra justificación bíblica para el divorcio es cuando las parejas están desigualmente ayuntadas. En 1 de Corintios 7, hay algún indicio de que si un cónyuge no creyente decide separarse de una mujer creyente, el tal no está sujeto por la ley. No importa cuál sea tu teología sobre este asunto, ninguno de nosotros puede negar el hecho de que algunas relaciones tóxicas llegan a ser letales por razones que van desde problemas de salud (el haber contraído enfermedades) hasta problemas de seguridad (abuso conyugal) que necesitan la separación y la disolución del matrimonio.

A lo largo de mis años de ministerio, he aconsejado a incontables personas que se han encontrado atrapadas en relaciones sin sexo, sin amor y a veces violentas, y que eran tan destructivas que ya no me sentía cómodo aconsejándoles que conservaran el matrimonio. He visto los cuerpos ensangrentados y golpeados de niños que se encontraron en medio del conflicto entre un padre abusivo de un lado y una madre codependiente del otro. Un niño en particular me quema la memoria, un muchacho cuyo padre lo amarró a la puerta trasera y lo golpeó con la cadena de una bicicleta hasta que las heridas se invirtieron y trozos de carne salieron a la superficie para formar un horrible mosaico de dolor.

Tal conocimiento me impide apresurarme a juzgar y decirle a la gente que espere a toda costa que Dios los libre. He aprendido que detrás de las sonrisas y maneras profesionales de muchas personas se esconden corazones aterrados de los que son víctimas de un control abusivo. He visto a individuos sujetos a tan irresistible abuso que no podría alentarlos en buena conciencia a que se quedaran en la misma casa con su abusador, para no hablar de conservar el matrimonio, cuando yo sabía que, en su lugar, yo me iría con mis hijos. A veces el divorcio es el único camino para ponerle fin a una temporada de dolor, sufrimiento y soledad que es mucho peor que los efectos posteriores de la separación.

OFENSAS QUE GARANTIZAN EL DIVORCIO

La decisión de divorciarse debe tomarse muy seriamente. Algunas vidas, incluida la tuya, se verán afectadas durante años de modos que probablemente no puedes prever. Sin embargo, todos tenemos nuestros «límites», esas ofensas por las cuales sabes que no hay retorno. Para algunos ese punto es la infidelidad, para otros son las drogas o el alcohol, el abuso verbal o físico o una grave deshonestidad. Tienes que decidir por ti cuál es ese límite para tu matrimonio y discutirlo con tu futuro cónyuge antes de casarte. Saber sinceramente lo que piensan nuestros amados puede ayudar mucho a hacernos pensar dos veces antes de realizar acciones que puedan dar lugar al fin de nuestras relaciones.

Oro falso

Al meditar profundamente el por qué quieres divorciarte de tu cónyuge, debes fijarte en lo que falta de tu actual relación. ¿Es romance? ¿Sexo? ¿Intimidad? ¿Conexión? ¿Comunicación? ¿Todo lo anterior? Independientemente de cuáles sean las carencias, al final resulta muy tentador buscar lo que te falta en tu matrimonio en los brazos de otra persona.

El perfume de su colonia. La sensación del ropón de seda sobre su piel. El toque de sus caricias. Alguien que te sujeta de la manera que tu marido una vez lo hizo. Alguien que te susurra al oído como tu esposa una vez lo hizo. Es tan tentador creer que esta otra persona puede proporcionarte todo lo que tu actual cónyuge ha dejado caer por la borda.

Antes de tener una aventura, o antes de divorciarte de tu cónyuge para estar con esta persona, debes considerar lo que llamo la regla 20/80. Buscamos a alguien para casarnos que nos aporte a nosotros y al matrimonio el 100 por ciento, alguien que sea exactamente para nosotros, que parezca entendernos realmente y que se convierta plenamente en nosotros. Sin embargo, esa persona perfecta no existe. En el mejor de los casos, nuestro cónyuge, como el ser humano falible y perfectible que él o ella es, puede aportar un 80 por ciento. En efecto, si él o ella pueden aportar un 80 por ciento de lo que necesitamos para la relación, estamos extremadamente bien.

A veces esto parece suficiente, pero con el paso del tiempo, según los años le trazan a ella patas de gallo junto a los ojos, y a él le salen rollitos en torno a la cintura, mientras el peso de las facturas y las hipotecas y los padres enfermos y los hijos conflictivos apremian, tú anhelas el otro 20 por ciento. Echas de menos el romance y las conversaciones íntimas antes de dormir. Echas de menos los regalos sorpresa y las notitas en tu maletín. Nos hacemos cada vez más consciente de lo que nos falta y comenzamos a buscar sutilmente, o no tan sutilmente. Y cuando buscamos algo solemos encontrarlo. De repente encontramos a alguien que parece tener todo lo que queremos y necesitamos.

Como un oasis resplandeciente en el Valle de la Muerte, nuestra percepción es ilusoria, porque la otra persona tampoco tiene el 100 por ciento. Ella simplemente tiene el 20 por ciento que no recibimos de nuestro cónyuge en casa. Es por eso que una aventura nos infunde una sensación de romance y pasión, de idealismo e inspiración. De repente conseguimos algo que necesitamos y que nos faltaba y pensamos que hemos descubierto una mina de oro. Pero es solo cuando verdaderamente llegamos a conocer a la otra persona, cuando deja destapada la pasta de dientes y levantada la tapa del inodoro, que descubrimos que no lo tiene todo. Es la alquimia del oro falso en la cual rociamos de un tono dorado nuestra visión de una piedra con la esperanza de que pueda ser tan valiosa como necesitamos que lo sea.

Tyler Perry me oyó hablar de la regla del 80/20 y quedó tan convencido de su verdad que me pidió permiso para usarla en su película *Why Did I Get Married?* (*¿Por qué me casé?*) en la cual los personajes se enfrentan con esta misma percepción falsa. Ellos aprenden, al igual que todos nosotros, que no hay personas ni relaciones perfectas. La realidad de la intimidad es que solo nos acercamos mutuamente cuando luchamos, fallamos, perdonamos, perseveramos y seguimos adelante juntos. Cuando alguien ve que tú le fallas y aún te ama y quiere estar contigo, entonces tienes algo más rico y más profundo de lo que aun el 100 por ciento podría darte.

RELACIONES INADECUADAS

Si estás relacionándote de forma inadecuada con alguien fuera de tu matrimonio o de tu relación, eso es probablemente una señal de que algo anda mal en casa. Cierto, después de años de matrimonio o de una relación monógama regular, la pasión y el entusiasmo que una vez sentiste por tu pareja ha evolucionado hacia algo menos explosivo. Mientras nos acomodamos a la rutina de la vida, tenemos la tendencia a concentrarnos en los problemas del diario vivir, los niños, las carreras, las cuentas, el cuidado de padres que envejecen, etc. Pero si te encuentras buscando fuera de tu relación una reconexión con esos sentimientos de euforia que una vez tuviste, debería ser una señal de alarma de que tu relación podría tener problemas. Puede resultar halagador conseguir la atención íntegra de otra persona que, a diferencia de tu cónyuge, tiene sólo tus necesidades en mente; pero es altamente improbable que ésa sea la respuesta a tus males.

Lecciones de arte

Mientras otros capítulos de este libro están dedicados a los problemas relacionales que deben tenerse en cuenta antes del matrimonio, la pareja que procura volver desde el borde del divorcio encuentra algunas arrugas en el traje de su relación que deben alisarse. Enfrentándose a los duros golpes de la vida, ya se trate de cosas circunstanciales como un despido o una ejecución hipotecaria o algo más cercano a la relación como una traición o una adicción, una pareja debe aprender a reconectarse, a reconstruir y a revitalizar lo que una vez tuvo. A fin de lograr tal hazaña, cada individuo debe estar dispuesto a tomar algunas lecciones de arte.

Así como la mano del artista tiene cinco dedos que toman el pincel y lo aplican a la tela, las parejas deben aprender a dominar cinco áreas claves si han de aplicarle esperanza a su anterior cuadro de desesperación. La clave primera y fundamental es el arte de conocer a la otra persona. Los individuos con frecuencia intentan definir a la otra persona, encasillarla y clasificarla para el resto de sus vidas. Conocer a alguien es un arte en desarrollo, no una ciencia estática con datos inmutables.

Debes contemplar a la otra persona como un misterio que requiere permanente escrutinio y aprendizaje vitalicio. La Biblia nos dice que un hombre y una mujer deben morar juntos sabiamente (1 Pedro 3:7, VRV) y, como hemos visto, alienta a las parejas a pasar juntos el primer año sin otras distracciones. Las parejas que desean salvar su matrimonio, luego de contemplar larga y detenidamente el divorcio, deben estar dispuestas a hacer una revisión de su cónyuge. La otra persona puede no ser quien tu pensabas que era, pero tampoco lo eres tú. ¡Dense espacio para que ustedes dos evolucionen, giren sobre sus pasos y resuelvan el problema!

Luego, el arte de escuchar debe practicarse regularmente. La razón por la que muchas parejas contemplan el divorcio en primer lugar es porque cada uno le echa al otro un monólogo, un sermón o un discurso político, sin dejar lugar para una auténtica conversación. Aconsejar resulta a veces tan efectivo sólo porque obliga a cada uno de ustedes a frenar y a oír lo que dice la otra persona. La mayoría de las parejas están tan ocupadas en el intento de imponer su punto de vista y de vencer a la otra persona en la pelea que no le prestan atención a las soluciones ni a los lugares de negociación.

El divorcio no sería tan común si estuviéramos dispuestos a escuchar con corazones abiertos en lugar de mentes cerradas. Recuerda, Dios dijo que Él sólo permitía el divorcio debido a la dureza de los corazones de la gente. Esto significa que sus corazones no se ablandarían hasta el nivel de la comprensión y hasta el lugar de la negociación. Algunas parejas encuentran más fácil escribirse cartas expresando sus sentimientos mientras vuelven a aprender a comunicarse en un nivel nuevo y más profundo.

Muchos artistas se detienen y esperan a que la luz del sol ilumine a su objeto de la manera precisa a fin de captarlo en el lienzo. Pueden sentarse toda una tarde a la espera del ocaso para captar la dorada iluminación que se proyecta sobre el horizonte. De manera semejante, el arte de esperar no debe ser subestimado en su capacidad de restaurar la belleza de tu relación. Este arte combina la paciencia con la perseverancia y a veces puede ser atroz mientras te doblas pero rehúsas romperte.

Cuando la Biblia dice que un hombre debe dejar a su padre y a su madre (incluidos su cultura, su entorno y su idioma familiar) y tomar consigo una mujer (para desarrollar una cultura, un entorno y un idioma familiar nuevos), quiere decir que se separan de sus orígenes para constituir una sola entidad. Al igual que el nacimiento de una nueva nación, establecer vínculos toma tiempo y esfuerzo. Mientras esperamos que brote la nueva piel del injerto del amor, necesitamos paciencia. Sabemos que esperar al Señor les renovará las fuerzas. Su oportuna intervención produce una recuperación más profunda y más enriquecedora que cualquier otra cosa que podamos forzar que ocurra. Puede haber un tiempo en tu vida de cortar amarras y de seguir adelante, pero ustedes dos deben agotarse y agotar todas las opciones antes de terminar la relación.

Tal vez el arte más difícil de dominar es el arte de perdonar. Aunque le sirvan de alimento a las revistas y a los programas de farándula de la televisión, los escándalos privados de las figuras públicas no le interesan a nadie excepto a los que les conciernen. No es nuestro lugar decir si la esposa de un político o el marido de una celebridad debe perdonar a su pareja por sus transgresiones. Nadie permanece casado con alguien sin que intervenga algún tipo de perdón. Dios no permanece con nosotros sin que le pidamos su perdón.

Se nos dijo que le pidiéramos «perdona nuestras deudas,

como perdonamos a nuestros deudores», entre esos deudores se incluyen los que nos han faltado a la fidelidad. Si no practicas el perdón en las pequeñas cosas, resulta mucho más difícil extender y recibir gracia durante los momentos de crisis. El arte de perdonar exige abandonar la perfección y la actuación y sostener firmemente la gracia y la gratitud.

Finalmente, el arte de la apertura exige de nosotros que permanezcamos vulnerables, transparentes y dispuestos a confiar otra vez. ¿Sabes cómo reaccionas al dolor cuando el médico te pone una inyección? Tu primera reacción es contraerte. Del mismo modo, nuestros corazones de manera natural se cierran y se contraen después del dolor y del rechazo. Es un mecanismo reflejo del alma, una manera de protegernos inconscientemente.

Esto es un gran atributo en cualquier otra parte, menos en el matrimonio. Porque si no desconectas este mecanismo, cerrarás el alma. Ese es el estado en el que todavía amas a la persona, aún regresas a casa por la noche, pero estás predispuesto y distante. Te has cerrado por temor a la decepción o a que te hieran. Pero el matrimonio es un pacto abierto consumado por el sexo que remueve todas las barreras y que celebra el júbilo de que nada se interponga entre dos personas. Es difícil de alcanzar y de mantener tal intimidad, tanto emocional como físicamente, después de la traición y la desilusión. Sin embargo, si pierdes esa cerrazón puedes recuperar la intimidad si estás en disposición de relajar tu alma y abrir tu corazón hacia la otra persona.

Gánate tu salida

Si uno está gobernado por los titulares de la prensa o instruido por los programas de televisión, resulta fácil llegar a la conclusión de que el divorcio no tiene consecuencias. Pese a lo que nos lleven a pensar programas como *Desperate*

Housewives o la revista *People,* eso no es así. Algunos han sugerido que el divorcio es más traumático para el divorciado que la muerte para el viudo o la viuda. Piensa por un momento que cuando tu cónyuge muere, todos tus secretos íntimos, conversaciones privadas y detalles personales se los lleva a la tumba.

Con la muerte evitas un grado de la angustia que surge en el corazón de los que se separan y que yacen de noche en la cama preguntándose si sus secretos se han convertido en comidilla de alcoba mientras tu ex cónyuge se encuentra en la cama con alguien más. Solo esta violación de la privacidad basta para sugerir que el divorcio conlleva consecuencias invisibles de remordimientos y reconsideraciones por el resto de tu vida. Para no mencionar los recuerdos que sobreviven en la persona que se ve distanciada de la pareja que la ayudó a fabricar esos recuerdos. Siempre existe el pesar entre los parientes políticos en tanto pierdes amistades y conexiones íntimas de familia cuando se ven obligados a tomar partido.

Luego piensa en todos los pequeños instantes diarios que forman los ingredientes esenciales de la intimidad. Antes de divorciarte, debes preguntarte si estás preparado para llegar a un apartamento vacío donde apenas tengas espacio para los niños en el segundo dormitorio los fines de semana en que te toque su custodia. Debes preguntarte quién se reirá con tus chistecitos o sonreirá cuando hables solo. ¿Quién te preparará el baño caliente al final de un día agotador? ¿Quién te preparará las cuentas para que sepas cuándo se debe pagar qué? ¿Quién sacará la lechuga vieja de la nevera y te hará tu pastel preferido para tu cumpleaños? ¿Quién conmemorará el aniversario de la muerte de tus padres contigo? ¿Quién te pondrá los pies helados debajo de las mantas?

Los matrimonios generan capital a lo largo del tiempo

semejante a una propiedad que aumentara de valor año tras año. Las pequeñas cosas se suman. Las pruebas sufridas, las crisis superadas, las alegrías celebradas. El nacimiento de tus hijos. El primer día de escuela. La primera noche en que lo agarró fuera el toque de queda. El ascenso que te costó tanto trabajo conseguir. Esa temporada de pérdida cuando tu madre tenía mal de Alzheimer. El aniversario en que él te sorprendió con la salida romántica. El collage de intimidad que había sido artísticamente ensamblado por la vida anterior que compartiste se va despegando capa tras capa hasta que no queda nada más que una tela embarrada por gruesas pinceladas de amargura. ¿Estás dispuesto a tirar todo ese capital y comenzar de nuevo con otra relación que deberás moldear y que te llevará años llevar hasta el mismo nivel al que ahora renuncias?

Este capital no es solo figurado, sino real también. El divorcio es caro. La vida a la que le has dedicado años y lágrimas construyendo juntos, de repente se ve partida violentamente en dos con la firma de un documento. Las pólizas de seguro cambian —¿tus hijos están asegurados ahora?— junto con las cuentas bancarias, las asignaciones de la propiedad, el pago de manutenciones, los calendarios de la custodia compartida y los 401(k). Repartir los bienes. Dividir la casa. Destinar los ahorros. Cuando el amor no dura, los daños colaterales sobrepasan lo que cualquiera de ustedes dos habría esperado. No podemos ir tan lejos como Johnny Taylor cuando dijo que era más barato quedarse con ella, pero entendemos lo que él quiso decir.

Antes de firmar sobre la línea de puntos y ponerle fin a tu estado civil como individuo casado, debes analizar todas las facetas de la relación junto con tus motivos. Me gusta lo que mi amigo el Dr. Phil McGraw dice respecto a las personas que buscan divorciarse: deben *ganarse* su salida del matrimonio. Con esto él quiere decir que tienes la obligación de hacer todo lo que puedas antes de iniciar el suicidio de una relación que fue importante para darle vida a la persona que amas y a los hijos que tuvieron juntos.

Los hijos merecen especial consideración. Ciertamente, es mejor para ellos tener un ambiente estable con uno de sus padres que un hogar inestable y abusivo con los dos. Sin embargo, todos los padres saben que criar hijos exige una cierta medida de sacrificio. A veces tu debes estar dispuesto a ceder la ilusión de la felicidad a cambio de la realidad del bienestar de tus hijos. Se ha dicho que la mano que mece la cuna mece al mundo. Esto suele dar testimonio de la influencia de una madre en una vida individual. Sin embargo, en la realidad no una sino dos manos mecen nuestras cunas. Idealmente, tanto la madre como el padre crean un lugar acogedor y seguro para que sus hijos experimenten sus primeras interacciones con el mundo que los rodea.

Muchos, si no la mayoría, de mis asociados que provienen de hogares en el que hubo solamente uno de los padres son lo bastante sabios para darse cuenta de que existen vías de éxito para criar hijos con uno solo de sus progenitores. Sin embargo, tener una madre y un padre presentes le aporta un equilibrio y una dinámica complementaria a la vida de un niño. Mientras los niños maduran y se convierten en adultos su comprensión del sexo opuesto se desarrolla de manera más efectiva en la experiencia de sus padres. Romper este proceso de socialización sin provocar una influencia perjudicial en los niños es difícil si no imposible. Cuando todo lo demás falla y es necesario terminar el matrimonio, sus hijos no deben ser parte de los daños colaterales.

Y, desde luego, habrá daños. Es trágico ver a los que se me acercan pensando que tendrán un divorcio amable, ordenado y cortés. A lo largo de los años, rara vez existe un divorcio cortés. El acto mismo tiene un tufo de rechazo, abandono, depresión y confusión. El proceso está entretejido de cólera y venganza y de un deseo de hacer que la otra persona sienta el mismo nivel de dolor.

EL DIVORCIO AFECTA MÁS QUE A USTEDES DOS

El divorcio no sólo impacta a las dos partes inmediatamente involucradas, sino que tiene efectos de más largo alcance. Obviamente los niños se ven afectados, con frecuencia culpándose y sintiéndose como entrometidos entre sus padres, a los cuales aman y adoran, y con frecuencia preocupados de verse obligados a tomar partido. Tus padres también se ven afectados. Ellos pueden haber llegado a considerar a tu pareja como parte de la familia, incluso como el hijo o la hija que nunca tuvieron. Los amigos sufren también. Es muy difícil seguir siendo amigos de una pareja de divorciados; el que les pidan que tomen partido y que les ofrezcan su apoyo a uno de los dos puede ser difícil y confuso.

El divorcio también afectará a tus futuras relaciones amorosas. Si bien las cosas pueden lucir bien para un soltero o una soltera, las apariencias pueden ser engañosas. Muchas personas no se animan a salir con alguien que se haya divorciado una, dos o más veces. Después de todo, tus antecedentes no son tan buenos en lo que a matrimonio se refiere. Existe también el temor, si hubiera hijos de por medio, de que haya problemas con el ex cónyuge por la custodia, las visitas de fines de semana, la manutención de los niños y las finanzas. No hay nada romántico respecto a eso. Y dependiendo de cuántos divorcios hayas tenido, tus obligaciones económicas pueden aumentar, haciéndote un candidato menos que atractivo para un novio o novia potencial que tal vez te ame pero que no quiere cargar con tu equipaje.

La vida después

Recientemente estuve enseñando sobre relaciones en una cumbre internacional de ministros cuando uno de los asistentes procedentes de otro país señaló que nosotros en Estados Unidos estamos teniendo un brote de divorcios en el clero. Él encontraba el hecho reprensible y claramente encontraba perfectamente prescindibles a los clérigos divorciados y acaso a cualquiera que estuviera en esa situación. Si bien estuve de acuerdo que los clérigos deberían dar el ejemplo y abrir la marcha en lo que respecta a proporcionar dechados de paciencia, pasión y perseverancia, le recordé que el divorcio no discrimina a personas y agrede las relaciones en todas las culturas. Puede que no haya sido tan socialmente aceptable, pero ha estado presente tanto tiempo como la institución del matrimonio.

Le advertí a este hombre que reconsiderara cómo percibimos a los que se divorcian. No debemos enseñar en principio que un asesino puede ser perdonado por asesinato pero que una persona divorciada no puede ser perdonada por quebrantar el matrimonio. ¿A los ojos de Dios es mejor matar a nuestro cónyuge que divorciarnos de él? No. Las personas son seres humanos falibles que cometen errores de elección, tanto al casarse como al divorciarse.

En efecto, veo a muchas parejas que nunca debieron casarse en primer lugar con conflictos en su relación. Debemos recordar que solo porque nos sintamos atraídos por alguien no significa que Dios nos puso juntos. De manera que muchas decisiones de casarse están tomadas por las razones equivocadas: sensación de soledad, desquitarse, mejorar las condiciones de vida, escapar de nuestro pasado, evitar la fornicación y otras cosas por el estilo. Muchas de las parejas a las que les he aconsejado que no se casen, más tarde me lo han agradecido, porque se han dado cuenta de que estaban forzando una relación por las razones erróneas.

Si podemos reconocer que hay algunas personas que no deben casarse, luego debemos racionalizar que no todos fueron disuadidos antes de la boda. Muchas veces como padres intentamos febrilmente desanimar a nuestros hijos de casarse con alguien que en nuestra opinión no es un buen partido. ¿Por qué entonces creeríamos esto como padres y no aceptaríamos que algunos adultos sufren las consecuencias de decisiones erróneas que no pudieron evitarse? Solo porque comiences un viaje en la dirección equivocada no significa que no puedas cambiar de rumbo y encontrar un nuevo derrotero.

Me siento agradecido de afirmar que hay vida después del divorcio. La vida que sigue puede convertirse en una estación de empezar de nuevo y de amarte a ti mismo y de atender a tus propias necesidades por primera vez. Puedes sentirte despechado por el trauma de una vida reconfigurada y reubicarte para los años venideros. Puedes recobrarte sin arrastrar el bagaje de tu pasado a la próxima relación. Muchos clérigos lo han sobrevivido, junto con reyes, presidentes, princesas, gerentes y ejecutivos de empresas. Personas que respetamos y admiramos lo han sufrido y han seguido adelante para hacer notables contribuciones al mundo. El divorciarte no constituye un elogio de tu vida ni de tu capacidad de amar. Pero puede ser un catalizador para el despecho y para reubicar tu futuro.

Cuando dos personas se divorcian, chocan con la fuerza de una bomba atómica, lo cual no les deja más opción que escarbar en los escombros y reconstruir su vida en otra parte. El divorcio no es una sentencia de muerte, pero debes examinar tu vida con sinceridad, franqueza y sabiduría... antes de hacerlo.

capítulo 16

Antes de transarte
por menos

El esfuerzo sólo nos recompensa plenamente
después de que una persona rehúsa rendirse.

—*Napoleon Hill*

Muchos hombres y mujeres llegan a una cierta meseta
en sus vidas donde sienten que lo mejor ha quedado
atrás. Han escogido una carrera y han alcanzado una cierta
medida de éxito. Han estado en una relación seria, se han
casado, han tenido hijos y han disfrutado de las gratifican-
tes responsabilidades de formar una familia.

En la superficie, sus vidas parecen realizadas y con frecuencia se sienten culpables de su desasosiego. Van a la iglesia, se toman unas agradables vacaciones en años alternos,
y conducen un auto confiable de un modelo viejo que los
lleva donde necesitan ir. Pueden incluso tener mayores me-

didas de éxito y haber logrado todo lo que se propusieron conseguir. Pero aún les falta algo.

Su entusiasmo por la vida se ha visto reducido a un polvo fino que se esparce por los cuatro vientos siempre que sopla una de las tormentas de la vida. Están quemados por las obligaciones de la oficina, cansados del drama con sus hijos adolescentes, fatigados de la desconexión con su cónyuge y exhaustos por la gigantesca rueda de molino en que sus vidas se han convertido. En consecuencia, comienzan a autodestruirse, buscando una aventura amorosa, un cambio de profesión, una cirugía plástica o un nuevo auto de carreras para escapar del tedio, la ira y la frustración.

Renunciar al tiempo

Muchas de las personas que se me acercan en busca de consejo me han confiado su fantasía secreta de escaparse y dejar todo atrás, comenzando de nuevo en otro país, otra cultura, otra relación. ¿Puedes identificarte con eso? «Quiero renunciar a mi vida», me dijo un hombre. «Estoy asqueado y cansado de que todo el mundo me chupe la vida sin darme nada a cambio. Quiero desaparecer y no mirar atrás». A este hombre y a otros como él, suelo señalarles lo obvio: podrías dejar las circunstancias atrás, pero nunca podrás escapar de ti mismo. Aquellos que han «renunciado a la vida» no terminan más felices que los que se apegan a ella. El elenco puede cambiar pero el guión usualmente sigue siendo el mismo.

Antes de que renuncies a nada —tu trabajo, tu matrimonio o tu vida— te insto a que pienses en el por qué quieres irte y dónde quieres ir después. Si el trapecista debe soltar la barra del columpio para atrapar la otra que viene a su encuentro, entonces debemos tener una clara perspectiva de lo que soltamos y de hacia adonde nos movemos. Estamos condenados a repetir el pasado si no examinamos nuestras acciones anteriores.

Con demasiada frecuencia renunciamos a las cosas equivocadas en el momento equivocado. Hemos renunciado a los sueños que nos habrían sostenido en nuestro trayecto a favor de los sueños de otros. Complacer a nuestros padres, conformarse con las expectativas de otros y aprovechar las oportunidades más convenientes que nos salgan al encuentro terminará por atraparnos y conducirnos a un estado de ira sorda y de depresión invertida.

Por otra parte, tal vez hemos sido tan temerosos de cambiar que ahora necesitamos renunciar a algo a fin de darle lugar a la próxima estación de nuestra vida. Puede que necesites renunciar a tu trabajo actual, a tu relación o a la situación de tu iglesia a fin de darle sitio a tu próxima carrera, persona o hermandad. La mayoría de nosotros labra su propia rutina en la vida mediante un estilo de toma de decisiones —de parar y arrancar, arrancar y atascarse— en el que vacilamos entre nuestro aburrimiento con lo que tenemos y nuestro temor por la incertidumbre del futuro.

Antes de que renuncies a nada, debes mirar dentro de ti y tratar de determinar los verdaderos motivos que te impulsan a esa ruptura. ¿Te estás conformando con menos de lo que vales? ¿Te mantienes en una relación porque temes estar soltero y solo? ¿Conservas un trabajo que está por debajo de tu capacidad porque resulta demasiado arduo cambiar de carrera a tu edad? ¿Te resignas a la mediocridad del presente por la temerosa incertidumbre de saltar al precipicio de tu futuro?

El único modo de saberlo es examinar tus sueños. En el secreto de tomar decisiones trascendentes a lo largo de tu vida reside con frecuencia la diferencia entre conservar vivos tus sueños y conformarte con un papel menor en el sueño de otro. Antes de que renuncies, es hora de que revivas esos

anhelos no admitidos que han estado languideciendo con
una profunda quemadura de congelación en el fondo de tu
corazón.

El síndrome de Lázaro

Puedes estar familiarizado con la historia de Lázaro, el hermano de María y Marta, que sufrió una enfermedad que le
quitó la vida, mientras a Jesús le avisaban de su estado. Sus
hermanas lo enterraron en una tumba familiar y llevaban
cuatro días de duelo cuando Jesús finalmente llegó a preguntar por su amigo enfermo. «¿Dónde lo han puesto?»,
preguntó. Ésta es la impactante escena donde encontramos
la sencilla declaración de que «Jesús lloró» (Juan 11:35).

Luego pese al olor a putrefacción que emanaba de la
tumba y la frustración de las mujeres de que él no hubiera
llegado antes para salvar a su hermano de la muerte, Jesús
llamó a Lázaro que saliera. El hermano de María y Marta salió de la tumba y Jesús entonces mandó «quítenle las vendas
y dejen que se vaya» (Juan 11:45, NVI). Su prematuro entierro podía difícilmente impedir que el Dios del universo reavivara los latidos de su corazón y el flujo de la sangre vital a
través de sus venas. Lázaro estaba más vivo que nunca.

Del mismo modo, tenemos sueños que podemos haber
enterrado prematuramente y que Dios ahora quiere resucitar en nuestras vidas. Estos sueños pueden centrarse en
completar tu educación, comenzar tu empresa, buscar una
relación o expresar un talento creativo que hemos tenido
que sofocar.

La mayoría de nosotros aprende a través del proceso de
maduración y enculturación que todos nuestros sueños no
se harán realidad. De hecho, basándonos en las circunstancias de la vida —el monótono trajín diario de vivir, trabajar,
mantener a una familia, para no mencionar los duros gol-

pes de las pérdidas y la gravedad de los agravios— aprendemos a ser realistas y a ver el vaso mitad vacío no importa cuánto pueda haber contenido en un tiempo. Sin embargo, yo encuentro que la única manera de sobreponerse a los estados de abatimiento de la media vida (que pueden asaltarte a cualquier edad y etapa de tu vida) es llamar a tus sueños del sepulcro donde los enterraste. De otro modo, terminarás en la senda autodestructiva para seguirlos a la tumba, real o figuradamente.

Primero, debes hacer una elección consciente de creer que una resurrección es posible. Tal transformación exige un nivel de fe que puedes haber abandonado también. Debes estar dispuesto a enfrentar tus desilusiones pasadas y a volver a calibrar tus expectativas. Debes atreverte a esperar y silenciar el ruido publicitario de la crítica interna que guarda las llaves de la prisión del artista que hay dentro de ti. Debes atreverte a esperar y a ignorar el parloteo crítico de otros en tu vida que o bien son incapaces de darte apoyo o no están dispuesto a alentarte en tus empeños. Debes atreverte a esperar cuando otro cliente cancele su pedido u otra factura trascienda tus límites de crédito.

Luego debes estar dispuesto a lamentar las pasadas opciones que directa o indirectamente han dado lugar a que le echen otra capa de tierra encima de tus anhelos enterrados en vida. Probablemente tuviste buenas razones y justificaciones lógicas para elegir lo que elegiste, pero si el resultado te distanció aún más de tus sueños, entonces debes estar dispuesto a perdonarte así como perdonar a los otros que te han decepcionado.

En el relato de Lázaro, sus hermanas hicieron duelo durante cuatro días antes de que Jesús viniera a restaurar a su hermano a la vida. Jesús mismo lloró en la tumba de su amigo. Podríamos estar tentados a pensar que esas lágrimas estaban de más porque Lázaro resucitó. Sin embargo, tal vez fue necesaria la muerte de su hermano para que María y Marta apreciaran plenamente cuánto amaban a su hermano y cuánto echaban de menos su presencia. A veces debemos perder nuestros sueños a fin de darnos cuenta cuán valiosos son para nosotros. Luego, cuando sean restaurados y emerjan con nueva vida de la tumba de nuestro remordimiento, podemos celebrar su resurrección con verdadero aprecio.

Finalmente, debes estar dispuesto a quitarle a tus sueños la mortaja y a despojarlos de los harapos que ha acumulado durante los años de su latencia. Este proceso incluye el enfrentar los hechos respecto a cómo has cambiado en el transcurso de los años. Si tu sueño era llegar a ser un astronauta del trasbordador espacial o un delantero estelar de un equipo de la NBA, luego tu edad, tu falta de experiencia y tu estado físico pueden haber eliminado esas posibilidades.

Sin embargo, tu sueño puede seguir vivo si le permites evolucionar. Si has cambiado a lo largo de los años desde que tu sueño se arraigó por primera vez, también debes permitir que haya cambiado. Puede fructificar de una manera distinta a como lo habías imaginado, pero no obstante fructificar. Tal vez ya no puedas convertirte en astronauta, pero sí en un maestro de ciencias que le transmite tu pasión por el sistema solar a los alumnos de séptimo grado. Puede que no tengas la energía para enfrentarte a Allen Iverson o a Dirk Nowitzki en la cancha, pero puedes canalizar tu pasión entrenando a algunos jóvenes que comparten tu sueño y tienen el tiempo de su lado.

Considera cómo tus sueños pueden bendecir a otros así como realizar tu propio anhelo de tener una vida más llena de sentido. Si nuestros sueños solo conllevan más dinero, posesiones y logros personales, seguirás sintiéndote vacío porque no estás retribuyendo y transmitiendo la pasión para energizar el sueño de alguien más. Debemos permitir que nuestros sueños evolucionen a la par de nuestras vidas y debemos estar dispuestos a verlos trascender nuestra propia felicidad.

TODOS TENEMOS MOMENTOS EN QUE QUEREMOS RENUNCIAR

Si eres como la mayoría de las personas, en la medida en que envejeces piensas en tu sueños como un lujo que ya no te vas a poder dar. Especialmente si estás casado con hijos, los sueños han sido reemplazados por pagos de hipotecas, facturas de matrícula, viajas al ortodoncista y otros problemas «más serios». Luego de trabajar todo el día, y de cocinar, limpiar y ayudar con las tareas toda la noche, los únicos sueños que tienes son los que te vienen con el sueño, después de que recuestas tu exhausta cabeza en la almohada, y usualmente estás tan cansado que ni siquiera los recuerdas.

Hay ciertamente realidades y responsabilidades en la vida que nos impiden renunciar a nuestros empleos, o salir a viajar alrededor del mundo como nos de la gana. Pero, a menudo, esas «realidades» son realmente excusas o temores de que si intentamos hacer algo diferente, algo que soñamos hacer, fracasaremos. Nos convencemos de que es mejor renunciar mientras llevamos la delantera, bueno tal vez no la delantera, pero al menos estamos cómodos. Cuando nos preguntan por qué hemos renunciado a perseguir un sueño, con frecuencia oímos que la gente cita el viejo adagio «más vale un mal conocido que un bueno por conocer».

Este tipo de actitud pesimista te mantiene trabado en la vida. Renunciar a los sueños es como renunciar a la esperanza. He oído decir que somos un pueblo de Pascua que vive en un mundo de Viernes Santo. La esperanza, los sueños, es todo lo que realmente tenemos. Cierto, algunos sueños ya no se van a realizar. Después de todo, solo unos pocos, muy afortunados, pueden ser atletas olímpicos o estrellas de cine. No obstante, muchos de los sueños que abandonamos pueden resucitar con un poco de amor y cuidado, como lo hizo Jesús. A veces parece más fácil renunciar, rendirse sencillamente y aceptar lo que te toca de la vida. La vida no es necesariamente buena, pero es bastante buena.

Sin embargo, antes de abandonar tu sueño, considera si nada cambió desde este punto en adelante, ¿estás satisfecho con tu vida? Si la respuesta es no, entonces renunciar puede ser prematuro. Contempla la reevaluación, el reajuste de tus sueños para que se adapten mejor a tus circunstancias y a la persona que ahora eres. Si quieres comenzar un negocio, hacer un viaje o comenzar una segunda carrera, sea lo que sea, inyecta alguna energía positiva en tus sueños tomando un seminario, uniéndote a un grupo de apoyo, volviendo a estudiar o leyendo un libro sobre el tema.

Concibe un nuevo plan. Para obtener apoyo, rodéate de gente positiva que piense parecido a ti. Y luego comienza a correr riesgos, pequeños al principio, unos pasitos hacia el alcance de tu meta. Sé observador, toma notas, considera lo que aprendes, si funciona muy bien, si no funciona, ajústalo y luego da otro paso, acaso un riesgo un poco mayor. Hazlo una y otra vez, hasta que cada vez te resulte más fácil enfrentarte a esos riesgos y no tardes en encontrarte más fuerte, más valiente y en el camino hacia donde quieres estar en tu vida y más cerca de realizar tus sueños.

Como escribiera Langston Hughes: «Aférrate a los sueños, porque si los sueños mueren, la vida se convierte en un ave con las alas quebradas que no puede volar. Aférrate a los sueños, porque si los sueños se van, la vida se convierte en un campo baldío, helado por la nieve».

Miedo a volar

¿Has tenido el privilegio de presenciar alguna vez el vuelo de esa ave bella y majestuosa que es el águila? Me felicito de haber presenciado varios de ellos, tanto en este país como en África, y me han fascinado sus proezas. Las águilas adultas tienen una envergadura de nueve pies, y su visión de ojo de águila, por la que son tan conocidas, puede detectar movimientos a tres millas de distancia. Mientras remonta cada vez más arriba, vislumbrando las cumbres purpúreas de las montañas a varias millas, el águila encarna una integridad de propósito que haríamos bien en emular.

Ellas no alcanzan su gracia, agilidad y precisión de la noche a la mañana. Por el contrario, con frecuencia son obligadas por sus padres a salir de su casa. Cuando el águila agita su nido, sacude las cosas para que a los aguiluchos les resulte incómodo su ambiente protegido, los agarra y los lanza fuera del nido. Y las avecillas comienzan a caer y hacen lo que les dicta el instinto, empiezan a aletear para romper la caída y coquetear con la brisa en su intento de volar.

La madre observa orgullosamente y sigue este proceso de instrucción para la supervivencia de su prole: caída, aleteo y luego vuelo. Agitándose, cayendo, aleteando, remontándose, las águilas aprenden siendo empujadas a hacer aquello para lo que nacieron. De otro modo, nunca aprenderían a ejercitar sus dones naturales y capacidades intrínsecas de las cuales dependen su supervivencia individual y la perpetuación de su especie.

Todo lo que he prohijado en mi vida fue a través de este proceso. Todo lo que nos empeñamos en cumplir, realizar o lograr debe pasar a través de este vaivén, un proceso repetitivo de tres pasos hacia delante y dos hacia atrás. Nunca alcanzaremos las alturas del águila para las cuales Dios nos diseñó si no estamos dispuestos a aletear en medio de nuestras caídas y encontrar la corriente que pueda elevarnos mientras desplegamos nuestras alas.

Todos los negocios exitosos han petardeado y han revoloteado y casi han fracasado antes de avanzar hasta el próximo nivel de su éxito. Las personas que han logrado grandes cosas en la vida no son usualmente más dotadas, inteligentes o privilegiadas que el resto de nosotros. Simplemente han aprendido de sus errores y han perseverado a través de ellos hasta el próximo nivel de expectativa. ¿Cuántos ganadores de medallas de oro olímpicas no pudieron entrar en el equipo de su país la primera vez que lo solicitaron? ¿Cuántas veces se ha declarado Donald Trump en bancarrota por una de sus compañías? ¿Cuántas veces al Dr. King le tiraron la puerta en las narices y su mensaje cayó en oídos sordos, antes de que naciera un movimiento y que gente de todos los colores comenzara a responder su llamado a un cambio?

Alguien me dijo temprano en la vida «triunfarás si no renuncias» y eso ha demostrado ser verdad una y otra vez. Nunca he visto ganar a alguien que abandona la lucha, porque simplemente no hay manera posible de ganar si te vas. Pero si no te rindes, puedes ganar.

Con pasión y tenacidad, aprendes a romper el elefante que deseas digerir en pedacitos masticables. Haces lo inmediato que sabes hacer y das el siguiente paso que está delante de ti. Cumples el siguiente pedido, entregas el próximo envío, predicas el próximo sermón, preparas la próxima reunión, escribes el siguiente informe, pones la próxima mesa o lavas la siguiente carga de ropa.

Puede que no veas ningún modo humanamente posible

de que tu sueños se realicen, pero eso puede ser positivo porque te conserva humilde, deseando buscar y aceptar ayuda de otros y a la espera de la intervención divina. Los sueños que vale la pena realizar no deben ser alcanzables por tus propias fuerzas —ésos son meramente metas. Los sueños deben ser dignos del talento, el tiempo y las lágrimas que viertas en ellos de manera que cuando tu bebé nazca sea mucho más grande de lo que jamás hubieras logrado por ti mismo.

Debes saber que algo que comienza con poco personal, con poco dinero y con un desempeño deficiente aún puede aprender a volar. Puedes tener un descenso en picada y evitarlo varias veces antes de emprender vuelo. Tal vez la madre águila tiene la paciencia y enseña a sus aguiluchos a volar por haber pasado por todo eso. Desde concebirlos en pleno vuelo hasta hacerlos nacer por encima de la copa de los árboles, la madre pasa tanto que no está dispuesta a dejarlos fracasar por quedarse en la comodidad del nido. Ella se arriesga a empujar a su bebé fuera de su zona de confort para dejarle ser todo lo que supone que sea. Ella sabe que nunca aprenderá a volar en lugares seguros.

Recuerdo cuántos sueños he prohijado y luego he tenido que aumentar el riesgo una y otra vez. Cuando concebí una obra de teatro, no la podía mantener a salvo dejando que fuese una simpática producción de una iglesita. Así que me lancé al camino y tuve que gastar $50.000 en anuncios radiales además de los $78.000 semanales que exigió montar y producir la obra. Nunca olvidaré la noche de apertura. No vendimos tan bien así que tuvimos que regalar boletos con la esperanza de que se propagara la noticia de la calidad de nuestra actuación. En de una o dos semanas, comenzamos a tener funciones a teatro lleno en todas las ciudades principales en las que actuamos. La mayoría de la gente no tiene la tenacidad para resistir la etapa fluctuante de la construcción de sus sueños. Si crees en él, lucha por él y libra cada batalla, una por una.

Mi padre es otro ejemplo de un hombre con un sueño que experimentó constantes sacudidas antes del vuelo. Comenzó a trabajar de conserje en un pequeño negocio de nuestro pueblo. Con un trapeador y un cubo, trabajaba incansablemente semana tras semana hasta que el edificio relucía como nuevo. Pronto se propagó la fama de la calidad de su trabajo y la confiabilidad de su carácter. Pudo contratar un par de empleados y llenar las plazas con amigos y familiares. Cuando yo tenía diez años, me llevaba con el resto de los aprendices del equipo, y mi trabajo consistía en limpiar los rincones con almohadillas de Brillo. Él comenzó por donde estaba y terminó con un pequeño negocio de prestigio que tenía cuarenta y ocho empleados.

Ante de renunciar, debes vencer tu miedo a las alturas y estar dispuesto al riesgo de fracasar en el próximo nivel. Siente el miedo y al menos trata de batir las alas. Nunca volarás si no caes, aleteas con fuerza y aprovechas los vientos del cambio. Revive tus sueños y rehúsa cederlos a la tumba de pasados errores y presentes reproches. «Pero los que confían en el Señor renovarán sus fuerzas: volarán como las águilas: correrán y no se fatigarán» (Isaías 40:31, NVI). Todos nosotros estamos tentados a renunciar en ocasiones, a abandonar la lucha y sencillamente a aceptar la mediocridad. Pero la próxima vez que te abata el desánimo o las pruebas aplasten temporalmente tus sueños, respira profundamente, y ¡pídele al Señor que renueve tu fuerza, antes de hacerlo!

capítulo 17

Antes de pelear

La más importante de las batallas de la vida es aquella que libramos diariamente en las cámaras silenciosas del alma.

—*David McKay*

A veces la decisión que nos impide conformarnos con menos es una decisión a pelear por lo que más nos importa. Si bien la mayoría de nosotros no participa en peleas callejeras ni en broncas del salón de reuniones, la decisión a pelear puede no ser una opción que te permitas cuando debas. Por otra parte, algunos de nosotros podemos haber creado una actitud defensiva que nos impide aceptar lo que necesitamos. Discernir cuándo pelear y cuándo pasar por alto las ofensas es fundamental para la madurez.

Todos nosotros hemos heredado de nuestros antepasados originales una propensión a defender nuestro terruño y a golpearle la cabeza con un garrote a cualquier depredador amenazante. Nuestro gran Creador equipó aun al más tímido de nosotros con la adrenalina necesaria para sobreexcitarnos cuando el calor aumenta. Este instinto intrínseco a escapar o luchar puede ser una carga para algunos, pero si lo administramos bien para la mayoría de nosotros puede ser una gran baza.

Podríamos preguntarnos si nuestros instintos bélicos se han refinado desde los tiempos prehistóricos. Ya no hay dinosaurios que amenacen nuestra existencia, ni tenemos que limitarnos a cazar y recolectar. Sin embargo, aún vemos que se apela a una increíble violencia para extraer poder de individuos y naciones enteras. En las civilizaciones antiguas, el conflicto entre las naciones con frecuencia se resolvía recurriendo a la destrucción primitiva. Se incendiaban aldeas completas, se violaba a las mujeres, se dividían los despojos y se esclavizaba o asesinaba a los niños inmisericordemente. En los tiempos bíblicos, esta práctica prevaleció en ejemplos tan dramáticos como el de los amalecitas que invadieron Siclag (1 Samuel 30:1-4). Se nos cuenta que David y su séquito supervisaron los estragos y «alzaron su voz y lloraron, hasta que les faltaron las fuerzas para llorar» (1 Samuel 30:4, VRV).

Cuando peleamos, debemos estar dispuestos a luchar por una solución que trascienda nuestra propia agenda. Tan brutal y sangrienta como puede ser la guerra, la agresión no es siempre algo malo. Nuestro instinto de pelea puede ser puesto al servicio de una buena causa. Cuando sentimos algo lo bastante apasionadamente para luchar por ello, entonces estamos resaltando su importancia para nosotros y los que nos rodean. Con frecuencia podemos canalizar nuestra cólera, frustración o sentimientos de impotencia en la perseverancia, determinación y logros de la lucha.

HACER FRENTE A LA INJUSTICIA ACTUAL
Y RESOLVER EL CONFLICTO

No hace mucho tomé posesión de un puesto en la junta del Centro de la Libertad del Tren Subterráneo* y de su sorprendente museo en Cincinnati, Ohio, para ayudar a llamar la atención a la frecuente atrocidad encubierta de que al menos 30 millones de personas siguen estando esclavizadas en el mundo actualmente. Uno no tiene que mirar hacia atrás demasiado lejos para encontrar semejante inhumanidad en los restos sangrientos dispersos por las calles y zonas rurales de Uganda o Rwanda. Desde Sudáfrica a Sudamérica, la sangre humana se oculta a ras del suelo, mucha de ella derramada innecesariamente. Pese a los avances de los derechos humanos, aún vivimos en una sociedad donde la esclavitud abunda globalmente. Me encanta que el museo se valga de una mirada a nuestro pasado para llamar la atención de la basura que se oculta debajo de la alfombra de nuestra sociedad contemporánea.

Los que dicen que no debemos mirar atrás son a menudo los que cierran los ojos a la injusticia actual ¡y viven en torres de engaño autoinducido!

Los terroristas de hoy día y los grupos de odio que les son afines y la mayoría de los ejércitos nacionales más entrenados y las culturas de nuestra época se están distanciando de la tortura y la violación para hacerse ligeramente más civilizados en la manera en que nos imponemos en un conflicto y seguimos adelante. La Convención de Ginebra ha aportado alguna mesura a los procesos para la resolución de

---

* Se le dio este nombre, *«underground railroad»*, a una operación organizada en Estados Unidos durante la guerra de Secesión (1861-1865) para rescatar a esclavos fugitivos del Sur y hacerlos entrar clandestinamente en el Norte donde ya no existía la esclavitud. (N. del T.).

conflictos. Organizaciones como las Naciones Unidas y Amnistía Internacional crean plataformas para las reglas de la acción militar en los conflictos entre naciones. Sin embargo la prisión de la base naval de Guantánamo ha suscitado dudas recientemente de que, a pesar de la mesura que profesamos, podamos no estar viviendo a la altura de los ideales que tan a menudo profesamos.

En términos generales, no obstante, me gustaría creer que intentamos hacernos más humanos, más compasivos y más medidos en la solución de los conflictos. Un ejemplo notable surge de la llamada Comisión de la Verdad que se estableció en Sudáfrica recientemente. Como opuesto a la amargura del pasado basada en la revancha, este movimiento busca facilitar la comunicación y la auténtica comprensión. Su creación responde a la decisión de seguir adelante escuchando el dolor de cada lado. La auténtica verdad no está contenida en el dolor de una parte, sino también en la comprensión del dolor de la otra.

Por ejemplo, no puedes frenar la violencia doméstica tratando a la víctima si no vas a acercarte y a ayudar al perpetrador. La compasión por uno no excluye la necesidad del otro. Si no contribuyes a la recuperación de ambos, luego, mientras construyes centros para la víctima, el dolor ignorado del abusador se reproduce en las vidas de otros. ¿Por qué fertilizar el jardín si no vas a arrancar la yerba mala que amenaza su supervivencia?

Responde

No hace mucho estaba enfrentándome con un dolor de espalda bastante serio. Luego de pasar por tremendos dolores durante un período de tiempo bastante prolongado, decidí someterme a una cirugía de espalda. ¡Poco sabía yo que la solución me traería mucho más quebranto que el problema! A menudo el proceso de curación libera nuevos y agudos dolores musculares, pero éste es el proceso que se necesita para curar un dolor crónico.

De manera que me encontré tendido en la cama de un hospital con la espalda abierta hasta cuatro pulgadas de profundidad para una cirugía completa e intensa. Desperté de la anestesia para descubrir que iba a necesitar combatir los brutales latidos de los resultantes espasmos musculares. Sentía como si unos cuchillos estuvieran rasgándome los glúteos y los muslos. Levantarse y caminar con tantos músculos lacerados y maltratados era una verdadera tortura. ¡Pero si esperaba curarme, tenía que combatir la tentación de quedarme en la cama y luego combatir el nuevo dolor de los músculos traumatizados!

Cada vez que intentaba levantarme, quería gimotear de los dolores intermitentes que me atravesaban los músculos. ¡Mis nervios estarían saltando en mi interior como palomitas de maíz calientes! La recuperación fue tan angustiosa como antes había sido mi voluntad de negar el dolor, pero los fines de ambos eran distintos. Sabía que tenía que sufrir un intenso período de dolor si esperaba vencer el dolor crónico que amenazaba con debilitarme.

Esta lección sigue siendo cierta para todos nosotros al entrar en la lucha. Debemos elegir adónde dirigir nuestros impulsos a la agresión. Si vas a remediar cualquier conflicto, tienes que renunciar a la necesidad de venganza, represalia y de tener razón, y luchar por un bien mayor. Pero debo advertirte: esta opción viene acompañada por su propio dolor y algunas personas escogen repetir la lesión en lugar de iniciar la terapia de perdón y comprensión del dolor y el temor de unos y otros. Machacar a tu enemigo en la cabeza puede traer una gratificación temporal, pero a la larga él volverá ¡y la guerra continuará cuando la recuperación podría haber estado en marcha!

El arte de luchar

En su infinita sabiduría, el buen Señor no nos creó para ser pasivos y escondernos como babosas debajo de las piedras para evitar el conflicto. Dios nos dio el don de la ira y el combustible de la adrenalina. Sin el uso de tales instrumentos, los muchos depredadores de nuestro bienestar nos robarían nuestras posesiones, saquearían nuestras riquezas y maltratarían nuestra autoestima. Tienes que luchar para andar, para mejorar, para graduarte, para amar, para vivir, para sobrevivir.

Pero antes de luchar, debes pensar profundamente para entender si los despojos de la guerra justifican el combate. Si la respuesta es sí, sobreponte al dolor, no sólo al tuyo sino al de todos los que intervienen, al del inocente que puede ser herido en la contienda, y al de aquellos contra quienes estás. Porque, sea lo que sea, si realmente deseas escapar del control que tus enemigos tienen sobre ti, debes entender su dolor. Aventajarlo es como ganar puntos en la partida del dolor después de que suena el último timbre: no estás ganando, solo retrasando el proceso de la recuperación.

Cuando pienses en qué conflictos participar y cuáles evitar, date cuenta de que algunas personas no están tan interesadas en los resultados como en el conflicto mismo. Demasiadas veces nos dirigen personas a quienes les gusta pelear. Pueden ser guerreadores, azuzadores del odio, incluso pueden llevar puesto el camuflaje de la justicia, pero no quieren encontrar una solución tanto como quieren proseguir la batalla. ¡No les interesa ganar: están enamorados del combate!

Muchas personas buscan justicia pero su poder se diluye por asociación con los que solo buscan el drama. Estos cruzados nunca le dan crédito a la otra parte aun cuando haga el bien, porque aman la pelea más que la paz. Siempre querer ser oído es una señal de no escuchar, y ningún conflicto se resuelve sin escuchar a ambas partes.

La verdad del asunto es que algunos de nosotros hemos luchado tanto a lo largo de los años que nos hemos acostumbrado a la pelea. Finalmente, según envejecemos, nos convertimos en tales veteranos en el arte del combate que, al igual que los antiguos héroes de la guerra, despertamos por la noche dispuestos para la defensa y el ataque. Tú y yo hemos oído las historias de hombres que les sacan cuchillos a sus esposas que duermen profundamente junto a ellos en la cama porque oyeron un trueno en la noche y pensaron que era un tiroteo. No saben en su subconsciente que la guerra de Vietnam o la de Corea o cualquier guerra que ellos hayan librado ya terminó. Esta trágica enfermedad, conocida por neurosis de guerra, le sobreviene a los que se han visto afectados por la guerra real, encerrados en un perpetuo estado de ansiosa alerta.

Hermano mayor

Veo esta proclividad a la lucha retratada en la vida de mi hermano mayor, Ernest. Es un hombre calmo y cariñoso, pero siempre ha sido instintivamente un peleón. Si bien no es un matón de corazón, ¡digamos que ha tenido sus tendencias! Cuando era más joven, se hubiera peleado con una gorila preñada o con una serpiente cascabel rabiosa sólo por demostrarles quién mandaba. ¡Para mí él era el original Crocodile Dundee!

Ahora que somos más viejos él me dice que pelear era un hábito ambiental inducido y lo atribuye a sus primeros días en la escuela. Ernest iba a la escuela con niños mayores que él. Tuvo la bendición y la maldición de una brillantez intelectual que le permitió graduarse de secundaria a los quince años. Rodeado por sus iguales de más edad que se sentían amenazados por su don, uno sólo puede imaginarse a lo que él se enfrentaba todos los días. Añádase a esto el hecho de que él era parte de ese primer grupo de niños negros que se usaron para eliminar la segregación racial en la educación pública, y puedes darte cuenta de por qué creía que pelearse era parte de su regreso de la escuela todos los días. ¡No pasó mucho tiempo antes de que la palanca de cambios se le trabara en la velocidad bélica! El ambiente de Ernest lo *había* preacondicionado a protegerse. Luego más tarde, como es el caso de muchos hermanos mayores, sus instintos de peleador se vieron reforzados al buscar proteger al resto de su familia.

Tal vez el trasfondo de tu batalla fue diferente, pero muchos de nosotros crecimos encontrándonos con obstáculos que condicionaban una personalidad propensa a la pelea. Muchos de nosotros venimos de culturas y comunidades donde se aplaude la ira. Algunos de nosotros fuimos criados en el «barrio» o incubados por vecindarios problemáticos.

Tampoco esto sucede sólo en las comunidades negras. Conocí algunos jóvenes blancos en West Virginia que enrojecían, se rompían una botella de cerveza en la cabeza y escupían un rollito de tabaco de mascar antes de animarse para una pelea descomunal.

He visto a respetables profesores y distinguidos ejecutivos perder la ecuanimidad y explotar como una granada humana durante la reunión de una junta chapucera. Mi dulce abuelita ponía por los suelos al hospital cuando creía que la habían tratado injustamente, y ¡me contaban que se necesitaban varios camilleros para hacerla volver a su cama y que recobrara su conducta habitual de la abuela repostera de ochenta años!

Muchas hermanas se criaron en ambientes que celebraban las lenguas mordaces, los ataques cortantes y ¡las respuestas de doncellas de hielo!* Sí, crecí en torno a mujeres que peleaban. No era prudente, si es que no en extremo riesgoso, cuando yo era niño, suponer que mi oponente no podría pelear porque se trataba de una niña. La mayoría de las niñas se peleaban entre sí, pero unas cuantas podían tumbar a un muchacho con extrema eficacia, dejándolo atontado por el gusto de la sangre y con el ego magullado. ¡Estas amazonas estaban peleando mucho antes de que Laila Ali se hubiera puesto su primer par de guantes de boxeo!

Un día mientras andaba por la casa, me asomé a una ventana abierta y para mi sorpresa vi a un tipo enfurecido que me gruñía. Pensé que debía haber sido un posible atacante a punto de entrar en la casa y destruir todo lo que yo me había esforzado en tener. En un momento de irrefrenable cólera, salté con los puños cerrados para caerle encima como nunca lo has visto. Al hacerlo atravesé el vidrio, que me sorprendió oír que se rompiera para descubrir que no se trataba de una ventana en absoluto, sino de un espejo. ¡El tipo enfurecido que había visto no era más que un reflejo de mí mismo!

Claramente, los peleadores trascienden el género, la raza, la edad y el estatus.

LA GUERRA Y LA PAZ

Las naciones que se apresuran a ir a la guerra, son como los individuos que se pelean a la menor provocación; no tardan en aprender que lo que pierden vale más que lo que ganaron. Cuando los cadáveres descienden silenciosamente por las rampas de los aviones, uno se da cuenta de que el costo

---

*Alude al personaje ficticio de Sigrid Nansen, más conocida como *Ice-maiden* (doncella de hielo), de la estirpe de Superman y la Mujer Maravilla, caracterizada por su fuerza, rudeza e intrepidez. (N. del T.).

de la guerra es mucho más que los miles de millones de dólares que gastamos y que podrían llenar a los hambrientos y vestir a los desnudos. El verdadero costo de la guerra son los hijos que perdieron a sus padres, los padres que perdieron a sus hijos y los hombres y mujeres que perdieron a sus cónyuges y hermanos. Este costo no puede medirse, pero puede cuestionarse.

Estos hombres y mujeres valientes que dieron sus vidas y perdieron su juventud para defender su país hicieron el mayor sacrificio. Nunca dejaremos de apreciar la noble dádiva que ellos altruistamente ofrecieron en nombre de la libertad. Sin embargo, nuestra gratitud se llena de furia cuando nos damos cuenta de que algunos políticos de gatillo alegre con problemas para controlar la ira no agotaron todos los métodos posibles de resolución. ¡Con demasiada frecuencia los líderes pagan la factura de su autoridad con la sangre derramada de aquellos a los que sirven!

No obstante, se han logrado sorprendentes avances entre las mentes más tranquilas y los corazones más pacíficos. Piensa tan sólo en el sonadísimo acontecimiento que tuvo lugar recientemente en Corea del Norte. La hostilidad de Corea del Norte hacia Estados Unidos no es un secreto. Desde la guerra de Corea hasta hoy, una prolongada niebla de ira y de antagonismo ha envuelto nuestras relaciones internacionales. Esto se hace evidente en Corea del Norte con consignas como «¡Nos vengaremos mil veces de los lobos imperialistas de EE.UU.!» en camisetas y vallas anunciadoras. ¡Está en las antípodas de «Dios bendiga a Estados Unidos»!

La mayoría de nosotros no elegiría pasar unas vacaciones en una atmósfera tan caldeada. Sin embargo, nada de eso detuvo a la Filarmónica de Nueva York de presentarse en Pyongyang. En febrero de 2008, la FNY interpretó su melodiosa música con pasión y profesionalismo en una atmósfera que muchos creían que sería una experiencia de pesadilla. Por respeto, la orquesta incluyó tanto música coreana como baladas norteamericanas en su repertorio.

De alguna manera, en el proceso de la presentación musical, se desvanecieron las sospechas y la hostilidad se derritió como un glaciar que lentamente se disolviera en un mar de sonido. En su lugar una cálida y sorprendente sensación de fraternidad prevaleció entre los que antes se veían con inmutable desdén. No se aprobó ningún referendo de reconciliación en ningún salón de juntas. Ni la negociación se derivó de algún habilidoso proyecto de ley que prometía ayuda para un intercambio comercial. No, fue el apacible sonido de los violines y un sincero respeto por la cultura de cada uno y por la humanidad lo que trascendió de la música esa noche.

Ciertamente no pudo haber resultado fácil levantar un puente lo suficientemente fuerte como para comprometer tanto a norcoreanos como a los norteamericanos en un intercambio pacífico. El subsecretario de Estado Christopher Hill, considerado controversial por muchos políticos al tanto de las interioridades, demostró su compromiso de cambiar el clima de los asuntos internacionales. Al igual que un montadiscos que aminora el resplandor de las luces estroboscópicas y el tempo pulsátil de una discoteca tradicional y pone una balada suave en la caricia de las sombras, Hill se valió de su diplomacia y persuasión características para llevar la filarmónica de Nueva York a la escena coreana. Como dijeron algunas publicaciones como el *Washington Post*, el concierto de la reconciliación no habría ocurrido sin la visión de Hill de un intercambio cultural.

¡Yo vi parte del concierto y me sentí profundamente conmovido al comprobar que hay métodos alternativos a este método de rompe y raja con que tendemos a enfocar un conflicto que podría cambiar al mundo! Necesitamos más personas que se mantengan buscando la paz aun cuando haya viejas guerras y antiguas heridas. Necesitamos personas como Christopher Hill que venzan las barreras y el descontento de los que encuentran más fácil prejuzgar que madurar juntos y buscar un terreno común.

El sonido de la paz

«Bienaventurados los pacificadores: porque ellos serán llamados hijos de Dios» (Mateo 5:8-9,VRV).

Tarde o temprano nos daremos cuenta de que no podemos resolver todos los conflictos con nuestras bravatas y manoplas. No tardamos en aprender que la verdadera fuerza no está en nuestros bíceps, sino en nuestro cerebro y en la capacidad de racionalizar cuál es y cuál no es la respuesta adecuada en una situación dada.

Ahora bien, hacer la paz no es fácil. Los pacificadores tienen que trabajar con gran habilidad y destreza diplomática ya que con frecuencia encuentran resistencia de ambos lados. Si decides buscar un terreno intermedio, debo advertirte que existe alguna verdad en el viejo adagio: «quien está a medio camino, coge palos de ambos bandos». Resulta más fácil vivir en la aprehensión y en la animosidad que con la amenaza de cambio que viene con la reconciliación.

En interés de la paz, debemos aprender a hablar y a interactuar con personas que piensan diferente a nosotros. Eso no significa que tengas que cambiar tus puntos de vista ni tu mensaje, pero si estás lleno de odio sí significa que necesitas cambiar el método. Mucho puede lograrse cuando estamos dispuestos a entablar un auténtico diálogo en lugar de los dogmáticos sonsonetes reportados por la prensa. Muchas veces hemos satanizado a personas que ni siquiera conocemos.

He pensado durante mucho tiempo que nuestra nación

se vería mejor servida si la Iglesia estuviera más dispuesta a mostrar amor y no hostilidad. Me siento avergonzado por aquellos que se apresuran a dividir en lugar de unir. Si los negros hablaran con los blancos (sin gritarles) y los blancos hablaran con los negros (como iguales), montones de mitos se destruirían. Si los demócratas y los republicanos hablarán entre sí, intercambiando ideas de verdad, podría haber más oportunidades de trabajar juntos. Sería un mundo mejor y más lleno de paz si musulmanes y judíos, homosexuales y heterosexuales llegaran por lo menos a conversar en lugar de marcar las líneas divisorias. Podríamos aprender unos de otros lo cual nos dejaría mejor que estando separados.

Atravesar fronteras donde nos arriesgamos a ser rechazados no resulta fácil para nadie. De ahí por qué el poder de los pacificadores (curioso que no oímos el término «guerreadores») es tan decisivo para la resolución de un conflicto. Es una meta demasiado ambiciosa esperar que todas las diferencias se homogenicen en un *crisol,* pero una meta realista es una *ensalada*: una mezcla de ingredientes en la que cada uno conserva su textura y sabor peculiares.

RECETA PARA LA «ENSALADA DE LA PAZ»

¿Cómo se hace una «ensalada de la paz»? Con frecuencia encuentro que el riesgo responsable y la vulnerabilidad emocional son ingredientes básicos. Hace unos pocos meses, estaba programado que viajara a Venezuela para participar como orador en tres actividades. Nunca había estado en ese interesante país sudamericano, y me encontraba a la espera de conocer sus paisajes, comida, cultura y ambiente singulares y exóticos.

Sin embargo, mi equipo encontraba dificultades en obtener los permisos que exigía el gobierno para que nuestro avión pudiera aterrizar allí. Los funcionarios venezolanos no habían aprobado las visas para que ingresáramos al país. La embajada de Estados Unidos, de la cual dependemos tanto para los viajes internacionales, se mostraba aprensiva (para decir lo menos) respecto a alentar nuestro viaje. ¡Encima de esto, la prensa norteamericana estaba repleta de noticias sobre el creciente conflicto entre Venezuela y Colombia! Y por si estos dos problemas fueran poco para hacerme disuadir de mis planes, entonces el hecho de que la Casa Blanca al parecer había hecho una declaración de que Venezuela había de añadirse a la lista de países sospechosos de esconder terroristas parecería venir a descartarlo. Para reforzar el peligro, la respuesta del presidente Chávez a esa acusación resultaba menos que alentadora.

Brindo esta información sólo a manera de contexto. No presumo de saber lo que el gobierno de Venezuela debería hacer ni cuál es la participación de nuestro gobierno entre los dos países. Pero estos eran los factores a los que nos enfrentábamos según se acercaba la fecha de nuestra partida.

Tres veces contemplamos la idea de cancelar las reuniones y no ir porque no sabía con certeza en lo que me estaba metiendo. Como es el caso con la mayoría de los líderes, uno tiene que tener en cuenta no sólo su propia seguridad sino, y de mayor importancia, el bienestar de los que están contigo. Tenía un equipo de varios hombres que trabajan conmigo en los diversos aspectos de las conferencias, ¡y cuyas esposas e hijos no agradecerían que se convirtieran en prisioneros de algún conflicto que nos habían advertido que evitáramos! No obstante, la amenaza de peligro no impedía que me sintiera atraído por esta oportunidad única; en efecto, lo desconocido puede haber sido parte de la atracción. Si bien yo ni siquiera conocía al apóstol Raúl Ávila, que era mi anfitrión, mi curiosidad jugaba al tira y encoge con mi preocupación.

Aún indeciso, vencimos finalmente los inconvenientes
de la visa dos días antes del programado para nuestra llegada, y recibimos los permisos de aterrizaje requeridos en
el último minuto. A regañadientes decidí seguir adelante
con el viaje. Angustiado por las malas opiniones que parecían existir entre nuestros países y la severa advertencia
de la embajada norteamericana (la cual nunca antes había
ignorado al hacer mis planes de viaje por el mundo), decidí
no llevar conmigo a mi hijo de trece años, que estaba en
sus vacaciones de primavera. Tenía bastante preocupación
con lograr que la tripulación entrara y saliera sin problemas.
Con tantas tensiones girando en torno a mi destino, sabía
que él estaría más seguro en casa.

Luego, puedes estarte preguntando, ¿por qué fui? Y ¿qué
tiene esto que ver con el hacer una «ensalada de la paz»?
Dos razones: soy una persona que realmente intenta cumplir con su palabra; y sabía que organizar una reunión con la
asistencia de más de quince mil delegados no es poca cosa.
No quería defraudar a nadie. Siempre me irrita cuando la
gente dice que viene y luego no aparece. Si bien las razones
mencionadas anteriormente eran más legítimas de lo que la
mayoría de las personas racionales aceptaría, yo no desisto
de algo fácilmente. Y sin tratar de sobreespiritualizar mi
decisión, realmente sentía la voz del Espíritu Santo que se
imponía a mi cautela y me decía: «¡ve de todos modos!».

A veces tienes que escuchar esa voz de sabiduría interior
que Dios le ofrece a los que lo buscan. Yo obedecí, pero
mientras aterrizábamos estaba muy callado. Podía incluso
oír las risas y bromas que mis compañeros de trabajo suelen
hacer en tales viajes. Ellos estaban divirtiéndose y disfrutando del momento. Pero, en cuanto a mí, encontraba poco
consuelo en la frivolidad. Francamente estaba extremadamente preocupado. «¿Había hecho lo correcto?», «Espero
no tener que lamentar mi decisión», eran solo algunos de

mis pensamientos según nos acercábamos a la pista y nos preparábamos para descender. Oí bajar las ruedas del avión y los sonidos habituales del momento del aterrizaje. Miré por la ventanilla a la distante cadena montañosa que rodea el aeropuerto e imaginé que había hombres escondidos allí, viviendo en la selva, armados con fusiles M16 y afilados cuchillos prestos a secuestrarnos para hacer algún pronunciamiento político sobre temas de los cuales yo no sabía nada. Mientras el avión tocaba el suelo, me preguntaba si terminaríamos en una lista de personas desaparecidas ¡o en el próximo programa de *Unsolved Mysteries*!

Imaginaba estar encarcelado en una prisión venezolana o ser capturado por insurgentes y pasar los próximos diez meses en posición fetal en alguna parte dentro de una jaula de bambú, en la selva. Era miedo puro y simple y eso es, con frecuencia, lo que hace a una persona temerosa de otra. No tardaría en descubrir, sin embargo, que lo que mi imaginación fabricó sobre estos «extranjeros» era mucho más peligroso que la realidad. A menudo de lo que debes darte cuenta antes de pelear es de que la batalla se libra más en tu interior que fuera.

Después de aterrizar en Caracas, miraba hacia todas partes y casi esperaba que algo o alguien saliera a morderme. Y ello se materializó en la forma del cortés entusiasmo de un argentino de 5 pies 6 pulgadas que luego sabría que se trataba del apóstol Ávila. Él es bajo de estatura, pero sin duda un gran hombre en el país. En el momento en que me encontré con él y su grupo, me vi envuelto en un océano de amor y en un mar de lágrimas. Mis temores y prejuicios se disolvieron mientras él me explicaba que había sido su sueño durante veinte años el conocerme y que yo había predicado muchos mensajes (sin saberlo yo) que cambiaron su vida. ¡Su sinceridad y su cariño me conmovieron profundamente!

Mi anfitrión me presentó a Alejandro Andrade, un amigo que lo acompañaba, y me explicó que estaba a cargo del tesoro nacional de Venezuela y que además era cristiano. Y aunque admito que no conozco bien a ninguno de estos hombres, realmente espero conocerlos a ambos mejor. Hasta entonces no puedo negar que estaba asombrado por su bondad y eso nos dejó a mi equipo y a mí con un sentimiento de gratitud hacia Dios que nos permitía experimentar lo que podría ser una relación nueva y permanente. Más allá de cualquier otra cosa, resultaba una gran lección de vida para mí. Nunca había experimentado una recepción más cálida, y que se manifestara con tal esplendidez en un momento en que me sentía tan vulnerable y fuera de mi ambiente; era una sensación abrumadora. Nuestro espíritu de combate se evaporó y nuestro plan de huida se desintegró y allí en aquel sitio dos personas de dos mundos distintos encontraban un terreno común. ¡Todos comenzamos a llorar allí en el aeropuerto! Ni siquiera estaba muy seguro de por qué lloraba. ¡Podría haber sido de alivio por no estar atrapado con mi equipo y comiendo bananas podridas en la jaula imaginaria!

Pero creo que lloraba por ver lo que el amor de Dios opera en las personas y por qué siempre debemos obedecerle en lugar de aceptar incluso la información más confiable que haga generalizaciones acerca de las personas. Las personas no son el país, ¡y las ideas estereotípicas acerca de cualquier persona pueden ser bastante peligrosas! Con toda equidad, no puedo atestiguar cuál sería tu experiencia si decidieras visitar Caracas sin el cuidado y el respaldo que un anfitrión tan confiable le aportó a la experiencia.

Los días restantes en Venezuela solo sirvieron para reforzar este dramático primer encuentro. Comimos deliciosa comida sudamericana (¡les gusta la carne y la comen muy caliente!), cantamos al son de música latina, ¡y en varias ocasiones me sentí como alguien al que, luego de mucho tiempo ausente, la familia le festeja el regreso! Después de que el apóstol Ávila me invitara a su casa y comiéramos junto con su familia, me sentí fascinado por la cultura de ese pueblo. La sensación de estar en familia era plena y total.

Del mismo modo, los cultos que se celebraron fueron impactantes y transformadores de vida. El intercambio cultural fue intenso y la mutua fascinación profética servía para reforzarlo. ¡Nunca me había sentido en un ambiente tan entrañable ni había comido una carne tan deliciosa ni había visto un pueblo más hambriento de la Palabra de Dios como esa gente!

Al concluir nuestra estancia allí, la «ensalada de la paz» que el apóstol Ávila sirvió me dejó un gusto increíblemente agradable en la boca. ¡La hospitalidad y el amor que experimentamos eran un manjar en sí mismos! Compartí con él, su amable esposa, su equipo y sus colegas pastores algunos detalles de mi próxima MegaFest internacional en Sudáfrica y les manifesté cuánto significaría para mí si ellos pudieran asistir. ¡Sin dudar un momento, me pidieron detalles y prometieron ir! Fue una sensación maravillosa percatarnos de que todos nosotros íbamos a romper barreras del pasado y a experimentar nuevas conexiones con personas cuyas culturas e ideas pueden ser diferentes a las nuestras. Debajo de los temores, la incertidumbre y la falta de familiaridad, todos somos hermanos y hermanas de la manera más profunda. ¡Volvería a ver a mis nuevos amigos dentro de unos pocos meses!

Mientras dejaba el país, me sentí muy privilegiado. ¡Espero tener nuevas experiencias y vencer temores y salir de la caja de las ideas preconcebidas y penetrar en el vasto espacio de la disposición a evolucionar que conlleva la apertura de mente y corazón! Temía una pelea que de seguro perdería cuando la verdadera batalla consistía en permanecer abierto, libre de temores y receptivo a las diferencias que me saldrían al paso.

Escoge tus batallas: desde la guerra al culto

Además de aprender de aquellos que con frecuencia se apresuran a pelear, también podemos perder una oportunidad de experimentar la asistencia misma por la cual hemos estado orando. Mi ejemplo preferido de este fenómeno de tirar primero y apuntar después ocurre en la vida de Josué. Considera el siguiente capítulo:

> [13] Sucedió que estando Josué cerca de Jericó, levantó los ojos y vio a un hombre plantado frente a él con una espada desnuda en la mano. Josué se adelantó hacia él y le dijo: «¿Eres de los nuestros o de nuestros enemigos?» [14] Respondió: «No, sino que soy el jefe del ejército de Yahvé. He venido ahora». Cayó Josué rostro en tierra, le adoró y dijo: «¿Qué dice el Señor a su siervo?» [15] El jefe del ejército de Yahvé respondió a Josué: «Quítate las sandalias de tus pies, porque el lugar en que estás es sagrado.» Así lo hizo Josué. (Josué 5:13–15, BDJ)

Josué, un combatiente profesional, se ha ganado la vida por ser diestro en el combate. Piensa en él como el secretario de defensa de Moisés. Ahora que Moisés está muerto, Josué ha asumido el liderazgo y se encuentra confrontando a alguien que no conoce. En lugar de dirigirle algún tipo de saludo, su respuesta inmediata es preguntar, «¿estás con nosotros o contra nosotros?». Tal pregunta conlleva un ominoso trasfondo como si él se dispusiera a pelear ante el menor pretexto. Sin embargo, el único problema es que él está a punto de pelear con aquél a quien Dios ha enviado en su ayuda.

Cuando pensemos en los pacificadores, no reduzcamos esta verdad a los problemas públicos, sociales o políticos.

Muchos de nosotros luchamos en nuestras relaciones personales para reconocer amigos de enemigos. A veces cuando estás acostumbrado a que te ataquen, si no eres cuidadoso puedes atacar a la misma persona que ha llegado a tu vida para ayudarte. Huelga decirte cuántas veces he visto a personas que rechazan a los mismos que les habrían sido de ayuda si tan solo los hubieran dejado. Por carecer de la capacidad de discernir cuándo y dónde eran posibles las soluciones pacíficas, perdieron la bendición que Dios les había enviado a su camino.

Hay una gran diferencia entre ser cobarde y ser cuidadoso. Dios con frecuencia nos envía ayuda en lugares improbables y de fuentes inesperadas, pero los que tienen una rápida disposición para la pelea a menudo destruyen el recurso destinado a extender sus oportunidades. Tales personas no suelen desarrollarse más allá del promedio normal porque carecen de la capacidad de extraer fuerzas de recursos inusuales. Dios alimentó a Elías a través de las bocas de los cuervos. Él puede enviarte un amigo que sea como el Buen Samaritano: alguien de raza y antecedentes distintos. A veces los golpes del pasado te dificultan aceptar el cariño actual.

La lucha que Dios tiene con Josué es hacerle que pase del estado de guerra al de culto. Dios finalmente logra que se quite los zapatos y asuma una actitud de adoración. La adoración exige apertura. Al igual que el amor, exige vulnerabilidad, pero cuando estás entrenado a responder a la mayoría de los problemas luchando, el conflicto parece menos amenazante que la compasión. ¡Quizá éste es un tiempo en tu vida de poner a un lado la espada y abrir tu corazón! ¡Podría ser posible que estuvieras luchando con aquellos que podrían ayudarte! ¿Tiendes a preguntar «¿estás conmigo o contra mí?» e inmediatamente pones a la defensiva a los que quieren ayudarte? Debo advertirte que a veces la ayuda divina viene con un uniforme extraño. Tu próximo lugar de afecto, afirmación y afiliación puede no venir empacado de la manera que lo esperabas.

No estoy en contra de luchar. Ya he dicho que muchas veces las peleas constituyen una fuerza y una parte necesaria de la vida. Pero pocos de nosotros escogemos nuestras batallas sabiamente. En este mundo todos tenemos que luchar para pasar por la escuela, para vencer enfermedades y la adversidad, para salir adelante y realizar nuestros sueños. Son muchos los que diagnosticados con cáncer o alguna otra temible enfermedad luchan contra las probabilidades de una prognosis menos que entusiasta y ganan la batalla por la vida.

Por cierto, la vida presenta desafíos que exigen una guerra personal para sobrevivir. Pero a fin de canalizar nuestra energía y recursos hacia las batallas justas, debemos ejercitar la paciencia, la sabiduría y la fe en la bondad de Dios. La próxima vez que te suba la presión sanguínea y estalle tu mal genio, la próxima vez que descartes la oferta de alguien y supongas que encontrar una solución es una causa perdida debido a la hostilidad histórica, espero que examines los motivos antes de pelear. ¡A veces debemos combatir nuestras propias inclinaciones más que a los que nos rodean!

Debemos fijarnos cuidadosamente para darnos cuenta contra quién luchamos. Tal vez nos enfrentamos al enemigo equivocado.

Tal vez la lucha que debes ganar no es una lucha externa, sino una lucha interna que te dará mayor libertad, ¡si piensas sobre la verdadera batalla antes de librarla!

capítulo 18

Antes de emprender vuelo

Que tu amor se remonte en las alas de una paloma en vuelo.

—*Debbie Crabtree*

Según vimos en el capítulo anterior, cuando nos enfrentamos a una crisis, una catástrofe o un conflicto, nuestros cuerpos reaccionan naturalmente con el instinto de «pelear o huir» a fin de conservarnos vivos. Así como hay un tiempo para pelear y un tiempo para hacer las paces, hay un tiempo para escapar y un tiempo para comprometerse a estar en medio del conflicto. En verdad, a veces debemos resistir y combatir, aunque si ésa es nuestra actitud natural y nuestra postura automática, entonces nos perderemos algo de los dones que Dios manda a nuestro encuentro. Del mismo modo, si siempre estamos huyendo de los problemas, nunca maduraremos y no nos convertiremos en los hombres y mujeres adultos que estamos destinados a ser.

Y si seguimos enfrentándonos a relaciones tóxicas y situaciones abusivas, no hemos aprendido a desplegar nuestras alas y volar hacia pastos más verdes.

La madurez exige que sepamos cómo discernir y decidir cuándo correr y cuándo remangarnos y ocuparnos de calcular cómo hacer que algo funcione. En nuestras relaciones primarias, puede ser demasiado fácil escapar de la otra persona por innumerables razones. Algunas personas huyen cuando las cosas están yendo demasiado bien; se sienten aterrados de probar la intimidad porque han estado anhelándola durante tanto tiempo que temen que no les dure. Son emocionalmente anoréxicos y han estado hambrientos durante tanto tiempo que no pueden consentirse participar en el banquete del amor.

Otras personas no quieren enfrentarse a la dura tarea de amar a alguien cuando la marcha se hace difícil. Andan bien mientras duran el romance y el enamoramiento. Pero tan pronto como la comunicación se interrumpe o la confianza se fractura, salen huyendo por la puerta. Hacen de la huida una forma del arte, al encontrar más de cincuenta maneras de dejar a su amante. Parece como un juego de conquista y poder personales. Si pueden usar su atracción personal para seducir a alguien y ponerlo en su órbita, entonces están listos para girar hasta la próxima galaxia, dejando tras sí una estela refulgente de compromisos fallidos como estrellas fugaces.

Simplemente no está tan interesado

Es tentador afirmar que los hombres tienden a huir de los compromisos en las relaciones más que las mujeres, y tal vez haya algo de verdad en eso. Con frecuencia hay mujeres que vienen a verme a mí y a mi esposa en busca de consejo después de terminar su última relación seria, cuando el objeto de su afecto desertó. Muchas veces estas señoras sostienen que no hubo ningún indicio previo a esta abrupta separación. Sin embargo, al discutir los detalles respecto a cómo era la relación entre ambos, a menudo resulta claro que él «sencillamente no estaba tan interesado».

Esta muletilla, usada desde hace tiempo por muchos de nosotros, surgió de un episodio de *Sex and the City*, obra de los escritores Greg Behrendt y Liz Tuccillo, que luego se convirtió en el libro y la película *He's Just Not that Into You*. En ese libro describen las señales alarmantes de ambivalencia, inmadurez y falta de disposición en los hombres. Muchas veces las mujeres que escogen están tan desesperadas por tener un romance que se ciegan a la renuencia de sus compañeros de establecer una relación duradera. Cuando él sistemáticamente llega tarde, cancela las citas a última hora, no llama cuando te dice que lo hará o parece inmotivado a pasar tiempo contigo, entonces él definitivamente ¡no está tan interesado!

Señoras, ustedes merecen más tiempo y atención de los que estos caballeros están dispuestos a pagar. Tan pronto como disciernes que él no está realmente tan interesado, decídete a actuar: ¡no pierdas tiempo y huye! Estos hombres pueden ser tipos que regresan para luego volverse a ir, y te rondan pero nunca aterrizan. Debes alejarte de tales hombres y acercarte a otros que quieran comprometerse en una relación adulta y madura. Como la Biblia nos recuerda, ¡es mejor ser caliente o frío, que ser tibio!

Con demasiada frecuencia estas relaciones tentativas crean expectativas sin la capacidad de cerrar el trato. Es como estar en un aeropuerto a la espera de volar juntos en una vacación romántica. Han estado juntos en la sala de espera del aeropuerto, disfrutando de un trago o de un aperitivo, mirando las revistas en el quiosco y matando el tiempo. Es placentero y disfrutable, pero no es la razón por la cual están en el aeropuerto. Estás allí para viajar al destino final de una relación comprometida.

Está de más decirte cuántas mujeres e incluso algunos hombres se encuentran invirtiendo enormes cantidades de tiempo en relaciones que más tarde se dan cuenta de que no van a ninguna parte. En este mundo rápido y de ritmo tan aprisa en que vivimos, la paciencia no es algo que abunda. La mayoría de nosotros no estamos dispuestos a pasar años en las promesas de la vida. Vamos al aeropuerto a viajar, y si bien allí hay sitios agradables de ver, queremos en definitiva despegar e irnos a alguna otra parte. Cuando lo que iba a ser una diversión transitoria se convierte en un destino en sí mismo, algo anda mal. Cuando la gente va al aeropuerto y pasa día tras día mirando las tiendas en lugar de abordar el avión, hay un problema serio.

Hablemos de las fobias que nos mantienen en la actitud de «listos», pero que no nos dejarán ir más lejos en lo concerniente a compromiso y conclusión. La mayoría de las veces, he descubierto que cuando el avión nunca despega del suelo, eso indica por lo general o que hay un desinterés total («él sencillamente no está interesado en ti») o una evasión del compromiso por miedo al fracaso. Estos mirones de escaparates nunca pueden, al parecer, encontrar el camino para la cola de salida. Temen que se arrepentirán, de manera que, en lugar de arriesgarse, no se comprometen en absoluto. Estos son hombres y algunas mujeres que real y sinceramente se ocupan de la otra persona, pero carecen de las destrezas relacionales y de la madurez personal para comprometerse plenamente. Pero esto es exactamente lo que necesitan.

Tu decisión se reduce a unas cuantas preguntas decisivas: ¿Está interesado en ti o no? Si no, entonces no malgastes más tiempo ni energía emocional intentando sacar agua de un pozo seco. Si él lo está y sencillamente encuentra difícil comprometerse, entonces debes preguntarle si está dispuesto a hacerle frente a sus problemas. Y si lo está, ¿estás dispuesta a esperarlo? Tus respuestas a estas preguntas te pueden proporcionar un itinerario en tu relación si tú lo permites.

Riesgo de fuga

Algunas relaciones exigen que asumas una posición y luches por mejorarla. Si la etapa del juego está bastante adelantada, y sabes que existe amor entre ustedes, luego necesitas mantenerte firme y hacerle frente al conflicto.

En los años sesenta, muchos jóvenes llevaban camisetas en las que afirmaban: SOY UN AMANTE, NO UN COMBATIENTE. En ese tiempo tenía mucho sentido, pero en la actualidad me doy cuenta de que los amantes también deben ser combatientes. Tienes que luchar para amar.

Tienes que luchar para no perder tu capacidad de amar. Muchas personas deben luchar a través de la pena de una experiencia amorosa que termina por abrir de nuevo su magullado corazón. Están tan heridos que automáticamente corren a la primera señal de otra relación seria. Tienen que aprender a superar su tendencia a la fuga.

Recuerdo vívidamente mientras me rehabilitaba de la cirugía de la espalda que el dolor de la recuperación era increíblemente intenso. Soy por naturaleza un luchador y quería ver la mejoría. Tuve que aprender a luchar con redoblada tenacidad, pero también entender que el descanso y el sueño formaban parte de mi lucha. Tuve que aprender que evitar el dolor y quedarme en la cama podría hacerme sentir mejor, pero alejaría mi meta ulterior de tener la emoción del movimiento ambulatorio: estar de pie, caminar, correr, saltar, bailar.

Los auténticos amantes deben rechazar las bombas de la depresión y la amenazante propensión a convertirse en cínicos y amargos. Si sucumben al dolor de un corazón roto, se convierten en muertos que andan esclavizados a un miserable desdén por la vida, el amor y el deseo. Una persona que renuncia al amor se convierte en nada más que un cadáver insepulto.

No obstante, veo a mi alrededor un cinismo y una indiferencia crecientes. La gente hoy día parece dispuesta a tirarle la toalla a la vida, al amor y unos a otros. Si nuestra relación no se produce de manera rápida y conveniente, entonces estamos prestos para el próximo vuelo, cambiamos de avión sin entender que las personas que hacen que el amor funcione, funcionan con amor. Como si fueran fugitivos del amor, estas personas «en riesgo de fuga» consciente o inconscientemente se deslizan hacia un perpetuo estado de evasión y buscan la conveniencia más que las complejidades que conllevan enfrentarse a los problemas y ver las relaciones transparentes.

La muerte del romanticismo personal es una gran pérdida. Y la guerra para destruir todo optimismo se alarga interminablemente para muchos de nosotros que nos enfrentamos a la lúgubre frontera del desencanto y de las crudas estadísticas que nos recuerdan los bajos índices del éxito de la pasión y la satisfacción permanentes. Los que lo intenten de nuevo deben derrotar los temores del abandono emocional y sostener la sangre vital de la pasión en sus arterias congestionadas. Aquellos que no lo intentan de nuevo buscan el consuelo de la evasión y solo se sienten cómodos mitigando el dolor. No se arriesgarán a ser heridos otra vez y su miedo al dolor los lleva a perder la movilidad y la sensibilidad que se deriva de abrir el corazón, limpiar los escombros y renguear con el alma herida.

Me acuerdo de una mañana en que me encontraba sentado en el lado de la cama desplomado sobre mi andador, con lágrimas en los ojos, pensando «duele demasiado po-

nerse bien. Estoy cansado de luchar y quiero rendirme».
Pero entonces pensé cuán tonto sería dejar que el dolor me
venciera; de manera que enderecé mi cuerpo adolorido y
finalmente me puse de pie y me obligué a caminar. ¡A veces
tienes que caminar con el dolor de la vida hasta que puedas
librarte de él!

ASÍ COMO TÚ

¿Dónde contrajiste esta patología de la evasión? Para mí
resulta bastante claro que la descompresión del aire en un
avión es lo único que le permitirá al viento meterse. De hecho, si eso ocurre pondrá en peligro el vuelo porque pene-
tra lo externo. Del mismo modo, lo que sucede en nuestro
mundo privado se está filtrando ahora a nuestras actividades
interpersonales. No llegaremos a ser más capaces a nivel
personal hasta que encontremos un medio de conectarnos
públicamente con mayor eficacia. Contempla conmigo el
ambiente sociológico que ha engendrado la indiferencia
que tenemos hoy.

La seguridad de la evasión ha tenido terribles consecuencias en algo más que nuestras relaciones interpersonales.
En nuestra cultura actual, ha llegado a ser demasiado fácil
escapar de los individuos en nuestras vidas que nos desafían
con sus diferencias. Por sentirnos amenazados o intimidados
por aquellos que no son como nosotros, salimos huyendo en
lugar de intentar aprender y crecer mutuamente. ¿Cuántas
veces vemos que ocurre en un acto social que los hombres
se agrupan en una sección para hablar de deportes y contar
chistes, mientras las mujeres se reúnen en otra para hablar
de niños y modas? Me doy cuenta de que en muchas áreas
progresistas existen nuevas culturas inclusivas y se adoptan
destrezas sociales más diversas. Sin embargo, en muchos
casos somos aún segregacionistas sociológicos.

Hace poco asistí a una gala de una prestigiosa revista en Nueva York. El evento, lleno de gente brillante, exitosa y carismática vestida de etiqueta, contaba con iconos tanto del mundo empresarial como del espectáculo. En mi mesa la conversación era animadísima y todo andaba bien hasta que descubrieron que yo era un ministro.

Ahora bien, yo era el único negro en la mesa, pero ser negro no constituía un problema en esa reunión. Pero cuando se enteraron de que yo era clérigo, ¡pareció como si inmediatamente me hubiese crecido un rabo! ¡Habrían creído que yo era un terrorista con una bomba en mi esmoquin! Tuve que hacerle frente a una abierta confrontación sólo porque difería de mis nuevos amigos agnósticos y ateos que se sentaban a la mesa conmigo. En resumen, ¡yo era diferente!

Y no se trata de un grupo, tales como liberales o conservadores, que excluyen a los que son diferentes. Todos estamos propensos a tales piñas excluyentes. Yo me defino más como moderado que como conservador o liberal, pero todos los grupos luchan por salir de la caja de las ideas semejantes y buscar entender otras. Me refiero a que vivimos en un mundo que no nos enseña a respetar las diferencias o aprender de la perspectiva del otro. Vivimos en un mundo que evade la diversidad migrando tribalmente a zonas de confort y rodeándose de personas afines.

Donde con más frecuencia veo esto es en la política. Todos los comentarios, todas las citas, todas y cada una de las acciones e inacciones dan pie a una porfía racial, de género o de preferencia sexual. Nos acercamos peligrosamente al punto de perder nuestra capacidad de dialogar, de escuchar y de permanecer receptivos. No es un accidente que en nuestras vidas personales la negociación esté gastada. En lo personal, o las cosas son a mi manera o no hay arreglo, porque nuestra sociedad ha renunciado a entender las diferencias y a buscar un terreno de entendimiento común.

Amigo y amiga, los Estados Unidos de América tienen problemas de unidad como nunca antes. Con demasiada crecencia no podemos discrepar sin resultar desagradables. Hemos llegado al punto de que escribimos blogs y artículos, propagamos mitos y medias verdades sin ningún remordimiento. ¡Si quieres saber cómo las personas realmente sienten, fíjate en lo que escriben cuando pueden permanecer anónimos!

Puede que seamos una sola nación, pero tenemos muchas diferencias que tenemos que arreglar y la historia muestra que hemos cambiado tendencias sobre la manera en que realizamos esta hazaña. El problema fundamental es que no pasamos suficiente tiempo con las personas que son diferentes de nosotros. Con frecuencia lo que descubrimos es que nuestros puntos de vista pueden ser diferentes, pero las personas no somos tan distintas unas de otras. Cuando solo te relacionas con personas que se parecen a ti y piensan como tú, careces de equilibro para evitar los extremos y transmitir una sabiduría equilibrada. Si solo tienes amigos que votan como tú o adoran como tú, no tienen ninguna idea del mundo, solo de tu mundo. *¡Después de todo, amigo mío, la herejía es a menudo una verdad que perdió el equilibrio!*

Si vamos a levantar el respeto de entre los muertos, debemos ir al cementerio y reconocer dónde lo perdimos. Jesús, cuando estaba a punto de levantar a Lázaro de los muertos, le pidió a María que le mostrará dónde lo habían puesto. Tal vez uno de los lugares donde lo pusimos fue cuando comenzamos a vivir de nuevo en clubes homogéneos y dejamos la plaza del pueblo por los amables suburbios de barrios exclusivos. Hubo una época en que nos encontrábamos más frecuentemente con los que eran diferente a nosotros —en escuelas, empleos y en nuestras iglesias. Estábamos obligados a buscar puntos de convergencia en lugar de hundirnos en el facilísimo estado de la división. Es fácil ver cómo nos diferenciamos, pero tienes que tener un auténtico amor por las personas para buscar más profundamente lo que nos une.

La Casa del Alfarero se está esforzando en la creación de círculos inclusivos y reuniendo a personas, en lugar de pintar líneas divisorias que nos dividen en nuestros lados y perspectivas. Por ejemplo, nuestra iglesia está construyendo una comunidad llamada Cappella Park que tendrá unas 1200 casas en el momento en que se concluya. Éstas no son casas para familias de bajos ingresos, sino para personas de diferentes niveles de ingreso, porque es un hecho que cuando diferentes tipos de personas viven juntas funcionan mejor y aprenden unas de otras. Los vecindarios de bajos ingresos, aunque bien intencionados, con frecuencia terminaron convirtiéndose en barrios bajos, porque la polinización cruzada es decisiva para el desarrollo y el progreso.

No se trata de un principio solamente económico. Estamos perdiendo económica, espiritual y políticamente solo por polarización. La autosegregación amenaza nuestro desarrollo actual. Podrías haber visto el sorprendente anuncio comercial acerca del calentamiento global que protagonizaron los Rdos. Pat Robertson y Al Sharpton. En él los dos conversan amigablemente acerca de los peligros del calentamiento global y afirman que debemos encontrar un terreno común para vencerlo. ¿Qué asombroso es eso? Al parecer, ellos saben que salvar al planeta es más importante que guardar las apariencias o «tener razón». Tal vez saben que lo que nos une debe ser más importante que lo que nos divide.

Más allá de pelear o escapar

Nuestras relaciones románticas requieren también que nos sobrepongamos a nuestras diferencias. El arte de las relaciones exige que un hombre que es muy diferente a su mujer encuentre un terreno común con ella y viceversa. No me refiero sólo a las obvias diferencias biológicas. No es tan simple como eso. Las diferencias son mucho más internas que externas. Tendemos a sentirnos atraídos por personas que son diferentes a nosotros. Los individuos extrovertidos con frecuencia se casan con introvertidos. La persona espontánea se siente atraída por la persona organizada. ¿No has notado cuán a menudo la persona callada se casa con un individuo expansivo y enfático? La dispendiosa se casa con el ahorrador; la persona llamativa termina casada con el individuo opaco.

Sin embargo, aquí está el problema. Con frecuencia lo que nos atrae de la otra persona en primer lugar más tarde nos repugna. ¿Por qué ella quiere estar en casa todo el tiempo cuando yo quiero salir? ¿Por qué está hablando todo el tiempo cuando necesito paz y quietud? Creo que debemos pensar en equilibrarnos mutuamente atrayendo a personas cuyas fuerzas pueden ser nuestras flaquezas. Juntos, como resultado de nuestras diferencias y distintivos únicos, nos complementamos mutuamente.

Pero a fin de disfrutar de esa bella unión de diversas tendencias e ideales, debemos aprender a crecer ante el dolor del reajuste y a evitar nuestra tendencia innata a huir de la dura tarea de hacer que las cosas funcionen. La próxima vez que pienses que es fácil escapar de la persona con quien tienes una relación sentimental, recuerda que comprender es un auténtico deseo de saber, de amarla y de comprenderla, al aceptar la singularidad de quien es.

Cuándo luchar por tu relación

Incluso las mejores relaciones exigen negociación, deliberación y mucho esfuerzo para despegar del suelo. La resolución, centrada en torno a esta idea es sencilla: necesitamos saber cuándo luchar y cuándo escapar y seguir adelante. Si bien no existe ninguna fórmula mágica que pueda aplicarse a todo el mundo todo el tiempo, algunas aplicaciones vienen a la mente. Al disponerme a concluir este capítulo quiero darte algunos consejos que te ayudarán a entender cuándo luchar por una relación, cuándo huir de ella y ¡cuándo bajarte del avión y tomar el autobús!

Cuando se trata de dinero

El dinero puede provocar un montón de otros problemas. Pero, por lo general, la manera de manejarlo, y de manejarlo dentro de una relación matrimonial, depende de una serie de habilidades que has adquirido y de la cantidad de disciplina ejercida. Uno de ustedes puede tener mayor capacidad financiera que el otro. Uno de ustedes puede ser propenso a gastar sin tomar en consideración las consecuencias.

Sin entrar aquí en todo un seminario financiero, mi mejor consejo es que funcionen mancomunadamente dentro de las frontera de su realidad. En otras palabras, calculen a cuánto asciende su deuda actual, a cuánto los ingresos, y cuánto quieren o necesitan ahorrar. Trabajen juntos para tomar decisiones conjuntas que los afecten a ambos. Dejen algún fondo discrecional, aunque fuera unos pocos dólares al mes, para que cada uno de ustedes los gaste en lo que quiera. Encuentren un modo de ejercer la responsabilidad fiscal así como la libertad económica.

Cuando se trata de tiempo

Si no están pasando suficiente tiempo juntos, luego uno de ustedes está perdiendo al otro. Idealmente, ambos desean pasar más tiempo juntos, pero si uno de ustedes se queja de que no es así, tómelo el otro como un cumplido de quien aún disfruta tu compañía. Si sus conflictos relacionales giran en torno al tiempo, programen entonces algunas actividades en el calendario de la otra persona que será estrictamente tiempo para compartir juntos —sin niños, sin trabajo, sin Blackberry, sin celular, sin intrusiones, punto. El viejo dicho respecto a que la calidad del tiempo es más importante que la cantidad resulta cierto, pero si no dedican suficiente cantidad de horas a estar juntos, ese déficit afectará la calidad.

Cuando se trata de celos

Obviamente, existe un límite para lo que es cuerdo y racional, y no estoy hablando de psicópatas posesivos que no te permiten que mires al camarero sin acusarte de que los engañas. Pero, por lo general, cuando hay celos en una relación, es un indicio de inseguridad y poder. Puede que necesites de una discusión franca acerca del compromiso mutuo. Habla de esos pequeños hábitos y manierismos que tu cónyuge interpreta como flirteos. Comunícate y no dejes que los celos se conviertan en amargura, desconfianza y repugnancia.

CUANDO TE TOCA HUIR DE TU RELACIÓN

Una vez más, no estoy diciendo que debas quedarte cuando él no está tan interesado en ti. No estoy sugiriendo que te enamores sola. Con toda certeza no estoy diciendo que permanezcas en una relación donde abusen de ti, te falten el respeto o te maltraten. He aquí algunas consideraciones para decidir cuando *no luchar por conservar una relación:*

CUANDO SE TRATA DE LA SEGURIDAD

En cualquier momento en que no te sientas segura —física o emocionalmente— en una relación, debes abandonarla. El abuso doméstico afecta a todas las categorías demográficas —ricos y pobres, negros y blancos, bautistas y budistas— y nunca debe tolerarse. En la mayoría de los casos habrá señales de advertencia, ya sea la amenaza de violencia física (que deja sus propias marcas emocionales) o interacciones físicas que lindan con el abuso: empujones, empellones, tirones. Debes darte cuenta de que ninguna relación debe costarte tu seguridad. La esencia del amor es la entrega mutua, el proporcionar un lugar seguro donde los dos puedan madurar juntos y comprometerse a servirse mutuamente. No tiene que ver con lesiones de ningún tipo.

CUANDO SE TRATA DE CORDURA

Este asunto resulta delicado porque cada uno de nosotros tenemos diferentes umbrales de lo que creemos como «locura». La «locura» de un hombre ¡es el verdadero amor de otro! Sin embargo, uno debe escapar de una relación donde hay una constante deshonestidad psicológica, manipulación o problemas de control. Ten en cuenta las pequeñas cosas que solo te molestaban ligeramente cuando ambos empezaron a verse pero que, con el transcurso del tiempo, se fueron haciendo cada vez más grandes. El comentario crítico ocasional a menudo se convierte en una avalancha de críticas gratuitas que se alimentan de todos los aspectos de tu vida. Piensa en aquello que puedes tolerar y que es compatible con tu personalidad. Está bien el provenir de orígenes completamente diferentes —pueden estar uno frente al otro— siempre que se comuniquen constructivamente. Cuando el intercambio de sentimientos e ideas se estancan, ¡entonces necesitas salir del agua!

CUANDO SE TRATA DE SOBREVIVIR

Algunos problemas personales, particularmente la adicción, son tan grandes que pareciera que la relación nunca tuvo una oportunidad de despegar. No estoy diciendo que porque alguien sea adicto o padezca de una enfermedad terminal debas huir. Pero debes considerar lo que estás dispuesta a tolerar por amor a la relación. Sé sincera contigo misma: no tienes madera de mártir. Si sabes que no puedes tolerar su alcoholismo porque esa intolerancia fue parte de tu educación doméstica, entonces puede que debas irte si él no se compromete a buscar ayuda. Si tu esposa es una mentirosa compulsiva, puede que te resulte difícil llegar a creer en ella alguna vez. Si tu cónyuge no está en disposición de compartir la paternidad y la manutención del hogar, entonces debes pensar dos veces antes de creer que tú solo o sola puedes crear una relación.

Éstos son solamente unos cuantos consejos generales basados en mis experiencias. No supongas que pueden aplicarse en una metodología de un solo tamaño que le sirva a todos. Sólo tú puedes saber lo que debes hacer para tener una relación saludable. La tragedia para mí es que hay muchos que saben lo que deben hacer, pero le temen a la incertidumbre de estar solos o, en el otro extremo, a arriesgar su corazón otra vez. Si eres la persona que quieres ser, la única que tu Creador se propuso que fueras, luego debes saber cuándo luchar, cuándo escapar y cuándo tomarte un receso, antes de hacerlo.

capítulo 19

Antes de arriesgarte

Nunca es demasiado tarde para ser quien podrías
haber sido.

—*George Eliot*

Al enfrentar nuevos horizontes y empresas, solo podemos ser eficaces al discernir si lo que hacemos es una
inversión en el futuro o una apuesta momentánea. Si sabes
algo acerca de mí, sabes que vivo por la fe y sostengo la fe
como parte integrante de la vida de una persona. Vivir por
la fe exige responsabilidad y no su ausencia.

Sin embargo, algunas personas usan la palabra «fe»
como una licencia religiosa para apostar. Dicen, «creo que
todo saldrá bien pese a la evidencia de lo contrario porque tengo fe». He visto a personas emitir cheques por fe,
sabiendo que los fondos no se encontraban en su cuenta,
pero a la espera de que aparecerían de alguna manera mi-
lagrosa antes de que el cheque fuera procesado. He visto

a personas casarse por fe esperando y creyendo que la otra persona cambiaría más tarde. He visto a gente aceptar puestos para los cuales saben que no tienen preparación porque tenían fe de que podrían aprender después.

¿Es esto fe? No, no es más que una apuesta. Como Shakespeare lo dijo tan bien, «igual fragancia tiene una rosa con cualquier otro nombre». Simplemente porque quieras algo eso no significa que debas invocar la fe y extralimitarte para lograrlo. Puedes usar la fe como una excusa, pero la realidad es que estás apostando momentos valiosos de tu vida ¡y es hora de que recuperes lo que has perdido!

No hace mucho fui a Las Vegas a una reunión de negocios. Andando por el lujoso casino del hotel, me sentí inmediatamente distraído por el sonido metálico de las máquinas tragamonedas, la música de salón y los turistas entusiastas. Los jugadores de todas partes del mundo vienen a Las Vegas específicamente para correr el riesgo de perder dinero. Me impactó que todo el establecimiento del hotel apostara al riesgo que corría su clientela. Con instalaciones de cinco estrellas, servicio de gimnasio con tratamiento para celebridades y cocina gourmet, cada vez hay más hoteleros que cuentan con que sus clientes corran el riesgo de apostar.

Al igual que muchos otros aspectos de nuestra cultura, el juego se ha convertido en un aceptable pasatiempo en nuestra sociedad. Hace unas cuantas décadas, nuestros padres jugaban póker de a centavo en el portal, riéndose mientras se empinaban unos refrescos fríos. Después, el juego se convirtió en un sinónimo de Las Vegas y el *Rat Pack,* con casinos y casas de juego administradas por sombríos personajes en trajes oscuros y gafas de espejos. Luego, a partir de esta imagen sexy y glamorosa evolucionó hacia algo más de clase media y dirigido a la familia, con guarderías infantiles, parques temáticos y restaurantes de los que les gustan a los chicos.

Puede que no pienses en ti o en alguien que conozcas con un problema de juego. Pero si estás arriesgándote en importantes áreas de tu vida, repitiendo los mismos errores —en las relaciones, en el trabajo, con tus hijos— una y otra vez, entonces podrías estar apostando al caballo cojo en su última carrera.

No puedes evitar arriesgarte en esta vida. La mayor parte de la vida cotidiana conlleva el correr riesgos. Cada vez que nos sentamos, nos arriesgamos a romper la silla. Cuando conducimos nuestro auto en la autopista, nos arriesgamos a que se rompa o a la posibilidad de encontrarnos con un conductor ebrio. Volar es lo mismo. Todos nos arriesgamos todos los días simplemente por las opciones que sequimos. No se trata de evitar riesgos; sino de saber qué riesgos correr.

Un salto de fe

Yo he corrido muchos riesgos en mi vida. Hace trece años, cuando llené el baúl y me mudé de West Virginia a Dallas, el riesgo implícito dominaba mi pensamiento. Ciertamente podía haberme quedado donde estaba, haciendo lo que hacía y disfrutando de una vida estable y segura. Pero el llamado de Dios me llevaba a Texas, y numerosos otros datos tangibles reforzaban que deseara ese destino como el centro de mi ministerio y de mis empeños empresariales.

Al igual que un salto de fe, mi mudanza y el riesgo que conllevaba me producía temor e incertidumbre. Sin embargo, no era un salto a ciegas de un precipicio hacia un mar desconocido que me esperaba abajo. Tenía un empleo, un ministerio, un modo de mantenerme. Tenía cincuenta familias comprometidas a irse conmigo y comenzar la Casa del Alfarero. Íbamos a algo, no es que sencillamente dejáramos algo atrás. Me di cuenta de que tenía que atenerme a las consecuencias de este cambio ya mejoraran o empeoraran las condiciones que yo conocía.

Pero antes de mudarme, había reflexionado, había discernido y había aceptado la responsabilidad y había hecho las averiguaciones pertinentes —mi investigación y desarrollo. Había buscado el consejo de muchos individuos preparados que me conocían y conocían mi llamado y había estudiado las necesidades demográficas y espirituales de la zona que habría de convertirse en mi nuevo destino. Tenía fe, pero también había hecho el arduo trabajo de acopiar datos y de escuchar a otros. El cambio no era un juego de azar. La fe sin obras es muerta, así como las obras sin fe te reducen a tus propias habilidades. La fe más las obras produce la inversión en nuestros planes que todos nosotros estamos llamados a realizar.

Tanto jugar como invertir exige un compromiso financiero así como el valor de arriesgarse. Sin embargo, uno de ellos se sostiene enteramente en el azar, mientras el otro crea una oportunidad de ponerle piernas a tus sueños.

Cuando deambulas por Las Vegas Boulevard —«La Franja», como la llaman— no debes esperar duplicar tu dinero para financiar tu nuevo negocio. Debes esperar disfrutar un tiempo de solaz, y si disfrutas gastar dinero en juegos de azar, entonces has venido al lugar idóneo para divertirte.

Cuando andas por Wall Street, debes tomar decisiones muy bien pensadas respecto a las acciones de qué corporaciones quieres incluir en tu cartera de valores. Tienes que tomar en cuenta tanto los objetivos a corto plazo como a largo plazo para ti y tus finanzas. Tienes que estudiar el mercado y fijarte en rendimientos pasados y proyecciones futuras que se encuentren a tu disposición, entre ellas tu propia inteligencia y el consejo de otras personas, aplicados a oportunidades de crecimiento.

La vida siempre nos exige que nos arriesguemos, pero debemos discernir qué riesgos vale la pena correr y cuáles serán cortocircuitos de nuestros objetivos a largo plazo para réditos a corto plazo. La Biblia nos pregunta: «¿Quién de vosotros, queriendo edificar una torre, no se sienta primero y calcula los gastos?» (Lucas 14:28, VRV). Si solo pensamos en lo que sentimos en el momento, luego nuestra debilidad nos minará todas las veces. Debemos mantener los ojos puestos en el premio de nuestros mayores objetivos y del más importante llamado si hemos de tomar las decisiones correctas en el momento justo.

Cuenta tus pérdidas

Mis preocupaciones por el juego trascienden el impacto económico y las consecuencias fiscales. Cuando un jugador hace una «compra» para jugar póker, cambia su dinero ganado con esfuerzo por fichas de diferentes colores que representan dólares de varias denominaciones. Los dueños del casino usan estas fichas como ventaja psicológica para que la gente crea que perder es parte «del juego» y no vea cómo cientos de dólares se convierten en humo. Es semejante a usar una tarjeta de crédito, uno puede gastar enormes cantidades de dinero inconscientes del verdadero valor de lo que han cargado en la tarjeta.

Mi temor es que hay demasiada gente que no se da cuenta del valor de las fichas de la vida. En nuestra vida tales mercados pueden no parecer valiosos al principio, pero al final te das cuenta de que has perdido bienes de gran valor: tu tiempo, tu influencia, tu nombre y tus oportunidades. Cuando gastamos el tiempo en relaciones sin salida, hemos perdido momentos inapreciables que nunca podrán recobrarse. Cuando nos mantenemos en una carrera que entumece y paraliza nuestro crecimiento, entonces perdemos una parte de nuestra identidad.

De todas las personas que acuden a mí en busca de consejo, acaso la muletilla más común que escucho conlleva remordimiento. Por temor al rechazo, no hablaron. Por temor al fracaso no salieron. Por temor a estar solos, no dijeron la verdad. Invirtieron enormes cantidades de su tiempo en esta tierra en empeños que no les ofrecieron ningún rendimiento de calidad.

Si quieres tomar la mayoría de tus decisiones, entonces no debes perder de vista este hecho: *el tiempo es nuestro recurso más limitado y nunca puede recobrarse después de que se gasta.* Puedes declararte en quiebra y recobrar tu dinero. Puedes ser víctima de un escándalo y rehacer tu reputación. Pero tu tiempo pasa y se va *para siempre.* Piensa por un momento cuánto más joven serías si tuvieras el tiempo que has malgastado.

Algunas personas miran hacia atrás al tiempo invertido en noviar con alguien que no tenía lo que ellos andaban buscando. Otros le han dado su nombre en matrimonio a alguien, y aún después del divorcio siguen pagando los daños colaterales de una mala decisión. Tú puedes tener muchas cosas valiosas que perder, y la gente no te buscaría si no tuvieras algo que dar. No dejes que las fichas te engañen. ¡Todas las inversiones que haces en personas, en empresas y en la vida constituyen riesgos importantes que pueden conducirte a una irredimible pérdida! Al apostar las fichas de tu vida sacrificas más que la certeza de perder el tiempo en causas perdidas. Cuando te arriesgas por las razones equivocadas hacia objetivos a corto plazo, eso consume tu energía e incurres en un gasto innecesario del capital de tu reputación.

El tiempo será siempre uno de tus bienes más valiosos. Antes de invertirlo en alguien o en algo, define el rendimiento que buscas en tu inversión. Si han invertido ampliamente y ves poco rendimiento, es hora de que reubiques tu inversión en empeños que te reporten un rédito mayor. Después de todo tú y yo estamos quedándonos sin tiempo y a veces debemos reducir nuestras pérdidas.

LO QUE NO PUEDE REEMPLAZARSE

El difunto Archie Dennis, uno de los artistas musicales más dotados de mi generación, frecuentemente contaba la historia de su maestro de música de la adolescencia que le enseñó su lección más valiosa. Archie llegó media hora tarde a su clase e intentó minimizar su tardanza como los niños hacen a menudo. Sin embargo, su maestro cerró estrepitosamente la tapa del piano y le dijo: «Joven, usted me ha quitado treinta minutos que yo nunca podré recobrar». Cuando no invertimos nuestro tiempo sabia y deliberadamente, malgastamos uno de los valores que es únicamente nuestro. Un momento se convierte en una hora, un día, una semana que nunca volveremos a ver.

Yo le he cedido mi plataforma de predicación a alguien o he escrito un prólogo para el libro de alguien, que luego no apreció o no manejó bien esa influencia. En tales situaciones, pierdo algo que el contador no puede sumar: credibilidad. Me llevó mucho tiempo darme cuenta de que cuando me asocio con alguien invierto mi nombre en quienes son ellos. Y me he hecho cada vez más cuidadoso respecto a dónde pongo mi nombre, porque no tienes que estar sentado en la mesa del blackjack para poner en juego la integridad de tu identidad.

Hace varios años un amigo mío que pastoreaba una prominente congregación de la Iglesia Episcopal Metodista

Africana (AME, por su sigla en inglés) en California le cedió su púlpito inadvertidamente a un pastor que usó mi nombre para obtener esa prebenda. Los miembros de esa iglesia, prestigiosísima y culta, se quedaron pasmados cuando el orador abrió la boca. Su pastor se dio cuenta demasiado tarde de que yo nunca habría asociado mi nombre con una persona de ese calibre. Cuando me enteré me quedé horrorizado y le advertí a mi amigo que la próxima vez que alguien pretendiera presentarse en mi nombre, me llamara para verificar antes de darle la oportunidad de hablar.

Mi experiencia me hace acordar a un cierto conflicto entre Oprah y el autor James Frey. Yo no había hablado con ella acerca de esto directamente, pero me di cuenta, de ver las entrevistas, que ella se sentía molesta con su conducta —de presentar como hechos reales ciertos detalles ficticios— que ponía en entredicho su nombre y el valor de su respaldo. Era algo más que una revelación impactante acerca de una selección para su club de libros. Era potencialmente una opinión sobre su criterio y su familiaridad con la selección hecha. ¿Qué la llevaba a pelear? Ella conocía el valor de sus fichas. Muchas veces la gente no defiende lo que perdió porque no sabe el valor de las inversiones que ha hecho. Te estoy pidiendo que cuentes las fichas y conozcas el monto de tu inversión. Si el rendimiento no respalda la dedicación, no estás invirtiendo, simplemente estás jugando al azar algunos bienes valiosos que nunca vas a recuperar.

Los nombres tienen una importancia vital en las Escrituras. Jesús dijo que si recibimos a los discípulos enviados en su nombre, a él lo recibimos. También dijo «todo lo que pidiereis al Padre en mi nombre, os lo dará» (Juan 16:23, VRV). Dios le dijo a Abraham que su nombre sería grande. El poder de tu nombre es mucho mejor que un título o una fortuna heredada. Cuando tu nombre es lo suficientemente importante, ni siquiera tienes que tener dinero —puedes comprar una casa o un auto con el valor de tu nombre, la integridad intrínseca de tu carácter.

Antes de saltar: fe vs. tontería

En la Escritura, hay una diferencia entre arriesgarse y perder las oportunidades y administrar los recursos que nos han confiado. Jesús contó una parábola acerca de lo que significa arriesgarse adecuadamente. Explica que un hombre se fue lejos y dio a tres de sus siervos una cierta cantidad de dinero para que la administraran en su ausencia. Cuando volvió, los primeros dos siervos habían duplicado el dinero invirtiéndolo prudentemente. El tercero lo enterró porque estaba muy temeroso de perder el dinero que el amo le había encomendado.

> «Pero su señor le contestó: "¡Siervo malo y perezoso! ¿Así que sabías que cosecho donde no he sembrado y recojo donde no he esparcido? Pues debías haber depositado mi dinero en el banco, para que a mi regreso lo hubiera recibido con intereses"» (Mateo 25:26, NVI).

Cuando menos, Dios espera que devolvamos la inversión creada en nosotros mediante la utilización de los recursos a nuestra disposición. En la parábola, a cada hombre se le da la oportunidad de ser más y de tener más y, lo más importante, de discernir la diferencia entre un juego de azar y una inversión responsable.

Cuando Dios nos da una oportunidad, debemos hacer que ocurra algo con ella. No escondas la oportunidad y la pierdas por temor a gastarla tontamente. A muchas personas les encantaría tener esa ocasión que has dejado pasar.

Sienten que todo lo que necesitan es una oportunidad y que tú la tienes y no explotas al máximo lo que te ha sido dado.

Miremos este asunto de correr riesgos por fe en otra luz. Sí, Dios exige que nos arriesguemos, para tener fe y para ser buenos mayordomos. Pero antes dar un salto de fe, debemos trazar una línea divisoria entre la fe y la tontería.

El factor definitorio surge de aquello en que ponemos nuestra fe. Jesús nos enseñó a tener fe en Dios. El humanismo secular y todos sus primos y parentela intelectual nos enseñan a tener fe... en la fe. Hay un notable grado de diferencia entre la fe en Aquél que ordena nuestros pasos y tiene un diseño lógico que es tan seguro que podemos descansar en él y la fe en creer que lo que queremos que ocurra sucederá si cerramos los ojos y lo imaginamos durante suficiente tiempo en nuestras cabezas.

La visualización puede ser un poderoso motivador y un potenciador del rendimiento; sin embargo debes tener prioridades más elevadas como las lentes a través de las cuales ver tus logros.

Ten en cuenta esta metáfora: la fe es para el creyente lo que la gasolina es para un auto. Nadie intenta conducir sin gasolina. El combustible sólo es poderoso cuando se usa para el motor del auto. No puedes sentarte sobre un barril de petróleo o una lata de gasolina y esperar que te lleve a alguna parte. Del mismo modo, la fe es solo poderosa cuando se pone en Dios. Muchas personas se sienten decepcionadas porque solo tienen fe en su propia fe, no en Dios. Entonces erróneamente se distancian más de Dios porque su propia fe no es lo bastante poderosa para realizar sus deseos.

A partir de la fe en Dios, no podrás tener un gran triunfo si no cultivas algunas de las sencillas características interiores. Primero, tienes que conocer el valor de tus propias fichas. No creas que tus razones intangibles no son valiosas:

son la parte inapreciable de todo. Abandona la búsqueda de la suerte y las apuestas por las cosas que quieres y necesitas. Los auténticos resultados requieren estudio, investigación, acción y sí, de nuevo, fe. Entiende que el progreso real no se logra cerrando los ojos y formulando un deseo.

Una vez que hayas hecho la indagación y hayas invertido tus fichas sabiamente, te insto a vivir sin miedo. El estilo de vida de Las Vegas se acabó para ti. ¡Los que siguen apegados a esas payasadas casi siempre terminan con remordimientos! Tarde o temprano, la suerte cambia y todo lo que han levantado se desploma en una vorágine de desilusión.

El único otro consejo que quiero darte es simple. Aún ganarás algo y aún perderás algo, pero procede sin miedo. Es cierto que incluso las inversiones que parecen más prudentes no siempre producen réditos, pero aún así tienen muchas más probabilidades de hacerlo que los juegos de azar. Yo he perdido en la bolsa, tanto real como figuradamente. Pero también he ganado mucho. Toma lo amargo con lo dulce. Una pérdida ocasional no es una señal de que estés viviendo una vida de Las Vegas.

Adéntrate en tu destino valorándote y valorando tu tiempo, tus oportunidades y tus influencias. Vive tu vida sin temor o pesar. Has reducido al mínimo tus riesgos al entender lo que tienes y al no permitir que tu inversión se siga depreciando.

Hoy es el día que el Señor ha hecho. Dios te lo ha dado. Lo que hagas con él, es tu manera de reciprocarle el regalo al Creador. El Todopoderoso te ha dado los talentos y el tiempo que tienes. Has sido muy favorecida. Mientras vivas sabiamente, Dios te dará un retorno a la creación: la inversión de Dios en ti. Conviértela en una gran ganancia para ti y para Dios, ¡Conoce la diferencia entre la fe y una apuesta!

Conclusión:
Ya lo has hecho

Si uno avanza confiadamente en la dirección de
sus sueños, y se empeña en vivir la vida que ha
imaginado, se encontrará con un éxito inesperado
en el tiempo ordinario.

—*Henry David Thoreau*

Adornado con ramos de rosas y lirios atados con cintas
azules de Tiffany, el santuario de la Casa del Alfarero se
llena de murmullos por debajo de las cadenciosas notas de
la música. Entre los centenares de personas reunidas para
celebrar esta memorable ocasión, veo a muchos miembros
de la familia y seres queridos. Tyler Perry y el Dr. Phil están
aquí, junto con Cathy Hughes, Michael Irvin y otros amigos. Pronto una melodía familiar me indica que es el momento de recorrer la senda con ella. Todo el mundo se pone
de pie y nos mira.

Siento que las comisuras de los ojos se mi inundan de lágrimas mientras esta mujer con traje color marfil me da el brazo y nos deslizamos por la alfombra. Me ha llegado el momento de entregársela al joven que la espera en el altar, el novio a quien le ruedan lágrimas por el rostro de la alegría de ver a su amada. Mi niñita está a punto de saltar de ser mi hija a constituir una nueva familia —la que ha sido llamada a formar con su nuevo marido.

El tiempo para la preparación y la planificación han pasado. Los cientos de detalles, desde vestidos a diamante, pasteles a candelabros, todo ha convergido hacia estos próximos minutos cuando el amor de esta pareja será declarado y celebrado. Tanto trabajo, tiempo y, ciertamente, dinero (¡después de todo yo soy el padre de la novia!) ahora han venido a juntarse para enmarcar la acción de la ceremonia. Es finalmente el momento de decir «¡Sí, acepto!».

En sus marcas

La boda de mi hija no es el único evento donde tal planificación y preparación determinan el éxito. Mis años en el teatro me han dado la mirada de un conocedor en lo que pasa detrás de bambalinas. Faltan unos minutos para que se levante el telón y comience la función de apertura. Cada uno de los participantes apenas puede contener la excitación, la adrenalina y la energía nerviosa. Meses de lecturas, de reuniones de producción, de diseño de escenario, de iluminación, de pruebas de sonido y de penosos ensayos nos han llevado al momento a que ahora nos enfrentamos. Cada miembro del reparto está preparado para contribuir en todo lo que pueda y más para garantizar una producción sin fisuras que fascine y entretenga al público que espera.

Mis buenos amigos que son atletas profesionales me aseguran que la experiencia es la misma para ellos en su también singular actuación en el terreno del juego. Faltan unos momentos para que la multitud aliente a su equipo favorito a la victoria en lo que de seguro ha de ser un encuentro de campeones. Dentro del vestidor, el equipo se viste con un aire de nerviosa expectativa. El entrenador repasa el juego una última vez. Debajo de los uniformes, que los distingue como un equipo unido, los músculos se flexionan y se mueven. Meses de reclutamiento, entrenamiento fuera de temporada, campamento de entrenamiento de verano, reuniones de estrategia, revisión de películas de los equipos competidores y dos días de práctica los han llevado al momento a que ahora se enfrentan. Cada jugador espera la oportunidad de su vida de mostrar su proeza atlética y la unidad del equipo ante los fanáticos multitudinarios.

Tal vez tú nunca has tomado parte en una producción de Broadway o en una competencia deportiva profesional, pero sé que indudablemente has alcanzado la preparación necesaria para comenzar un extraordinario desempeño propio.

Si has leído estas páginas y has llegado a este punto de tu trayectoria, puedo garantizarte que estás más preparado que nunca antes para enfrentar las decisiones cruciales que determinarán tu destino. Como un actor que ha ensayado sus parlamentos para esa hora de gloria bajo las luces de los seguidores o como un atleta que ha practicado su juego hasta alcanzar un desempeño magistral, tú ya estás listo para brillar como nunca antes.

Antes de hacerlo, visualízalo

Hacia la meta de lanzarte al próximo nivel de éxito en tu vida, te animo a considerar el último ejercicio. Así como un vocalista debe calentar las cuerdas vocales antes de cantar la primera nota de su interpretación, o así como el atleta debe calentar el cuerpo antes del gran partido, tu debes hacer ejercicios de calentamiento para tu ingreso en una nueva área de desarrollo, productividad y plenitud. En efecto, este ejercicio que te voy a recomendar es uno de los que utilizan individuos exitosos en muchos campos diferentes.

¿Cuál es la técnica que tiende a elevar la calidad de su juego? Las personas exitosas con frecuencia se ven a sí mismas a través de los complejos movimientos de sus actuaciones más excepcionales. De principio a fin, visualizan mentalmente cada detalle que debe incluirse, cada paso o zancada, cada nota o bocadillo que incluirán en la ejecución de su papel. Como si vieran una película de ellos mismos premiados en una olimpíada, o en una actuación que les ganara un Oscar, llevan a cabo un ensayo mental para prepararse para su éxito real.

Ahora debes hacer lo mismo, debes imaginarte haciendo lo que has decidido hacer.

Muchas personas conocen toda la información que he presentado aquí y, no obstante, siguen luchando para «halar el gatillo» y para tomar decisiones que luego no han de lamentar. Parecen sorprendidos al darse cuenta de que sus futuros exigen acciones ahora. Han hecho las gestiones pertinentes de investigación y desarrollo, de buscar consejo de sus confidentes y de preparar a los que los rodean para el cambio. Sin embargo, con frecuencia experimentan miedo escénico y se encuentran pegados al suelo detrás de bastidores mientras la obra prosigue sin ellos.

El ingrediente que falta es, con frecuencia, su capacidad de verse a sí mismos teniendo éxito, independientemente de los errores del pasado y de los futuros obstáculos. La clave es a menudo el estar dispuesto a confiar en tus instintos, en correr los riesgos necesarios y en aprovechar las oportunidades cuando se te presenten. Puede resultar tentador paralizarte debido a las posibilidades. Pero como hemos visto, diferir tu decisión hasta que otras personas o circunstancias decidan por ti es también *una decisión*. Vivir pasivamente es una elección aun si no estás dispuesto a reconocer que la has hecho.

Después de todos los preparativos que has hecho, de echar a un lado todas las excusas, no debes, pues, tener miedo a actuar. El talento aplicado a la destreza produce un éxito sin par. El talento es tu don de Dios; la destreza es el resultado del trabajo duro, la práctica y la preparación que tú mismo realizas. Pero debes reconocer las oportunidades cuando éstas se presenten. Haz tu plan de negocios de manera que cuando inesperadamente te encuentres en el almuerzo de empresarios —donde asistes en busca de inversores— sentado junto a un capitalista emprendedor, puedas compartirle tu sueño. Empieza tu guión para que puedas explicárselo al productor en la conferencia de escritores. Escribe una declaración de propósito para tu ministerio de manera que puedas presentarla ante la junta diaconal. Da los pasos, uno y otro y el próximo, para que lo mejor de tu vida alcance un intenso colorido.

Hazlo sencillamente

Cuando yo era un niñito en West Virginia mis hermanos y yo a veces nos metíamos en líos por coger el tarro de galletitas de Mamá o por dejar huellas de fango en sus alfombras limpias. Cuando mi hermano o mi hermana o yo nos portábamos mal, uno de nosotros miraba al otro y le decía: «¡Bien, ya lo has hecho!».

Sospecho que para la mayoría de nosotros esta frase enfatizaba un error que habíamos cometido o un accidente que no fuimos capaces de evitar. Sin embargo, querría que te dieras cuenta de que su significado capta tu presente estado de preparación, motivación y realización.

Nuestras decisiones tienen el poder sin igual de configurar nuestras vidas un día por vez. Podemos continuar a la deriva a través de la vida, rebotando como una hoja suelta en el viento, a merced de donde nos lleve. O podemos fijar nuestras raíces en el fértil suelo de la preparación inteligente. Si tomamos decisiones correctas, podemos ser como un árbol plantado junto a arroyos de aguas, como el Salmista llama a los que buscan la justicia de Dios (Salmo 1). Debemos regar nuestro árbol con perdón hacia nosotros mismos y alimentarlo con buenas relaciones. Con la luz solar de la gracia de Dios iluminándonos, podemos luego alcanzar el cielo y crecer más allá de nuestros sueños más fantásticos.

Mi objetivo es que tan pronto termines de leer esta última página y cierres este libro, des un pequeño paso en dirección hacia un éxito gigantesco. Mi oración por ti es que mires dentro de ti, dejes correr el manantial que Dios ha puesto en tu interior y permitas que tu Creador inunde tu vida con el gozo de las bendiciones del Altísimo. Mi esperanza en cuanto a ti es que llegues a ser todo aquello para lo que Dios te ha creado y que progreses confiadamente por el rumbo de tus sueños poniendo diariamente en práctica la facultad de tomar decisiones positivas.

¡Toma decisiones sin remordimientos sabiendo que, ciertamente, ya lo has logrado!

Agradecimientos

Antes de hacer algo que exige tanto esfuerzo como escribir un libro como éste, conté con las contribuciones de muchos otros para ampliar este empeño en colaboración. Mi decisión se basaba en el apoyo, aliento, investigación y recursos increíbles de muchos individuos talentosos. Gracias doy a los miembros de mi personal y de mi equipo por haberme librado de numerosas horas de mi calendario de trabajo, lo que me dio el tiempo para reflexionar, recopilar, escribir y revisar. Oro porque sus decisiones de comprometerse con mi ministerio y mi misión nunca les lleguen a pesar en modo alguno.

Ninguna asociación editorial puede funcionar al máximo de su capacidad sin la dedicación de líderes esenciales y sus colaboradores. Con esto en mente, encuentro que mi gratitud por mi familia en Atria Books no hace más que aumentar. Gracias a Judith Curr, Carolyn Reidy, Gary Urda y Christine Saunders por captar mi visión para este libro y alentarle vida con una ferviente pasión por la excelencia. Crece sin cesar mi aprecio por los esfuerzos de Michael Selleck y Larry Norton a favor de este libro. La participación de Sue Fleming en el proceso de producir este proyecto amplió enormemente su calidad.

Una nota especial de gratitud a Malaika Adero por su experiencia editorial, su flexibilidad y por mantener su buen talante bajo presión. También le estoy agradecido a Dudley Delffs por sus comentarios y aportes sobre este libro.

Jan Miller y Shannon Marven de Dupree Miller & Associates siguen asombrándome con su pasión por mi obra y su empeño incesante en alcanzar las soluciones óptimas. Aprecio su saber, su amistad y la visión compartida sobre la promoción de mi mensaje. Al Dr. Phil McGraw: gracias por tu apoyo, orientación, consejo y camaradería en la medida en que abarco y transformo nuevas posibilidades.

Finalmente, a mi esposa Serita, la expresión inefable de mi eterna gratitud por tu decisión hace más de dos décadas de unirte a mí en esta jubilosa aventura. Tu amor, paciencia, apoyo y aliento enriquecen todos los aspectos de mi vida y de nuestra vida en común. A nuestros hijos, les ofrezco la comprensión amorosa de un padre para los medios en que seguirán adquiriendo la madurez y la responsabilidad que conlleva el tomar decisiones adultas.